★ 国家出版基金资助项目
★ 湖北省学术著作出版专项资金资助项目

高等教育与社会发展论丛

董泽芳◇主编

危境与对策：
后大众化时代薄弱高校治理研究

贾永堂　著

華中師範大學出版社

新出图证（鄂）字10号
图书在版编目（CIP）数据

危境与对策：后大众化时代薄弱高校治理研究/贾永堂著．—武汉：华中师范大学出版社，2018.12
（高等教育与社会发展论丛/董泽芳主编）
ISBN 978-7-5622-8491-8

Ⅰ．①危…　Ⅱ．①贾…　Ⅲ．①高等学校—学校管理—研究—中国
Ⅳ．①G647

中国版本图书馆CIP数据核字（2018）第299591号

危境与对策：后大众化时代薄弱高校治理研究
© 贾永堂　著

责任编辑：刘满元　　责任校对：罗　艺
封面设计：罗明波
编辑室：学术出版中心　　电话：027-67863220/7792
出版发行：华中师范大学出版社　　社址：湖北省武汉市洪山区珞喻路152号
电话：027-67863426（发行部）027-67861321（邮购）
传真：027-67863291　　邮编：430079
网址：http://press.ccnu.edu.cn　　电子信箱：press@mail.ccnu.edu.cn
印刷：湖北恒泰印务有限公司　　督印：王兴平
开本：710mm×1000mm　1/16　　字数：255千字
版次：2019年3月第1版　　印次：2019年3月第1次印刷
印张：17　　定价：58.00元
欢迎上网查询、购书

总　序

高等教育是社会大系统中的一个极其重要的子系统，它与经济、政治、文化等子系统之间有着相互依存的关系。高等教育作为培养高层次专门人才的社会活动，与人的发展更有着极为密切的联系。同时，高等教育自身又是一个多层次、多类型、多主体的系统，不仅大学之间，大学内部各组织之间，领导、教师与学生之间关系错综复杂，而且与社会的方方面面都有着千丝万缕的联系。随着时代的发展，多层次的高等教育与多元化的社会之间形成了越来越密切的互动关系。现代社会，高等教育的存在和发展越来越离不开政府和社会在人力、物力、财力，以及政策、环境等方面的支持与促进；社会的发展也越来越离不开高等教育及其研究的引领与推动。美国经济学家弗里德曼用经济学“核心—边缘”理论研究二战后的经济社会现象与教育特别是与高等教育的关系时，发现在知识成为经济社会赖以存在和发展的基本资源与生产要素后，高等教育逐渐从游离于社会之外的“象牙塔”进入社会的边缘区，并渐次成为推动经济社会发展的中心要素，从而提出了著名的高等教育“从边缘走向中心”的发展趋势理论。从二战后高等教育对许多国家发展的实际影响来看，高等教育已成为促进国家科技振兴、经济发展、政治民主、文化繁荣的必要条件；从高等教育对社会个体的影响来看，高等教育不仅是提高个人素质、开发个人潜能的重要基础，更是促进社会流动、实现人生价值的主要途径。的确，高等教育对社会及个人的影响力从来没有像今天这样巨大，社会变革对高等教育的影响也从来没有像今天这样深刻。

然而，随着现代科技的发展和工业化进程的加速，科学文化及其内含的经济价值和工具价值得以彰显，高等教育发展中理性主义与功利主义的冲突日趋激烈。同时，高等教育大众化的进程加快及其与政府、市场、大学三者关系日益复杂，加之财政困难，高等教育商业化、官僚化、技术至上和教育质量下降等问题凸显，高等教育发展的现状和社会的期望之间的鸿沟逐渐加深，高等教育与社会发展之间的冲突也不断加剧。著名的高等教育学家约翰·S. 布鲁贝克在其《高等教育哲学》一书中，专门从冲突论的视角，论述了高等教育发展中认知论与政治论、自治与控制、学术自由与社会责任、精英教育与大众教育、普通教育与专才教育五方面的冲突，还就传统的高等教育与现代的高等教育、学术研究与社会现实道德、大学与教会等方面的冲突展开了论述。联合国教科文组织前总干事费德里克·马约尔在1995年发布的联合国教科文组织关于“高等教育的变革与发展的政策性文件”中更明确指出，“全世界几乎所有国家的高等教育都处于危机之中”。

在我国，随着社会现代化进程的加快，人们已愈来愈清楚地认识到，高等教育与社会的良性互动和协调发展不仅是政治稳定、科技振兴、经济发展、文化繁荣、人民幸福的必要前提，而且是保障高等教育健康发展、高效运行的基本条件。然而，现实的高等教育与社会互动机制仍不够健全，高等教育与社会发展不协调的现象也普遍存在。尤其是在社会大转型的今天，新旧体制、新旧观念与新旧因素的对立与摩擦，以及由此产生的社会失序、混乱与震荡，不仅使高等教育与社会的互动日趋复杂，也使高等教育与社会的协调发展严重受阻。有关高等教育与社会发展的关系的研究也面临着一系列值得研究的新问题。

从宏观的层次讲：一是社会结构转型与高等教育制度的调适问题。社会转型主要包括政治结构、经济结构、文化结构等在内的社会结构的整体性变迁过程。社会转型必然引起与原有社会结构相配套的规则与程序不同程度的失效，而新社会结构要素的生长亟待制度创新来促进和保障。高等教育制度如何调适与创新，如何形成与各种新的社会结构要素协调发展的关系，如何实现高等教育自身健康发展与着眼于学科发展、促进社会全面协调发展的双重目标等问题，必须通过高等教育社会学的研究才能作出科学的回答。二是高等教育与社会关系的变化及高等教育的社会功能重构。社会结构的全面转型必然对高等教育产生巨大的影响，并使高等教育与社会的关系出现一系列新变化。如市场经济的发展打破了高等教育自我封闭的格局，加强了高等教育对市场的关注；民主政治的推进提升了高等教育的自主地位，弱化了高等教育对政府的依赖；对外开放格局的形成拓展了教育者的视野，加强了高等教育同世界的联系，等等。在这种情况下，如何重新认识高等教育的社会价值，如何重构高等教育的各种社会功能，如教育对市场经济的适应、支持与矫正功能，对政治的维护、监督与批评功能，对国外文化的选择、吸收与融合功能，等等，也是高等教育社会学研究的重要任务。三是高等教育与社会冲突的加剧及高等教育的整合机制。社会全方位的变革使高等教育赖以生存的基础发生了变化，高等教育本身也进入了一个剧变时期，旧的运行机制正在被打破，新的运行机制尚未被建立，高等教育与社会的冲突大量存在。如社会经济发展对高等教育的人才需求结构与高等教育的人才培养、输出结构的冲突，高等教育发展对投入的需求与社会经济承受力的冲突，高等教育对理性精神的追求与社会现实的功利取向的冲突，高等教育的价值观念取向与社会文化观念更新的冲突，等等。诚然，高等教育社会冲突的出现并不必然产生消极的后果。如果通过高等教育社会学的研究能够形成比较健全的教育与社会的整合机制，高等教育与社会之间的冲突就会向积极的方面转化。

从中观的层次讲，主要是社会转型带来的各种社会分化引发了一系列新的高等教育社会问题。如区域分化与高等教育发展的失衡问题，阶层分化与弱势群体子女的高等教育问题。急剧的社会转型使原有社会阶层结构产生了前所未有的大分化，进而导致利益的大分化，这必然会在不同利益主体间产生广泛的矛盾和冲突。由此引发了地区之间高等教育差距扩大、高等教育资源配置不合理、高等教育机会不均等等新的高等教育社会问题。

从微观的层次看，主要有社会行为无序与大学行为失范问题，高等教育时空拓展与高校师生关系变化问题，大学校内、校外环境变化与大学教师角色冲突问题，商业的价值原则渗透与大学生的功利行为问题，等等。这些现实的问题，都是令人感到困惑的新的教育问题、社会问题，迫切需要高等教育社会学的探讨与解决。

在这种情况下，高等教育社会学理应顺应时代的要求，调整研究的视角，真正树立起高等教育与社会一体化协调发展的观念，加强对高等教育与社会互动机制的研究，努力探寻高等教育与社会协调发展的规律，促进我国高等教育的健康发展和社会的全面进步。本丛书的出版目的正在于促进这一研究。

本丛书在编写上突出了下列特点：一是研究立场的本土性与研究内容的时代性。从中国近代高等教育的发展过程看，过去高等教育学的研究在一定程度上存在着过于依赖西方教育理论和教育观念的问题，相关研究缺乏本土意识。本丛书强调立足中国国情来解决中国高等教育实践中的问题。在研究内容上，牢牢把握当下中国社会大转型这一时代背景，直面因新旧体制、新旧观念及新旧因素的对立与冲突所产生的社会失序、混乱及震荡给高等教育发展带来的冲击与挑战，紧紧围绕“高等教育与社会和谐发展”这一核心主题，提出了摆脱困境、战胜危机所要解决的一系列重要问题，并通过实实在在的研究，给出了明确回答。本丛书提出的这些问题，都是“高等教育与社会和谐发展的中国问题”，或者说是“中国的高等教育与社会和谐发展问题”。而丛书作者通过研究作出的回答，可视为有助于解决问题的一些“中国答案”。

二是研究视域的广阔性与研究视角的多层性。高等教育与社会发展都是多层次、多类型、多主体的系统，探讨二者的关系应该有广阔的视域和多层的视角。在研究的视域上，本丛书既着力审视整个社会的结构与文化、体制与机制同整个高等教育之间的关系，也努力探明区域分化、地方传统文化同地方高等教育之间的关系，并用力探究具体高校中的职业性别政治、权力关系及角色冲突等问题。在研究的视角上，本丛书立足于高等教育学，比较倚重于社会学，但并不局限于社会学，而是根据研究的具体问题及主要目的，将研究的视角延展至经济学、文化学、人类学、教育学等学科。开阔的学术视野与多样的研究视角，使得丛书内容格外丰富多彩。

三是研究方法的多元性与研究手段的实证性。本丛书遵循了理论研究与实证研究相结合、立足国情与合理借鉴相结合、问题分析与对策探讨相结合等原则，注重多种方法的综合运用。尤为强调运用实证分析的手段，将研究结论建立在翔实的资料基础之上，力图更多地用客观事实说话，用实际材料说话。如制度政策的文本分析、形式多样的问卷调查、扎根实地的田野研究、已有统计数据的二次分析等，在本丛书中都有合理运用，从而为发现高等教育与社会协调发展中存在的问题、揭示成因、寻觅对策提供了必要依据。通过开展实证研究，本丛书改变和克服了老套社会科学研究“从概念到概念”、“从理论到理论”、“从问题到问题”的不良倾向，增强了理论研究的“问题导向”与策略研究的“有的放矢”。

本丛书得以出版，既要感谢华中师范大学出版社新老领导的精心策划与大力支持，也要感谢编辑部主任和各位编辑的认真审读与细致编校，更要感谢顾明远先生与吴康宁先生的充分肯定与郑重推荐。

本丛书的作者主要是高等教育与社会发展研究方向的博士和博士后，丛书多是在他们的博士学位论文的基础上修改而成，虽然研究宗旨与写作要求一致，但每本书的主题思想与写作风格各异。作为丛书主编，我希望本丛书的出版能够为促进我国高等教育与社会协调发展起到一定的作用，也希望高等教育与社会发展的议题能受到学界更多的关注。由于作者的水平以及对高等教育与社会协调发展规律的认识有限，本丛书必有诸多不足之处，诚望诸位学者、读者不吝赐教。

董泽芳

2017 年 6 月 6 日

目　录

第一章 后大众化时代我国高等教育的基本图景

第一节 后大众化时代高等教育的基本特征

一、高等教育后大众化的概念

20世纪70年代初，美国教育社会学家马丁·特罗（Martin Trow）教授在考察战后主要发达国家高等教育发展趋势的基础上，发表了《从大众向普及高等教育转变的思考》（Reflection on the Transition from Mass to Universal Higher Education，1970）、《高等教育的扩展与转变》（The Expansion and Transformation of Higher Education，1972）及《从精英向大众高等教育转变中的问题》（Problems in the Transition from Elite to Mass Higher Education，1973）等一系列文章。他认为，根据一个国家适龄青年接受高等教育的比例可以将该国高等教育的发展水平分为三个阶段，低于15%时称为精英高等教育阶段（Elite Higher Education），处于15%—50%时称为大众高等教育阶段（Mass Higher Education），高于50%时称为普及高等教育阶段（Universal Higher Education）。这种划分方法是按照一个国家高等教育的总体规模及发展程度来确定的，后来作为衡量高等教育规模和发展水平的数量指标，被广泛运用于各国高等教育的比较研究和有关发展政策的制定中。

然而，1996年日本学者有本章教授①发现进入大众化后期的日本高等教育在管理体制、经费来源和学生入学方式等方面出现了与马丁·特罗教授所提出的大众化理论不相符的情况，从而认为日本高等教育进入了一个有别于马丁·特罗教授所说的普及化阶段的特殊时期即后大众化时代。在有本章教授的推动下，关于高等教育后大众化的国际研讨会1997年在广岛大学召开。在这次会议上，罗伯特·吉姆斯基（Robert Zemsky）教授②认为有本章教授所提出的有关“后大众化”的七条假设也符合美国高等教育的发展状况。在此基础上，他分析了美国经济变革与高等教育后大众化之间的紧密联系，认为中上等收入家庭关于高等教育的期望目标不断延伸，加上地方对青年劳动者需求的减少，导致美国也出现了高等教育后大众化阶段的种种典型特征，如日趋凸显的财政紧缩和质量危机、重新等级化和非全日制高等教育服务的“批发市场”。帕翠西亚·冈伯特（Patricia J. Gumport）等人在《美国高等教育从大众化向后大众化发展的趋势》报告③中，同意吉姆斯基的观点，即各国高等教育体系都有一个类似的由大众化走向后大众化的发展过程。在解释高等教育大众化后为什么会出现停滞期的问题时，日本学者金子元久教授认为，由高等教育的加速发展或者是大众化导致的各种后果中，有三个重要的问题会出现：第一个是学生规模扩大导致的高校教学质量下滑；第二个是高校毕业生劳动力供给的过剩，也即就业困难；第三个就

① Akira Arimoto. Cross-National Study on Academic Organizational Reforms in the Post-Massification Stage [J]. Research in Higher Education-Daigaku Ronshu, 1996 (25): 1-22.

② Robert Zemsky. Seminar on Post-Massification [C]. Academic Reforms in the World: Situation and Perspective in the Massification Stage of Higher Education. Reports of the 1997 Six-Nation Higher Education Project Seminar, RIHE International Seminar Reports, 1997, No. 10: 1-20.

③ Patricia J. Gumport, Maria Iannozzi, Susan Shaman, et al. Trends in Higher Education from Massification to Post Massification [C]. Academic Reforms in the World: Situation and Perspective in the Massification Stage of Higher Education. Reports of the 1997 Six-Nation Higher Education Project Seminar, RIHE International Seminar Reports, 1997, No. 10: 65-93.

是教育机会差距的扩大。这三个问题最终会造成社会不满情绪的膨胀，从而导致政府的高等教育政策取向出现变化，政府不得不采取减速调控手段①。正是由于众多学者关于高等教育后大众化的研究，马丁·特罗教授对其大众化理论进行了修正，认为划分高等教育大众化阶段的量化指标并不是对高等教育发展目标进行预测，其意义更多地在于其预警功能，标志着“高等教育规模在量的增加之后，高等教育和大学的‘内部活动’要产生变化”，并指出“中国的高等教育规模总有一天会有一个较快的发展，中国高等教育也需要预警”②。

我国对高等教育后大众化的研究始于樊建芳、郑若玲等人对罗伯特·吉姆斯基和帕翠西亚·冈伯特等人论文的翻译介绍。此后虽然也有 20 多篇论文对国内外高等教育后大众化的特征、模式、对于中国的意义等方面进行了研究，但总的来说，我国学界在这方面的研究还较少，对我国高等教育是否已进入后大众化阶段也存在争议。2010 年主题为“后大众化高等教育阶段面临的挑战与经验”中国—芬兰高等教育论坛在北京工业大学召开，推动了我国高等教育后大众化研究的开展。第一，在后大众化阶段的划分特征上，主要观点如下：冯用军③认为高等教育毛入学率居于 25％—50％时为后大众化阶段；蒋文亮、卜雪梅④认为高等教育毛入学率达到 36％—50％时为后大众化阶段；而王洪才、曾艳清⑤则认为后大众化的划分标志是学生结构的改变，认为后大众化阶段的典型特征是高等教育适龄人口入学率增长在未达到普及化之前就出现了停滞和波

① ［日］金子元久．高等教育大众化的政治经济学——日中比较［C］∥刘文君，译．2006 年中国教育经济学年会会议论文．

② 邬大光．高等教育大众化理论的内涵与价值——与马丁·特罗教授的对话［J］．高等教育研究，2003（6）：6-9．

③ 冯用军．后大众化阶段行业特色型和综合研究型高水平大学发展研究——基于“985 工程”序列大学的人才与科技贡献力的维度［J］．教育界，2010（2）：4-13．

④ 蒋文亮，卜雪梅．高等教育后大众化时代创新人才培养的特点及规律研究［J］．文教资料，2010（6）：182-185．

⑤ 王洪才，曾艳清．后大众化与我国高等教育发展战略选择［J］．华中师范大学学报（人文社会科学版），2010（3）：133-138．

动，而非传统的成人高校学生入学率却持续增长，其增长率甚至超过了传统学生；杨移贻[①]基于规模和质量的对抗，提出规模达到一个平台期，质量问题引起前所未有的关注，高等教育界进入前所未有的变革期，需要对发展中出现的种种问题进行反思，并做出政策调整，这样的一个时期直至到普及化的到来，就是高等教育发展的后大众化阶段。第二，在高等教育从大众化向后大众化过渡的发展模式方面，主要观点如下：王洪才基于学生结构转变提出美国、英国、日本三种模式；杨移贻基于规模发展平台期和质量危机提出美国、西欧和日本三种模式。第三，在中国是否进入后大众化阶段的问题上，主要观点如下：杨移贻认为中国高等教育规模发展的平台期已然到来，高等教育发展已经走向大众化教育的成熟阶段（后大众化）；王洪才认为我国在高等教育毛入学率达到35%左右时适龄人口对高等教育需求会达到相对饱和，从而向后大众化转变；蒋毅坚[②]认为，由于经济社会发展的不平衡性，京津沪等部分城市高等教育毛入学率已经超过50%，江苏、浙江等部分省份也已经超过40%，因此，目前我国高等教育就整体而言尚处于大众化阶段的前期，但是，从局部来看，北京等部分发达地区高等教育已经进入有本章教授所定义的后大众化阶段。第四，在我国高等教育后大众化面临的问题方面，杨移贻认为高等教育后大众化阶段面临的关键问题是结构与体系问题，在规模扩张中出现不同类型、不同层次的高等教育几乎同步的扩充，精英教育受到严重冲击，质量普遍下降；高教体系层次不清，各高校定位混乱、功能趋同、追求升格、相互攀比的情况十分严重；高等职业技术教育、专科层次教育并未在大众化中发挥主要作用；民办高等教育被边缘化而不能发挥应有作用；高等教育内部改革滞后。冒荣、宗晓华[③]也认为，在后大众化时代，高校间非合作博弈与无序竞争会给高等教育系统发展造成难以承受的效率损失，因此必须建立合理有序的分工

---

① 杨移贻．后大众化阶段高等教育的审视［J］．深圳大学学报（人文社会科学版），2009（5）：144-148.

② 蒋毅坚．我国高教面临“后大众化”挑战［N］．社会科学报，2010-07-02.

③ 冒荣，宗晓华．合作博弈与区域集群——后大众化时代我国高等教育发展机制初析［J］．高等教育研究，2010（4）：35-40.

协调制度和多元评价制度，促进高校合理定位，在不同层次、不同领域追求卓越，办出特色。这种观点也被用来解释地方高校所面临的发展困境。一些学者认为地方高校陷入发展困境的主要原因是定位不清、办学雷同，不能满足时代需要，难以为区域经济建设和地方社会发展培养适应性人才①，因此应加强对地方高校合理定位的研究，政府也应对地方高等教育进行结构调整。另一些学者则将地方高校陷入发展困境的主要原因归结于政府管理模式和高校管理问题，主张加强对地方高校管理模式转变的研究，政府也应进行相应的职能转变。例如，张应强②指出，当前我国地方大学发展面临的问题包括教育规模的迅猛扩张与教育资源积累严重滞后之间的矛盾、单一的办学模式与多样化的社会需求之间的矛盾、高等教育大众化进一步发展的要求与地方政府和地方高校管理水平之间的矛盾等，其根源在于在对传统高等教育管理模式的路径依赖下，我国地方高校的发展模式仍然是被动式和封闭式的，因此，必须加快政府职能转变，引导地方大学主动、开放式发展。张文格③认为，十年扩招导致我国高等教育后大众化阶段面临着诸如财政紧缩、教育质量下滑、大学生就业状况恶化和高等教育机会差距拉大等危机，而危机产生的根源在于政府财政支持的乏力、高度统一的管理体制和根深蒂固的精英教育思想。冯用军④认为进入后大众化阶段使得高等教育入学机会存在典型的区域差异和城乡差异，即存在严重的教育公平问题。

由上可知，对后大众化时代高等教育的显著特征的探讨既是目前研究的一个热点，又存在着很多争议。接下来，本书将对后大众化时代高等教育的显著特征展开探讨。

---

① 柳和生，程肇基. 影响地方高校发展的三大因素及相关对策 [J]. 江苏高教，2009 (1)：63-65.

② 张应强. 精英与大众——中国高等教育 60 年 [M]. 杭州：浙江大学出版社，2009：182-188.

③ 张文格. 后大众化阶段我国高等教育发展面临的危机及根源 [J]. 现代教育管理，2011 (10)：32-36.

④ 冯用军. 后大众化阶段社会阶层对高教入学机会的影响——以辈出率为中心 [J]. 现代教育管理，2010 (9)：9-13.

二、高等教育后大众化的显著特征

1. 后大众化的显著特征之一：高等教育毛入学率等指标的异常表现

一些学者将高等教育后大众化定义为高等教育毛入学率或高等教育在校生规模指标在增长速度上的减缓甚至负增长。大众化是以规模增长为首要特征的，从冈波特和有本章等人关于后大众化提出的背景来看，的确有针对美日等国家高等教育规模发展中所出现的增长放缓等相对反常的停滞现象的成分。用冈波特的话说就是高等教育在经过大众化进入成熟期后规模扩张方面不约而同地出现了急刹车①。根据经济合作与发展组织（OECD）相关数据统计，可以发现在20世纪80到90年代，欧美日等高等教育发达国家和地区的学生总注册数增加率明显低于其他国家和地区，尤其是亚洲新兴发展地区。从20世纪90年代到2006年，欧洲成员国高等教育总学生数大约从110万增长到130万，其增长率远低于世界总平均值，其中一些国家的高等教育学生规模的年平均增长率还出现了一定程度的下降②。

美国作为世界上第一个跨入大众高等教育并为其他国家和地区提供参照模式的国家，其高等教育适龄人口入学率（就读学位授予高校）在1990—2014年间基本保持上升趋势，只是在个别年份出现下降。但是从学生规模的增长速度来看，从1975年到1980年代后期开始，美国高校在校生规模增长不断放缓。虽然这一时期政府将高等教育的发展看做是一种提供“公共品”（public good）的公益事业，因而为高校提供了大量的财政支持，但1975—1990年间的入学人数增长曲线开始变得平坦，增长趋势逐步放缓。1994—2004年间学位授予高校的全日制学生规模增长了21%，2004—2014年间增长了17%，而2010—2014年间则下降了4%。虽然2004—2014年间适龄人口的总规模不断增长，但学位授予高

① Patricia J. Gumport, Maria Iannozzi, Susan Shaman, et al. Trends in United States Higher Education from Massification to Post Massification [J]. National Center for Postsecondary Improvement, 1997: 23.

② OECD. OECD展望：高等教育至2030 [M]. 重庆：重庆大学出版社，2011: 152.

校的适龄人口入学率从 2004 年的 38%到 2014 年的 40%，仅上升了两个百分点。美国高校的总体数量（包括分校）从 1999 年的 4 084 所增长到 2009 年的 4 495 所，再到 2012 年的 4 726 所，虽然一直处于增长之中，但是增长速度明显减慢。

我们必须注意到，鼓励成人学生、女性学生和留学生等非传统来源的学生入学等政策的实行对一些国家高等教育的发展带来了重大影响，使得其停滞的趋势并不明显，或者仅在某个时段暂时出现。例如，日本在 20 世纪 60 年代中期进入大众化时期后，在 20 世纪 70 年代和 90 年代间高等教育总体规模的增长出现了相对停滞、入学率保持基本稳定的情形。而到了 90 年代末，由于女性大学生的大量增加，入学率明显提升，1995 年和 1999 年分别达到了 45.2%、49.1%，该水平一直保持到 2011 年。大学招生 1995 年达到 254.6 万（其中研究生 15.3 万，本科生 233 万），1999 年则增长至 270.1 万（其中研究生 19.1 万，本科生 244.8 万）。而根据日本政府文部科学省的相关调查数据，2016 年日本大学招生人数达到了 287.3 万，平均高等教育入学率达到了 53.9%，已经进入马丁·特罗教授所定义的高等教育普及化阶段。日本高校总数 1995 年达到 1 223 所（其中大学 565 所），1999 年达到 1 269 所（其中大学 622 所），2010 年大学为 744 所，2016 年大学为 777 所，其中国立 86 所、公立 91 所、私立 600 所。因此，有人将日本高等教育在 20 世纪 60 年代的快速发展称为“第一次大众化”，90 年代的增长称为“第二次大众化”①。

根据 OECD 的相关研究，从 1990 年开始，许多高等教育发达国家开始关注高等教育适龄人群规模缩小的问题。根据 OECD 的统计数据，如果学生注册率的改变只取决于人口因素，欧洲 OECD 成员国的学生平均数量从 1995 年到 2004 年将会减少 5%。而由于短期学习计划的选择范围增加，加上职业教育机构升格等因素，OECD 成员国高等教育入学率

① Akira Arimoto. Trends in Higher Education and Academic Reforms from 1994 Onwards in Japan [R]. Research Institute for Higher Education. Hiroshima University, 2001: 4.

以不同的速度保持了增长①。对于5A类型的高等教育（对应于传统的大学教育），OECD成员国平均入学率从1995年的39%提高到2012年的58%，而5B类型的高等教育（对应于职业教育和技术教育类型的专科教育）则始终徘徊在16%—19%之间②。

或许有必要指出，一些学者试图将高等教育毛入学率等指标变化与高等教育进入后大众化阶段相联系，认为后大众化就是指高等教育毛入学率具体指标的增长表现，这种考虑是不妥当的。从上述美国和日本高等教育的最新发展指标来看，高等教育的后大众化并不必然与学生规模与学校数量的减少相联系。即使高等教育适龄人口在一部分国家出现减少，并对高等教育产生一定影响，但高等学校通过扩大非传统类型的学生入学规模在一定程度上抵消了部分影响。美日学者所提出的高等教育后大众化更多地是指高等教育所面临的一种特殊危机，这种危机的具体表现可以是多方面的，不能简单地将高等教育后大众化定义为高等教育毛入学率或高等教育在校生规模指标的停滞。我们必须认识到，在规模扩张相关指标之外，研究者还应该关注长期作为大众高等教育规模扩张前提的价值观的崩溃或颠覆，并高度注意在这种环境下某些特定类型的院校的生存能力所经受的挑战等，将它们与后大众化联系起来。如果忽视这些表现，后大众化的内涵就不完整③。

2. 后大众化的显著特征之二：高校普遍面临困境和危机

有关高等教育后大众化研究的文献大都涉及世界各国高等教育发展中普遍遇到的困境。从高校的角度来看，其困境主要表现在三个方面。

（1）政府财政支持的减少

20世纪80年代以来，在新自由主义和新公共管理等理论的影响下，

---

① OECD. OECD展望：高等教育至2030［M］. 重庆：重庆大学出版社，2011：157.

② OECD Education at a Glance 2014：OECD Indicators［R］. Table C3. 2a. Trends in tertiary entry rates（1995—2012）. OECD Publishing，2014.

③ Patricia J. Gumport，Maria Iannozzi，Susan Shaman，et al. Trends in United States Higher Education from Massification to Post Massification［J］. National Center for Postsecondary Improvement，1997：23.

各国政府削减财政开支，导致高等教育财政支持减少，成为很多国家高等教育发展的一大障碍。以美国为例，从授予学位的高等学校经费结构来看，即使不包括对二战老兵和以学生名义发放的学费资助，各级政府提供的经费比例在1949—1950年间已达到45%，到1969—1970年间增长到50%。但是20世纪80年代以来，美国政府推行了具有浓厚新自由主义色彩的政策，对美国经济发展和公共部门改革都产生了重大影响，政府提供的高等教育经费比例出现了明显下降。在授予学位的高等学校经费中，来自联邦、州和地方政府的经费比例从1979—1980年度的49%下降到1995—1996年度的38%。这种下降趋势由于此后的经济危机而不断加强。20世纪80年代至21世纪初，美国曾有4次大的经济衰退（2008年除外），其中3次都对州政府的高等教育生均拨款产生了负面影响。从美国全国来看，1980年经济衰退后生均拨款下降了2.0%，1990—1991年度经济衰退后下降了5.0%，2001年后下降了8.6%。1980年至2005年间，州政府对高等教育的生均拨款实值（减去物价上涨等因素）平均下降了20%①。受2008年金融危机影响，美国有47个州面临财政预算不足的窘境，其中一些州便不同程度地削减了公立高校的拨款，同时提高了学费标准。因此，在公立高校总收入不断提高的同时，政府来源的经费比例及生均拨款水平却在不断下降。2007—2008年间到2012—2013年间，公立高校的全职当量学生数增长了11%，而州拨款从887亿美元降至720亿美元，下降了19%。2012—2013年间，美国公立高校全职当量学生生均州拨款为6 646美元，按2012年不变价格计算，比五年前下降了27%②。

从其他国家的情况来看，虽然1995年至2003年间OECD成员国高等教育支出占公共支出比重的平均水平上涨了3.1%，美国上涨了4%，但与同期高等教育在校生规模和高等教育成本的快速增长相比，高等教育支出占公共支出比重的增长幅度仍相对较小。造成这种现象的主要原

① SHEEO. State Higher Education Finance FY 2007 [EB/OL]. (2007-05-25) [2016-10-12]. http://www.sheeo.org/pubs/pubs_results.asp?issueID=20.

② 周娟. 美国公立高校经费投入机制 [C] //北京大学中国教育财政科学研究所. 2014年中国教育财政高峰论坛会议文集，2014 (10): 28-36.

因是政府公共服务预算所面临的压力不断增大。从高校经费来源结构来看，虽然政府仍然是高等教育经费的主要来源，但随着个人及其家庭在高等教育支出的相应上升，有些国家的政府来源经费比重下降较快，1992—2003 年间 OECD 成员国的平均值下降了 9%，美国则下降了 7%。而 OECD 成员国的高校由于所面临的财政困境，2010 年开始，在招生方面经历了 4%的显著下降①。

（2）在趋于严厉的绩效评估和问责制度下，在越来越激烈的市场竞争下，高校之间贫富分化加剧，学校间的差距不断拉大

在控制高等教育投入的同时，各国政府都希望将财政拨款与高校的产出质量和效率联系起来，以不断提高公共资金的使用效率，因而不断推动公立高校的经费投入体制和内部经营管理改革。在教学和科研等方面实行具有竞争性的财政拨款和趋于严格的问责制度，主要做法就是将高校的教学科研绩效与财政拨款直接挂钩，对高校形成一种强有力的外部激励，促使高校满足外部问责要求。

美国是较早在高等教育领域实行绩效拨款的国家，1979 年田纳西州就率先把绩效拨款机制引入高等教育拨款方式中，该州通过 10 项绩效指标对公立高校进行考核，形成了对高校办学的问责机制。在此后的几十年间，绩效拨款制度得到不断强化，逐步趋于完善，绩效拨款制度的应用地区不断扩大，额度所占比例也不断提高，到 2013 年美国已有 22 个州在实施绩效拨款，7 个州正在向绩效拨款方式过渡，10 个州进入正式讨论阶段。也就是说，美国有超过四分之一的州在对州立高校进行拨款时，不同程度地使用了基于产出评估的绩效拨款方式。绩效指标体系大致有四类：包括毕业率、授予学位/证书数、获得的研究或补助拨款、就业安置率、资格考试学生通过率在内的一般性成果指标，包括完成一定学分的学生数等在内的进步成果指标，包括低收入家庭的学生数量、佩尔助学金获得者数量等在内的少数群体成果指标，包括 STEM 专业、护理专业等高需求专业学生数量及其就业安置率在内的高需求

① OECD Education at a Glance 2014：OECD Indicators [R]. Table C3. 2a. Trends in tertiary entry rates (1995—2012). OECD Publishing，2014.

主题成果指标①。总体来说，各州根据本州高校在其成果评估方面的表现来进行绩效拨款，促进了高校之间的竞争。在绩效拨款制度的规制下，美国大学纷纷制定了自己的绩效指标体系，如迈阿密大学的月度管理报告有100多项目标评测的数据，北卡罗来纳州立大学的绩效指标体系则包括了毕业生数量、新生学术素质、本州学生比例、学生毕业率、留级率、博士学位获得者数量、教师工作能力、授课贡献、毕业生就业率、教育成本、州拨款数额等20项指标②。与此同时，显著影响教授声誉和大学声誉的联邦政府科研项目与经费分配也基本采取市场导向的竞争机制，往往是以教师本人和项目而不是以大学为支持单位。高校对于承担科研项目的优秀教师资源的竞争不断加剧，而对那些内部治理不良、学术声誉滑坡的大学，同样存在教授逃离大学的反向机制。因此，在竞争机制的作用下，高校之间贫富的差距不断拉大。

类似的改革也在日本、英国、德国等国家开始推行。如日本在20世纪80年代后期泡沫经济崩溃之后，政府财政拨款的削减和经济发展的不景气对大学的管理和运营产生了严重影响，日本开展了国立大学法人化改革，其目的就是将竞争机制引入高等教育领域。2004年，该项改革正式付诸实施，其主要特征就是日本政府改变了以往对预算执行过程进行行政性管制的管理模式，开始依据各高校的规划实施情况的评估结果进行财政补助，在拨付运营费交付金时又引入效率化系数的方式，在科研方面扩大竞争性资金的比例，建立基于竞争机制的绩效拨款模式，提高高校的管理效率，同时强化高校财务管理问责制，要求各国立大学在接受内外部审计的同时还必须公开财务信息，形成社会公开监督机制③。在英国，高等教育基金会（HEFCE）确定拨款所依据的研究评估制度

① 周娟. 美国高等教育绩效拨款研究［C］//北京大学中国教育财政科学研究所. 2014年中国教育财政高峰论坛会议文集，2014（10）：37-59.

② ［美］E. 格威狄·博格，金伯利·宾汉·霍尔. 高等教育中的质量与问责［M］. 毛亚庆，刘冷馨，译. 北京：北京师范大学出版社，2008：176.

③ 鲍威. 法人化改革后日本国立大学财政管理体系的重构——从“行政隶属性”向“契约性”的转化［C］//王蓉，鲍威. 高等教育规模扩大过程中的财政体系：中日比较的视角. 北京：教育科学出版社，2008：77-79.

（英国高等教育机构研究评估考核，简称 RAE）从 1986 年开始实施，经过六次改进与完善，将被“研究卓越框架”（REF）取代。新的 REF 评估体系首次将研究成果的社会效益和综合影响作为评估的重要指标。在德国，政府在 20 世纪 90 年代以后开始的新公共管理议程（New Public Management Agenda，简称 NPM）中一方面扩大高校的经费、人事、招生自主权，另一方面提倡绩效拨款，推进高校之间的竞争。2005 年德国出台“卓越计划”后，更注重推进高校之间的竞争，以提升精英大学的科研实力。2004 年 OECD 针对成员国高等教育改革的趋势，发布了高等学校财务管理与治理项目成果报告《刻不容缓：确保高等教育可持续发展的未来》，其中以高等教育财政模式改革直指治理模式的改革，认为政府的责任在于使自治的高等教育机构提高对市场所代表的公众需求的反应能力，以保证高等教育财政的可持续发展①。

在趋于严厉的绩效评估和问责制度以及越来越激烈的市场竞争的综合作用下，某些处于竞争劣势的高校所面临的危机加重。它们不仅可能失去其已有地位，或者某种排名上的下滑，而且情况可能更严重，财政上的难以为继，教师、学生的不断流失，最终会使它们不得已退出高等教育系统。2009 年英国自由市场政策智库发布《Sink or swim? Facing up to failing universities》报告，认为应当结束高等教育中所谓的“无失败文化”（no-fail culture），即建立高校的退出机制，允许高校破产关闭，以提高公共资金的使用效率。该报告还对为挽救面临财政危机的薄弱高校而进行的高校合并提出异议②。报告认为，虽然这样的合并为高校提供了重整资源提高质量的机会，但这也将是政府强力干预学术正常运行的机会，这对于资源配置来说不一定能够真正提高效率和效益。与英国相比，坚持市场主导治理的美国在高校退出方面更加坚决，薄弱高校的破产关闭始终是其高等教育传统的重要内容，直到 21 世纪也没有发生根本改变。从 1960 年到 1990 年的 30 年间，美国倒闭的高校一共有364 所

① OECD. On the Edge：Securing a Sustainable Future for Higher Education [M]. OECD，2004.

② Anna Fazackerley , Julian Chant. Sink or swim? Facing up to failing universities [EB/OL].（2016-09-09）[2017-10-28]. https:// policyexchange. org. uk.

（不包括大学分校），年平均倒闭学校数是存在学校数的1%左右①。在高等教育市场竞争日趋激烈的条件下，美国也从立法上探索薄弱高校的治理方式，其中就包括了退出机制的建立。2009年，时任总统奥巴马签署的《复苏与再投资法》中专门列出了扭转、转型、重办和关闭四种薄弱学校改造模式，明确规定“当学校达到关闭的标准，如改进难度过大且所在学区有绩效更优的学校时，学区征得利益相关者的同意后则可选择关闭模式”②。

（3）管理主义与职业主义等趋向与传统学术观念之间冲突增多，性别、种族、区域等方面的高等教育公平问题越来越引起关注，高校的合法性基础开始被质疑

与财政困境和高校间越来越激烈的竞争相比，高校所遭遇的观念层面的冲突与危机则范围更广、程度更深。石油危机后欧美国家开始对高等教育采取削减经费和私有化政策，高等教育走向市场化。市场的观念和机制通过知识的商品化和资本化已深入高等教育核心地带。经济领域的“管理主义”“效率主义”“功利主义”等价值理念的侵入，给高等教育领域原有的和正在形成的种种道德规范带来巨大的冲击。学生和家长开始质疑高等教育昂贵文凭的价值，特别是其在劳动力市场中的回报能有多高持怀疑态度。2007年斯派灵委员会报告（The Spellings Commission Report）中就指责大学是一种价格太昂贵、管理水平低下、公众难以就读以及不愿主动承担社会责任的机构。这种观点或许过于激进，但在一定程度上反映出社会上对于高等院校的信任危机③。

同时，大众化时代的到来使得高深知识的界限开始模糊，大学教育目标从培养学术型人才转向培养受过训练的劳动者，具有浓厚职业主义

① 胡小娟．论建立弱势公立高校退出机制的必要性［D］．武汉：华中科技大学硕士学位论文，2014．

② 吕敏霞．《2009美国复苏与再投资法案》背景下薄弱学校改造的新动向：四种模式［J］．外国教育研究，2011（5）：10-14．

③ US Department of Education. A National Dialogue: The Secretary of Education's Commission on the Future of Higher Education (transcript) [R]. Washington, DC: US Department of Education, 17 October. 2005b.

色彩的新型课程不断被开发出来。人们还进一步要求高校所培养的职业技能必须具有更广泛的灵活性，以使毕业生能够更便捷地实现从一个岗位到另一个岗位、从一种职业到另一种职业以及从一个领域到另一个领域的迁移。因此，大学原有的凭借颁发正式的学位证书所获得的垄断地位已受到了空前的威胁，大学教育所关注的核心知识必须转向更具有通用性的时间管理、问题解决、独立性和适应性等能力。

在此背景下，高等教育的培养目标和功能发生了重大变化，从选择和培养少数学术精英，转变为承担多种功能和目标，其中除了精英教育目标外，还包括了“分配职业阶梯上的等级和社会结构中的位置”，即个人的社会发展和晋升的功能和目标。随着高等教育大众化进程的不断深入，人们更加关注在性别、种族、区域等方面的高等教育机会不均等问题。

在高等院校饱受质疑的同时，也有很多学者认为，市场力量和对公共资金的激烈竞争侵蚀了高等教育原有的合法性基础。E. 格威狄·博格（E. Grady Bogue）曾严厉地批判高等院校在利益驱使下不尊重学生、不维护学生利益的行为，他举了若干他称之为“道德暴行”的案例，如在政治等压力下招生，因考虑经济效益而擅自撤销课程，以及教学质量低下，等等。他认为真正的质量保证是“关乎敬业精神、勇气及人品，关乎一个管理者是否知道什么是正确的，是否愿意去做”的道德范畴，“一个大学教员的严肃认真的态度及高水准或许比《美国新闻与世界报道》上令人愉快的排名，比一套华而不实的 TQM 系统及绩效指标报告有更直接有力的影响，一个学校管理者的正直、勇气和激情，或许比任何质量保证体系的影响更直接”①。作者所推崇的“敬业精神、勇气和人品”，其实都是指在观念、规范的矛盾冲突中坚持学术标准的精神与信念。布鲁贝克（Brubacher）还专门讨论了应该如何看待教授的经济报酬的问题，他认为当所担负的道德责任同所服务的公司的投资利益产生冲突的时候，教授就很难从学术自由和中立的角度出发，去决定自己的行

① ［美］E. 格威狄·博格，金伯利·宾汉·霍尔. 高等教育中的质量与问责［M］. 毛亚庆，刘冷馨，译. 北京：北京师范大学出版社，2008：196-200.

为。当教授等学术界人士用不符合学术道德规范的手段去追求和实现社会价值目标（如获取职称、学位、金钱等）时，就出现了学术道德失范①。学术道德失范体现了高等院校在规范合法化过程中外部规范与内部规范的激烈冲突。

马丁·特罗在他的著名论文《从精英向大众高等教育转变中的问题》（Problems in the Transition from Elite to Mass Higher Education）中，描述了大众高等教育和普及高等教育中高等教育合法性的危机状态。他认为从精英到大众再到普及高等教育阶段，高等院校从小社会变成综合性的"大学城"再转向没有任何密切联系的松散教学机构，组织逐渐失去了共同的标准、价值观和身份。一方面在组织的主要活动——教学中，由于没有达成共同的高等教育观念，课程之间、学习与生活之间的界限被打破，学术标准也越来越多样化；另一方面，学生和教师类型也越来越多样化，在高等教育的本质和功能等方面意见分歧加大，传统的大学理念也不断受到挑战，组织内部统一的价值观难以形成，即内部合法性难以形成，成员之间关系越来越紧张甚至发生冲突，从而导致学校内部管理问题突出②。组织外部的观念、规范和制度不断加大对组织内部的影响，高校与社会的界限逐渐模糊，当外部合法性替代内部合法性之时，高校与社会之间的界限就消失了，于是高校难以作为一个相对独立的场域而存在。马丁·特罗认为这种趋势在未来的学习型社会中是不可避免的，应通过发展多样化的高等教育机构和课程，或者通过高等教育系统和功能的分化来满足培养英才和一般劳动者的多元任务需要。在这种理念下，政府也制定了相关政策来激励高校满足社会公平的目标。但是，多样化的高等教育也遭到了一些学者的批评。例如，贝尔（Bale）指出美国大学已经成为一个担负社会在其他地方所不能完成的各种任务的"垃圾场"，莱维认为现在是阻止这种趋势的时候了，大学不能成为满足所有人需要的万能之物，海恩斯认为这种做法可能会给大学带来沉重的

---

① ［美］布鲁贝克．高等教育哲学［M］．王承绪，郑继伟，张维平，等译．杭州：浙江教育出版社，1998．

② Martin Trow．Problems in the Transition from Elite to Mass Higher Education［R］．Carnegie Commission on Higher Education，Berkeley：University of California，1973：11．

负担，以致它无法实现其基本目的①。

因此，这些困境从表面上看是高等院校的财政危机，但由于公共财政的支持一向与公众的信任态度紧密相连，从根本来看，这些困境实质上反映了人们对于高等教育的信任危机。政府对高校的拨款减少，或者财政经费的增长跟不上学生规模和培养成本的增长，公共管理部门对高校的审查和评估趋向严格，招生市场的竞争趋向激烈，或者由于就业压力增大，毕业生及其家庭、雇主等社会各界质疑高校的培养质量和培养方式乃至基本的高等教育价值观与信条，等等。这些都是高校生存环境恶化的表象，可以归结为社会对高等教育价值的认可危机。马丁·特罗曾明确指出，在高等教育和社会之间的一个基本联系是信任，无论是公共机构还是私人实体，对大学提供各种支持和资金的前提都是信任，而当前高校普遍面临公众的信任危机②。这种信任危机从高校的角度来看，就是高校在新的时代条件下需要向社会向政府向公众证明自身存在价值的合法性危机。从上述分析来看，美国高校数量并没有急剧减少，总体规模也仍然在缓慢增长，学费等其他经费来源取代政府来源支持了高校支出的持续增长，因此高校的合法性危机主要是通过社会评价和观念冲突下高校办学理念所遭受的质疑反映出来的。

3．后大众化的显著特征之三：高校寻求新的发展模式

为应对认可危机或者合法性危机，高校必须不断适应社会各界不断变动的复杂的需求，寻求新的发展模式，即基于社会需求反思和调整其发展规划，如发展规模的合理性、产生的多元影响、新时代的任务与目标，以及如何进行经费的筹集与分配等，以应对外部质疑，重获社会信任。

越来越多的学者认为，这一时期高等院校所面对的许多困难与全球经济和社会的转型有一定关联。也就是说，危机的本质在于社会认知标准变化所带来的认同危机，即合法性危机。从社会大环境的变化而言，尤其是从高等教育的本质特征而言，本书认为后大众化不同于后期大众

---

① ［美］布鲁贝克．高等教育哲学［M］．王承绪，郑继伟，张维平，等译．杭州：浙江教育出版社，1998：76-77．

② Martin Trow. Trust, Markets and Accountability in Higher Education: A Comparative Perspective［R］. Berkeley：University of California，June 12，1996.

化，而属于大众化之后的一个阶段，故已经不属于大众化阶段。原因是后大众化时代经济和社会特征已经明显不同于大众化理论提出时期的经济和社会特征，高等教育发展与经济社会发展的对应性要求高等教育系统和高等院校组织都进行变革，其组织变革的特征也已超出了马丁·特罗在大众化理论中的描述。实际上，高等教育在步入大众化阶段后，并未进一步走向普及化，而是在达到普及化之前发生了转向，展现出不同的发展特征。前面提到的部分高等学校所面临的困难和矛盾只是危机的表象，危机的本质在于后大众化时代高等教育需要新的发展模式，只有新的发展模式才能得到新的社会认可。

从高等教育的发展历史来看，无论是走进还是走出学术象牙塔，大学都离不开外部合法性即社会对大学的承认和接受：中世纪社会的社团文化为最初的大学提供了组织形式和社会认可的基础；肇始于古罗马时期的法人制度为1245年巴黎大学成为真正意义上的学术法人组织提供了法律依据，也为后来大学的一系列自治权利逐渐被教会和世俗王权认可提供了保障；19世纪初以柏林大学为代表的德国近代大学的崛起离不开最高权力的支持，当然也离不开国家的财政支持和监督管理，可以说国家利益是国家认可和支持高等教育的原动力；美国早期学院的发展离不开清教徒的认可和支持；19世纪中后期现代大学的崛起也离不开工商界的认可与捐赠，市场干预的力量越来越强大，以至于引起凡勃伦、赫钦斯等学者的一再批判和控诉。德里克·博克在《走出象牙塔：现代大学的社会责任》一书中指出，“新型大学的目标一直处于争论之中，有的人从职业、实用的角度来看待大学的使命，有的人把大学纯粹看做是为了自身利益而从事研究和获得知识的一种场所。还有一些人则强调，学术机构的价值如同自由文化的载体，在工业和商品经济的社会大潮里将起到协调、缓和社会冲突的作用。直到1910年，这些相互驳斥的观点在一定程度上才艰难地走到一起，于是大学在规模上和在公众心目中的地位大有提高”①。由此可见，美国高等教育的形成

① ［美］德里克·博克．走出象牙塔：现代大学的社会责任［M］．徐小洲，译．杭州：浙江教育出版社，2001：3-4．

与发展是在新的社会共识的形成与发展的基础上展开的。这些社会共识构成了高等院校组织成长的制度环境，不断向院校组织提出合法性要求，同时不断认可高校的合法性，促使院校组织在外部压力下不断变革。罗伯特·吉姆斯基在1997年的报告里指出，美国劳动力市场对青年劳动力需求的减少以及服务经济的兴起，都是高等教育走向后大众化的原因。这证明了社会经济发展及其带来的制度环境变迁对高等教育发展的影响力。高等教育系统和组织为了适应外部制度环境，将不得不变革自身的规则、规范和文化认知模式，以保持与社会价值标准的一致。

20世纪50年代以来，世界各国的社会经济宏观背景发生了很大的变化，这些变化中的一些共同因素导致各国在社会正式规则和社会共识——价值观念和认知框架方面共同认可的依据，即所有社会组织的制度环境发生变迁。在整体社会观念伴随着现代社会不断进化的趋势而发生根本性转变的大趋势下，工业化社会不同发展阶段的产业观、市场观、知识观、全球—地方观等方面都发生了深刻转变，新的社会认知不断形成。整个社会认知结构和价值观念的变化，必然导致高等教育发展理念和模式的巨大转变，也就是说原有的大众高等教育发展模式已不再适用。在这一时期，很多国家已走过甚至超越大众化阶段，有的国家虽然还没有真正完成大众化的标志性指标，却已失去了沿着原来设计的雄心勃勃的大众化预定目标和方向继续前行的动力。在这种情形下，仍以规模扩张为标志的普及化阶段失去了追逐的意义，不再成为高等教育所追求的目标。在这样一个失去原有目标、寻求新的发展目标和价值的阶段，各种关于高等教育的迷茫、反思、质疑就成了时代的主题。美国学者克拉克·克尔（Clark Keer）指出，从20世纪90年代开始高等教育又开始进入一个“忧患的时代”，“公众对高等教育的信心已经降低”[①]。因此，高等教育后大众化时代的本质，就是高等教育大众化时代的合法性受到了挑战，形成了特有的合法性危机，也只有在对这一危机进行有效

① ［美］克拉克·克尔．高等教育不能回避历史——21世纪的问题［M］．王承绪，译．杭州：浙江教育出版社，2001：256．

回应的过程中，高等教育才会不断找到新的发展道路，实现新的合法化，重建新的合法性。

第二节　高等教育的圈层结构

一、国外高等教育系统的结构与秩序

在高等教育的发展过程中，为获得一定的生存空间，经过自主选择，高等院校组织不断分化，其组织形态逐渐从单一走向多样，其中有的院校更多地继承了始于中世纪大学的最原初的职能和组织特征，有的则进化出新的职能和形态特征，成为新的组织实体。因而在相对大型的高等教育系统中一般都包括了古典大学、研究型大学、高等职业技术学院、高等专门学院和创业型大学等高校组织类型。这些类型的高等院校由于声望和办学层次等方面的差异而自然形成不同等级，构成自然圈层。这种等级或圈层之所以带有自然性质，是因为这种等级或圈层结构的形成主要不是由外在力量的干预引起的，而是自然演化出来的。即使外在环境对高等院校组织的行为具有一定影响，那也是一种物竞天择、适者生存，还是属于自然演化。在演化过程中，高校之间为从外界获得必需的资源和发展空间而彼此竞争，形成相对强势或弱势的地位。这些地位为高校组织带来实力和声望上的差异，同时这些实力和声望上的差异反过来又巩固了高校组织在高等教育结构中的位置。实力和声望差异是决定院校地位等级的重要因素，但并不是绝对的、唯一的因素。一些院校组织能够制定适应于时代的发展战略，并能具体实施相应变革，从而为院校的发展带来关键性突破，使得院校组织能够提升原本的声望等级，改变高等教育系统原有的圈层结构。在高等教育发展历史中，这种案例比比皆是，如伯顿·克拉克在其有关创业型大学的著作中所提到的英国华威大学（The University of Warwick）等。

伯顿·克拉克认为高等教育系统内等级的划分有两种基本形式，以声望为基础进行分等的地位等级只是其中一种，另一种是以任务层次为基础进行高低分等的次第等级。后一种等级划分是由于院校办学层次的自然划分而带来的。以美国为例，社区学院、州立学院、州立大学等不

同类型的院校分别提供不同层次的学历教育，并且彼此相互衔接，前者为后者提供生源，后者为前者提供毕业生的出口。伯顿·克拉克指出，即使这些部门享有均等的声望，它们之间仍会存在显著的教育层次的纵向差别。层次位置不同，从事的相关活动也不同：研究型机构可能位于最顶端的层次；普通高校可能处于较低的层次；专门化教育组织则可能出现在较高的层次。这种等级划分也体现了一种自然形成的客观的高等教育秩序。

与以上高校自主竞争、发展而形成的自然等级结构相比，近代以来政府等外来力量对高等教育系统的圈层结构的影响越来越大，这在后发国家中表现得尤为明显。基于某种政策目标，政府往往倾向于通过大力资助或者出台直接干预政策来人为塑造高等教育等级结构。以日本为例，在19世纪后期和20世纪初期，中央政府创办了一小批帝国大学，给它们以优等的资源，以此作为迅速现代化的工具。在这一小批同类大学中，东京大学和京都大学又比其他大学享受到更优越的待遇。它们垄断了政府提供的大部分优等资源，以至于政府中的某些高级职位只有这些精英大学毕业生才有资格谋就。随着这种密切联系的制度化，形成并固化了日本具有森严的等级特点的高等教育圈层结构，即少数院校垄断了金字塔尖地位，这种地位为它们提供了比其他院校高得多的声望。

由高校自由竞争发展形成的自然等级及由此形成的自生自发秩序与在政府等外来力量干预下形成的人为等级及相应的秩序，对高等教育圈层结构的影响是复杂的，对高校组织的长期发展而言或许各有优劣。高等教育圈层结构的自然划分，是高等教育长期发展的结果，其过程往往是缓慢的、渐进的，缺乏规划性，因而也可能效率较低，无法快速有效地实现某种发展目标。而一些不合时宜的“平庸院校”可能在一定时期内一直勉强生存，不断耗费有限的教育资源。同时，为适应市场需求而进行的高等教育系统内的无序竞争，也可能会导致院校盲目发展和定位趋同，如重复设置一些所谓热门的短平快专业，以降低投入和成本。在这种情况下，人们往往呼吁对高等教育结构进行理性的规划。另一方面，许多学者反对政府强行干预高等院校的等级划分，认为政府参与分层后，分层成为蓄意、显性的政策工具。英格兰政府给那些卓越的大学特殊待遇而牺牲其他类型院校的利益，被指责为强取豪夺的战略，这种战略将高校残酷地分成精英院校和普通院校，导致一些不具有声誉的院校，尤其是一些小型或新型院校不能获得对称的信息和公平的发展机会，从而面临生源不足、财政危机等困境，甚至不得不被合并或关闭①。正是政府的粗暴介入，使得原有的高等教育圈层结构不断固化，在资源分配的马太效应下，不同层次、不同类型和不同区域的院校之间的差距不断扩大。

二、我国高等教育的圈层结构

我国高等教育圈层结构的形成应以1952年左右的院校调整为起点。1951年，中央政府关于全国教育工作方针和任务的报告提出，高等教育要“配合国家建设的需要，适当地、有步骤地充实和调整原有高等学校的院系”，在院校的功能方面，要“以培养工业建设干部和师资为重点，发展专门学院和专科学校，整顿和加强综合大学”，还对各高校组织的身份和应具有的功能目标进行了基本规制：“专门学院和专门学校又分为多科性和单科性两种，它的任务是根据国家的需要，培养各种专门的高级技术人才。综合大学的任务，主要是培养科学研究人才和中等学校、高等学校的师资”②。随即中央政府开始对全国高校进行全面的院系调整。一些原本在国内外都具有一定知名度的综合大学被打散，代之以一些新兴的专科院校。院系调整后，我国许多省份都有一所综合性大学，同时大多设有工、农、医、师等专门学院。另一方面，1955年调整后的高等学校行政隶属关系中，教育部直属高等院校为75所（占38.7%），教育部下属院校40所（占20.6%），中央其他各部委所属院校79所（占40.7%）③。可以看出，1952年院校调整后所形成的新的高

① 朱春芳，高益民．分化还是分层——英格兰高等教育分类管理中的新矛盾［J］．比较教育研究，2015（8）：66-71．

② 纪宝成．中国大学学科设置研究［M］．北京：中国人民大学出版社，2006：19．

③［日］大塚丰．现代中国高等教育的形成［M］．北京：北京师范大学出版社，1998：126．

等教育等级结构带有鲜明的政府主导的特点。

总体来说，我国高等教育圈层结构的形成与高校类型划分高度相关。而我国高校类型划分往往是从政府管理的视角出发的，主要有三种划分方式，下面将分别予以概述。

首先，以所拥有的学科门类为标准，将高等学校划分为综合大学、理工院校、农林院校、医药院校、师范院校、财政院校、政法院校、语言院校、艺术院校、体育院校等，这是我国自1952年开始官方和民间最常用的高等学校分类方法。新中国成立初期，我国政府在高等教育政策设计上强调高等学校的人才培养要为国家工业化服务，特别强调培养专才。全国高等院校根据这一时期工业化建设的人才需求，以机器制造、土木建筑、地质勘探、矿藏开采、动力、冶金等工科专业为重点，大力发展专门学院。在这一指导思想下，理工院校往往位于高等教育系统的上层或核心地带，得到了较好的发展，而综合大学和文科类专业为主的院校逐渐趋于弱势，其中一些高校甚至下滑到高等教育系统的下层或边缘。改革开放后，在科教兴国战略和对科技人才的强劲需求下，我国大学逐渐向科研型、综合型方向发展，综合型、多科型大学逐渐走向圈层中心，专门学院逐渐趋向边缘或弱势。

其次，基于行政隶属关系，将高等学校划分为教育部直属院校、中央其他部委所属院校和地方院校等。从经费供给的角度来说，虽然关于高校行政隶属关系的划分自新中国成立后就已开始，但1980年以后教育经费拨款由中央和地方两级财政切块安排，明确了中央各部委所属高校的教育经费由中央政府负担，各省、直辖市、自治区政府负担本级政府所属高校的教育经费，严格意义上的地方高校才得以产生。1985年《中共中央关于教育体制改革的决定》提出，“为了调动各级政府办学的积极性，实行中央和省（自治区、直辖市）、中心城市三级办学体制”。此后，按行政隶属关系所划分的地方高校包括了由省、直辖市、自治区教育厅（局）主管的主要为某一地区培养人才的高等学校和由地方有关业务厅（局）主管的地方专科性高等学校。在这种分类方式下，高等教育系统按不同的隶属关系形成一个大圈层内套着若干小圈层的复杂结构。居于整个系统中心位置的仍是教育部直属院校和其他部属院校，居于较为中间位置的是省级重点高校，居于边缘位置的则是各省的普通高校。

最后，将高等学校划分为重点和非重点两大类，这种高校分类方式从20世纪50年代延续至今，对高等教育圈层结构影响最为深刻。所谓重点就是政策倾斜下的资源重点投入，即在某种政策目标驱动下，政府集中各种资源以制度化的形式对某些院校进行重点建设。以这种重点资助重点投入的形式，形成和调整高等教育资源与利益分配格局，也就是核心—外围结构。从核心—外围结构来看，重点院校位于核心地位，非重点院校则位于圈层的边缘。

不同政策目标下，重点院校和非重点院校的范围和所包括的高校有所变化。20世纪50年代初，在培养质量较高的各种高级建设人才及科学研究人才、推动重工业建设的目标下，指定中国人民大学、北京大学、清华大学、哈尔滨工业大学、北京农业大学（现更名为中国农业大学）和北京医学院（后更名为北京医科大学，现合并到北京大学）等6所院校为全国性的重点学校，通过师资调配、人员编制、基本建设和专业设置等方面的政策倾斜来进行重点支持。这些重点大学均是中央直属院校，其中中国人民大学、北京大学为综合性大学，清华大学、哈尔滨工业大学为工业单科大学，北京医学院、北京农业大学为单科大学。而其余高校为普通大学，以重点大学为核心和榜样，其中一些边疆地区的新建高校或薄弱高校还接受重点大学在师资等方面的支援。1959年5月以提高教育质量为目标，《中共中央关于在高等学校中指定一批重点学校的决定》指定16所高等学校为全国重点院校。1960年10月中共中央发布《关于增加全国重点高等学校的决定》，决定将全国重点高等学校由20所增加到64所，其中综合院校占17.2%，工科院校占53.1%，从地域分布来看，北京的高校占42.2%，上海的高校占12.5%①。1978年2月，为推动教育战线的整顿工作，迅速提高大学的教育质量，尽快适应经济和社会建设发展需要，国务院转发教育部《关

① 胡炳仙．中国重点大学政策：历史演变与未来走向——基于新制度主义的政策分析［D］．武汉：华中科技大学博士学位论文，2006：41-48.

于恢复和办好全国重点高等学校的报告》，决定恢复和办好一批重点高等学校。至1979年底，全国共有重点高等学校97所。1984年4月，国务院通过国家计委、教育部提交的《关于将10所高等学校列入国家重点建设项目的请示报告》，“七五”期间我国重点建设的全国高校共为15所。20世纪90年代以来以创建一流大学为目标，我国又实行了“211工程”“985工程”和“双一流”建设等政策。其中，1993年国家教委《关于重点建设一批高等学校和重点学科点的若干意见》中提出“重点建设100所大学”，1996年首批通过“211工程”立项审核共27所高校。这27所高校在目标和任务上是分等级的，因而得到的经费资助也各不相同。其中，北京大学和清华大学作为“首先重点建设的两所高等学校”，“九五”期间获得4亿元中央专项资金支持。另外，包括南开大学、天津大学、同济大学、哈尔滨工业大学、哈尔滨工程大学、国防科技大学、北京师范大学、中国农业大学、上海交通大学、南京大学、中山大学、吉林大学、大连理工大学、武汉大学、中国科技大学、复旦大学、浙江大学、西安交通大学、北京航空航天大学、北京理工大学、西北工业大学、东南大学、华中理工大学（现华中科技大学）、中国人民大学、中南工业大学（现中南大学）在内的25所大学作为“与我国社会主义建设密切相关、重点学科比较集中、承担较多公共服务体系建设任务”的第二梯队高等学校，其重点建设经费由中央专项资金与主管部门、地方政府共同安排。到2005年共有106所高校列入国家“211工程”建设行列，这些高校依然主要集中在北京、上海、江苏、湖北等省市。接着实施的是“985工程”，通过几次扩大后确定的“985”高校，1999—2004年间达到38所。最近推动的是“双一流”建设方案，2017年财政部和教育部联合发布《关于公布世界一流大学和一流学科建设高校及建设学科名单的通知》，目前全国共确定137所“双一流”建设大学，但其中世界一流大学建设院校仅有42所，而在这42所里面，有36所“985”大学直接进入，且都为A类，其余6所则是B类。

国际上习惯将综合实力在一国前10%的大学定为该国精英大学，有学者参照这一标准，将“985工程”高校、“211工程”高校、省重点高校统称为精英大学，认为我国高等学校可以划分为精英大学、普通本科院校和弱势高校，而高等教育圈层结构就是这些高校的数量分布和生存状态以及相互关系[①]。

第三节　高等学校之间分化的加剧

一、高等教育发展制度环境的变迁与高等教育系统内部分化的加剧

西方各国20世纪70年代末80年代初在经济上放弃凯恩斯主义，陆续推行了市场化改革，其直接后果就是高等教育经费的大幅度削减，财政紧缩加重了高等教育带来的财政压力。英美等国政府通过政府与市场的有效联动，削减公共开支，采用通过绩效标准进行问责的准市场机制来治理高等教育。在这种市场导向的治理模式下，高等学校之间的分化进一步加剧。

在我国，改革开放以来，随着社会主义市场经济体制的初步建立和逐步完善，越来越多的学者开始探讨市场治理的必要性与实现途径。吴敬琏（2011）等学者围绕着“改革初期形成的‘政府主导型市场经济’的改革共识该如何发展，在市场成熟起来以后，政府是该逐步从微观经济领域退出以迎来一个更加开放、更加自由、更加富有竞争性的市场经济，还是加强政府对经济的管控和对市场的干预，即坚持强政府、大国企的模式”等问题展开研究，并认为解决问题的关键是建立一个在法治基础上公平竞争的市场，促进创新潜能的发挥和各行各业的蓬勃发展，而所有改革的关键其实都在于政府自身的改革[②]。与此相应，在高等教育领域，也有许多学者对计划经济体制下中央集权式的高等教育制度模式进行了反思，在先后进行的高等教育相关研究如高校办学自主权研

---

① 徐娟．我国弱势高校的发生机制研究［D］．武汉：华中科技大学博士学位论文，2013：8．

② 吴敬琏．更加重视改革的顶层设计和总体规划［J］．改革与开放，2012（17）：4．

究、高等教育市场化研究、市场经济体制下大学与政府和社会的相互关系研究、高等教育宏观管理体制改革研究、中国特色社会主义高等教育理论体系研究、现代大学制度研究、高等教育法研究和高等教育外部治理等研究中，从多角度多层面出发，探讨适应市场经济体制的高等教育制度模式、政府与高等学校之间的治理结构以及各级政府之间高等教育的责权利分配等问题。这些研究与《中共中央关于教育体制改革的决定》（1985）、《中国教育改革与发展纲要》（1993）、《高等教育法》（1998）、《国家中长期教育改革和发展规划纲要（2010—2020年）》（2010）、《高等学校章程制定暂行办法》（2011）等文件的出台与实施及1998年高校布局结构大调整、1999年扩招及新高职建立等改革实践相互推动，不断深入。张应强等学者认为，改革开放以来特别是20世纪90年代以来，我国高等教育改革发展逐步引入和建立市场竞争体制机制，形成了高等教育双重体制机制和类市场化治理模式，其实质是计划为体，市场为用。为了实现高等教育治理体系和治理能力现代化的目标，我国高等教育治理模式需要实现从类市场化治理模式向准市场化治理模式转变，应让市场竞争机制发挥决定性作用，建立多元主体基于信任的高等教育合作治理机制，推进和实现高等教育治理法治化①。

20世纪90年代以来是我国实现高等教育大众化并进入后大众化时代的重要时期。从危机和变革的角度来看，中国高等教育规模发展已进入问题较为集中的平台期，即已步入有本章教授所说的高等教育后大众化阶段。这一时期高等教育结构变迁最为显著的特征就是高校之间分化加剧，出现了强者越强弱者越弱的现象。由于我国高等教育大众化任务的承担部门主要是地方普通高校，从其组织数量、规模的快速增长可以看出，后大众化时代高等教育发展的危机主要反映为地方普通高校群体的合法性危机。尤其是地方本科院校不仅受到了扩招政

① 张应强，张浩正．从类市场化治理到准市场化治理：我国高等教育治理变革的方向［J］．高等教育研究，2018（6）．

策的影响，也是院校合并调整的主要对象，容易发生组织内部与组织之间的冲突与危机。作为这种危机的某种表现，我国地方本科院校所面临的困境与美日等国家高校发展所面临的困境既具有一致性，同时又表现出很大的差异性。

二、地方高校面临的合法性危机

首先，政府财政投入虽然保持增长，但与学生规模的增长相比仍显不足，在大量利用银行信贷资金的情况下，一些地方本科院校财务存在一定风险。

政府财政投入是地方普通高校最主要的经费来源，也最能反映出政府机构对地方高校水平的认可。从表 1-1 中可以看出，地方普通高校的经费收入整体上是不断增长的。从地方普通高校国家财政性教育经费增长的幅度来看，增幅最大的是实行大规模扩招政策的 1999 年和 2011 年，年增长率分别是 44.91%和 46.45%；财政性教育经费的主要项目预算内教育经费的年增长率也相应地在 1999 年和 2011 年出现了两个峰值 72.46%和 47.17%。从学杂费收入的增长来看，其峰值出现在 1999 年，年增长近一倍（93.44%），此后逐渐下滑，除在 2007 年出现了较大的增长（49.50%）外，2009—2013 年间年增长率均在 10%以下（含 10%）。这说明，地方公立普通高校的政府财政投入在政策作用下保持了一定增长。其实，早在 1995 年，《中华人民共和国教育法》就规定了各级政府教育财政拨款的增长应高于财政经常性收入的增长，并按在校学生人数平均的教育费用逐步增长，保证教师工资和学生平均公用经费逐步增长，简称为教育经费的三个增长原则。2010 年，财政部、教育部联合提出调高地方普通本科高校年生均拨款水平，即到 2012 年年生均拨款水平不低于12 000元之后，2014 年建立的高职院校生均拨款制度又要求到 2017 年各地高职院校年生均财政拨款水平应当不低于 12 000 元。与此同时，学杂费收入由于学费政策的改革和大幅度扩招的影响，在 1999 年出现了较大增长，然而在招生规模趋于稳定和政府部门对学费标准的上涨进行控制的情况下，学杂费的增长逐渐减缓，近年来更是趋于稳定。

表 1-1　地方普通高校经费收入

年份	地方普通高等学校预算内教育经费收入（千元）	地方普通高等学校学杂费收入（千元）
1998 年	11 972 087	4 176 725
1999 年	20 646 809	8 079 635
2000 年	26 402 802	14 240 838
2001 年	32 988 288	21 604 639
2002 年	39 705 789	30 634 404
2003 年	45 174 676	39 664 723
2004 年	55 098 498	50 663 546
2005 年	63 990 043	61 941 021
2006 年	77 331 038	67 672 087
2007 年	97 425 837	101 170 344
2008 年	124 780 846	119 079 475
2009 年	133 827 248	129 700 053
2010 年	167 826 560	142 784 450
2011 年	246 996 094	153 170 620
2012 年	/	/
2013 年	308 094 049	167 572 638

说明：/表示数字不详。

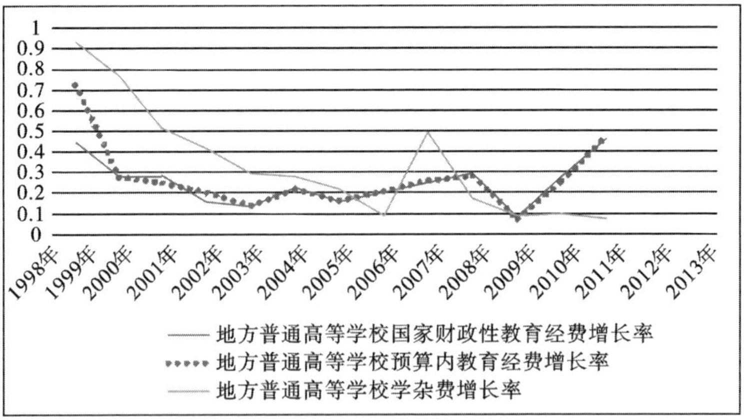

图 1-1　1998—2013 年间地方普通高校不同来源经费增长趋势

然而从表 1-2 和图 1-2 来看，地方普通高校的政府财政性经费投入难以满足在校生人数急剧增长的需求，尤其在 2000—2003 年间出现了生均财政性经费增长率为负值的情况；而从整体来看，生均财政性经费的增长也极不稳定。

表 1-2　地方普通高校生均财政性经费年增长率

	地方普通高校生均财政性经费年增长率
1999 年	15.09%
2000 年	－18.26%
2001 年	－2.96%
2002 年	－0.92%
2003 年	－10.51%
2004 年	3.68%
2005 年	0.81%
2006 年	10.26%
2007 年	18.15%
2008 年	21.68%
2009 年	2.60%
2010 年	23.59%
2011 年	42.29%
2012 年	/
2013 年	16.99%

说明：/表示数字不详。

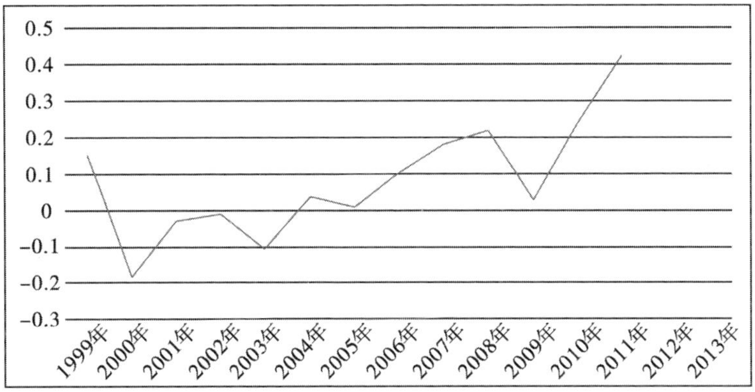

图 1-2　地方普通高校生均财政性经费年增长率趋势

校均办学规模的快速扩大要求地方本科院校加强新的校区、新的办公楼和宿舍楼等基础设施建设和教学设备建设，这些都需要花费巨额投入。根据2007年某省的粗略估算，每增加一个学生需要投入4.5万元的经费用于基础设施等资源的配套。一般来说，地方本科院校基建资金主要来自政府的财政性基本建设经费、基建拨款和高校的自筹经费即非财政性基本建设经费，后者包括了金融机构贷款、社会捐赠、集资办学经费以及其他资金等。其中，政府的财政投入以高校上一年在校生规模为计算基数，所能提供的基建经费往往是有限的。在政府财政性经费投入不足、学费标准提高受到政策限制、社会捐赠收入较少的前提下，同时也在很多地方政府的支持、默许甚至直接担保下，许多高校通过银行贷款等举债方式来满足基建投入的大量资金需求，也有一些高校趁机利用银行贷款来追求高标准超豪华的校区建设，部分高校的银行贷款甚至占其基础建设投资额的90%以上。2007年，中国人民银行第一次正式公布全国高等院校贷款余额达2 001亿元。依据《2007年中国教育蓝皮书》的数据，我国高等院校贷款规模则在4 500亿元到5 000亿元，而且几乎所有的高等院校都有贷款，其中就包括了很多地方本科院校。例如，河南省属公办高校2003—2007年间累计利用信贷资金263亿元，仅偿还了131亿元；山东省教育厅所属高校截至2005年5月贷款余额75.4亿元，每年仅利息就需要4.3亿元①；海南省仅2008年全省公办高等院校负债达15亿元，其中海南大学、海南师范大学债务分别在3亿元以上②。截至2010年底，甘肃省属高校贷款总额已超过70亿元（不含日本协力银行贷款46.6亿日元），每年仅利息就需支付5亿多元③。类似的情况在浙江省等其他省份也有出现④。

---

① 张娜．高校财务风险的防范与控制［D］．成都：西南财经大学硕士学位论文，2009：30．

② 冯力沛．高等教育大众化现状下财政投入紧张的研究［D］．成都：西南财经大学硕士学位论文，2011：16-17．

③ 乔晓虎．“十五”以来甘肃省高等教育投资探析［J］．西北成人教育学报，2012（5）：62．

④ 潘伟川．浙江省政府对公办大学的财政支持机制［C］//王蓉，鲍威．高等教育规模扩大过程中的财政体系：中日比较的视角．北京：教育科学出版社，2008：137-143．

在地方本科院校的债务中，除一小部分国家开发银行等银行发放的政策性贷款外，其余为商业银行的短期贷款。巨额的银行贷款本息不仅成为地方高校的财政负担，而且由于所覆盖的高校较多，高校间管理水平又相差较大，必然存在一定的财务风险。随着还贷期的陆续来临，有些地方本科院校学费收入甚至不抵每年银行贷款的利息，而财政拨款仅能维持其日常开支，整个学校陷入资不抵债的财政危机中。虽然地方政府不得已安排财政专项资金专门用于偿还高校所欠银行的部分债务和贷款利息，但是很多地方高校要完全消化债务负担仍需很长时间。

其次，地方高校资源配置与部属院校之间的差距拉大，在生源等方面的竞争中处于相对弱势，生存空间被压缩。

组织所获资源的多寡往往能反映出组织被资源提供者所认可的程度，那么不同组织所获资源在数量和质量上的差距，也能代表其合法性水平上的差距。虽然地方高校是高等教育大众化任务的主要承担部门，但扩招以来，地方高校在财力和人力资源上的配置与部属院校之间的差距不断拉大。从表 1-3 来看，地方普通高校的生均教育经费支出和生均预算内教育经费支出均低于普通高校的平均水平。与地方普通高校的在校生规模比重相比，这种现象是不正常的，也是不合理的。从地方普通高校与中央所属普通高校在这两个指标上的对比可以发现，两者之间的差距在不断拉大，中央所属普通高校的生均教育经费支出和生均预算内教育经费支出在 1998 年时分别是地方普通高校的 1.53 倍和 1.48 倍，而到了 2013 年分别是地方高校的 2.14 倍和 1.78 倍。“双一流”建设启动后，这一差距进一步扩大了。

表 1-3　生均教育经费支出与生均预算内教育经费支出水平比较

	普通高等学校生均教育经费支出（元）	普通高等学校生均预算内教育经费支出（元）	地方普通高等学校生均教育经费支出（元）	地方普通高等学校生均预算内教育经费支出（元）	中央所属普通高校生均教育经费支出（元）	中央所属普通高校生均预算内教育经费支出（元）
1998 年	13 990.8	8 529.13	11 182.07	6 964.62	17 132.25	10 278.98
1999 年	15 231.24	8 914.94	12 077.62	7 010.81	20 589.98	12 150.5
2000 年	15 974.32	8 625.65	12 743.42	6 498.4	23 500.23	13 580.77

续表

	普通高等学校生均教育经费支出（元）	普通高等学校生均预算内教育经费支出（元）	地方普通高等学校生均教育经费支出（元）	地方普通高等学校生均预算内教育经费支出（元）	中央所属普通高校生均教育经费支出（元）	中央所属普通高校生均预算内教育经费支出（元）
2001 年	15 445.23	7 793.44	12 216.37	5 798.82	24 596.04	13 446.33
2002 年	15 119.56	7 021.06	12 262.01	5 394.53	23 884.75	12 010.22
2003 年	14 962.77	6 522.48	12 167.35	4 923.34	24 079.74	11 737.9
2004 年	14 928.92	6 220.60	12 162.88	4 809.87	24 847.23	11 279.08
2005 年	15 025.47	5 940.77	12 107.2	4 741.55	26 975.19	10 851.34
2006 年	15 332.8	6 395.38	12 544.49	5 072.57	27 053.96	11 956.08
2007 年	16 319.95	6 963.39	13 435.59	5 724.06	28 402.6	12 261.3
2008 年	17 972.13	8 241.58	14 517.44	7 017.41	32 828.37	13 631.64
2009 年	18 646.97	9 035.33	14 754.52	7 298.36	36 233.28	17 055.44
2010 年	20 497.92	10 144.33	16 349.18	8 456.26	39 372.3	17 961.93
2011 年	24 753.14	14 442.20	20 008.58	12 084.61	46 518.03	25 421.92
2012 年	/	/	/	/	/	/
2013 年	26 086.47	16 188.08	21 563.62	14 186.42	46 089.08	25 269.69

说明：/表示数字不详。

从地方高校专任教师的数量来看（见表 1-4），从 1999 年的 274 906 人增长到 2014 年的 1 046 467 人，增长了 2.81 倍，年均增长率为 9.32%；同时期地方高校副高以上职称专任教师的数量从 94 920 人增长到417 467人，增长了 3.40 倍，年均增长率为 10.38%，这一增长幅度似乎不小。但考虑到 1999—2014 年间地方高校在校生增长了 5.3 倍，年均增长率为 13.05%，与地方高校在校生的同期增长相比，可以认为专任教师数量的增长明显不足。从表 1-5 来看，1999 年扩招以来，地方高校专任教师数量占全国比重和副高以上职称专任教师数量占全国比重长期低于其在校生数量占全国比重，特别是副高以上职称专任教师的数量比重，只有在 2007 年和 2014 年等个别年份略高。这说明与部属高校相比，地方高校专任教师普遍职称水平较低，优秀教师资源缺口较大。

1999 年以后成立或升格的新建本科院校是地方高校中的主要群体。据统计，在 2000 年至 2015 年短短的 16 年时间里，我国新建本科院校（含独立学院）共 678 所，占全国普通本科院校的 55.6%，占据了本科院校的半壁江山①。随着规模的快速扩张，新建本科院校专任教师队伍数量不足和结构不合理的问题更加突出。据 2016 年新发布的全国新建本科院校教学质量检测报告的调查，尽管超过九成的新建本科院校生师比达到基本办学条件限制的招生要求，但达到合格要求的院校不足 30%；2011—2014 年间 35 岁及以下专任教师的比例从 52.1%持续下降至 44.7%；具有博士学位的专任教师占比仅为 8.4%，具有学士学位或无学位的专任教师占了专任教师总数的 1/3②。

表 1-4　地方高校专任教师情况

	地方高校专任教师数量（人）	地方高校副高以上专任教师数量（人）
1999 年	274 906	94 920
2000 年	340 592	120 537
2001 年	408 776	147 965
2002 年	467 388	169 339
2003 年	542 329	195 823
2004 年	634 255	227 239
2005 年	698 124	251 147
2006 年	769 439	275 871
2007 年	826 717	297 020
2008 年	868 429	313 476

① 瞿振元. 新型大学“新使命、新道路、新成就”：合格评估“兜底线、促转变、提质量”［R］. 教育部. 2016-04-07. http://www.moe.gov.cn/jyb_xwfb/xw_fbh/moe_2069/xwfbh_2016n/xwfb_160407/160407_sfcl/201604/t20160406_236896.html.

② 全国新建本科院校教学质量监测报告［R］. 教育部. 2016-04-22. http://news.xinhuanet.com/ politics/ 2016-04/08/c_128875571.htm.

续表

	地方高校专任教师数量（人）	地方高校副高以上专任教师数量（人）
2009 年	902 104	331 808
2010 年	931 547	347 846
2011 年	961 646	366 594
2012 年	990 596	383 699
2013 年	1 025 353	402 659
2014 年	1 046 467	417 467

表 1-5　地方高校专任教师副高以上专任教师、在校生数量占全国比重比较

	地方高校专任教师数量占全国比重	地方高校副高以上职称专任教师数量占全国比重	地方高校在校生数量占全国比重
1999 年	64.58%	57.44%	69.58%
2000 年	73.60%	66.05%	80.12%
2001 年	76.85%	69.79%	82.20%
2002 年	75.58%	68.70%	80.02%
2003 年	74.84%	68.42%	79.13%
2004 年	73.89%	68.14%	77.76%
2005 年	72.28%	67.02%	76.11%
2006 年	71.51%	66.69%	74.55%
2007 年	83.58%	76.92%	72.83%
2008 年	70.18%	66.46%	72.13%
2009 年	69.65%	66.52%	71.62%
2010 年	69.36%	66.16%	71.26%
2011 年	69.05%	66.13%	70.91%
2012 年	68.78%	65.91%	70.66%
2013 年	68.50%	65.59%	70.51%
2014 年	68.20%	65.46%	65.01%

地方本科院校与部属院校在资源配置方面的差距必然导致其教学质量和院校声誉方面的差距，也必然会导致地方本科院校在招生市场和就

业市场上的空间被挤压。据估算，我国高等教育适龄人口（18—22岁）已从2007年的11 387.65万人下降到2016年的9 693.10万人①。而一些学者还预测，到2030年高等教育适龄人口还将进一步下降到7 416.61万人②。随着高等教育适龄人口的不断减少，同时也由于大学毕业生就业形势日趋严峻、国内高等教育成本增加而预期收益降低等多重因素的影响，近年来全国高考报名人数不断下降。中国教育在线连续发布《高招调查报告》，指出自2009年起全国高考报名人数连续下降，2014年报考人数略有回升，但生源下降带来的高校生存危机并未因此得到缓解，高校招生难已成常态化。根据中国教育在线发布的2014年和2015年《高招调查报告》，全国多地高校招生计划已多年未完成，形势不容乐观。未完成的招生计划主要集中在二本以下的地方高校中，例如北京本科二批次和三批次从2010年至2013年连续4年未完成招生计划。在考生大省河南，2012年计划录取69.3万人，实际录取55.18万人，超过14万的招生计划没有完成；2013年河南高招计划录取60.6万人，实际录取考生53.6万人。考生大省广东2013年二B（本科）批次最后一次征集志愿后，有60余所参加征集志愿的本科院校遭遇零投档；2014年，在二B批次第一次录取结束时，共有1.5万多个招生计划数没有完成。2015年《高招调查报告》通过对高考生的调查还发现，选择上什么大学对于考生越来越重要。对于“如果在理想的大学和理想的专业之间只能选一个”的问题，65.5%的考生选择理想的大学，34.5%的考生则选择理想的专业。在“一流大学的二流专业”和“二流大学的一流专业”之间二选一，59.6%的考生选择前者。在这样的偏好下，地方高校特别是地方本科院校的市场空间必然被部属院校所挤压而面临更大的生源危机③。

---

① 程瑶，章冬斌．2020年前适龄人口变化与普通高等教育规模发展趋势分析［J］．教育科学，2008（5）：11-14．

② 胡德鑫，王漫．2016—2032年我国高等教育规模的趋势预测［J］．教育学术月刊，2016（6）：3-7．

③ 高招调查报告［R］．中国教育在线．［2015-06-12］．http://www.eol.cn/html/g/report/2015/index.shtml.

最后，从社会评价和政府评估等方面来看，地方本科院校在身份、地位和办学绩效等方面广受质疑。

政府、学术界、企业、公众、学生及其家庭是对地方高校办学状态进行评价的主体。第一，2002 年政府启动普通高等学校本科教学工作水平评估后，地方本科院校普遍进入评估范围。2011 年，教育部对新建本科院校展开了人才培养工作水平评估与本科教学工作合格评估。第二，学术界历来重视对地方高校办学状态进行各方面的评价，近年来尤其重视对地方高校及其毕业生和用人单位进行实际调查，以从中分析和总结地方高校办学问题之所在，对其办学状况进行综合评价。第三，近年来出现了有关地方高校社会评价的新趋势，即由高校科研机构或网络公司组织，对包括地方高校在内的院校进行各种评估和排行，通过网络对公众产生重要影响。在这些排行榜中，由机构组织的主要有：广东管理科学研究院课题组（武书连课题组）于 20 世纪 90 年代初开始进行的大学排行研究；高等学校与科研院所学位与研究生教育评估所自 2002 年开始进行的全国研究生培养单位"一级学科整体水平评估"排行；上海市教育科学研究院课题组于 2003 年发布的"中国本科院校办学能力"排行；中国青年报社与武汉大学中国科学评价研究中心于 2004 年联合开发的"中国高校竞争力评价"排行。而由网络公司开发的排行和评估主要有：网大（中国）有限公司自 1999 年起开发的年度"中国大学排行榜"；中国校友会（http://www.cuaa.net）自 2003 年以来连续发布的年度"中国大学排行榜"，及编制完成的《中国大学教学质量评价报告》；依托中国教育和科研计算机网（CERNET）创建于 2001 年的中国教育在线（http://www.eol.cn）开发的常态化的各类各地高校排行。除上述之外，麦可思公司中国大学生就业研究课题组根据其连续多年进行的大学毕业生调查研究，发布"麦可思大学就业能力排行榜"，并出版《中国大学生就业报告》；2012 年搜狐网根据用户每日访问高校人数而生成的高校热度榜，其中既包括本科、专科、民办、独立学院等不同性质的高校热度榜，又包括综合、工科、师范、财经、政法、语言、医药、农业、民族、艺术、体育、军事、林业等不同院校类型的热度榜；好未来公司利用教育部阳光高考信息平台公布的高校在全国各省份录取分数线编制而成的2013—2016年“好未来版中国大学排行榜”。在高校办学状态与办学水平评估方面，从政府到学术界再到媒体和网络第三方评价机构，评价主体越来越多元化，对公众的影响程度也越来越高。尤其是网络第三方评价机构对地方高校的评价，在评价指标和模式上打破了以资源和产出为主的评估模式的垄断，更加重视对大学毕业生和企业进行实地调查，重视满意度等个体对地方高校的主观体验。这标志着一种新的质量观——建立在用户和社会公众认可基础上的质量观的兴起。在这一背景下，地方高校的合法性面临的挑战进一步加大。

从上述评价主体产生的评价结果和相关结论来看，对地方本科院校的质疑或者说对地方高校合法性的挑战主要集中在三个方面。

首先是“是不是规范性高校”的身份问题，即究竟地方本科院校是否符合一个以培养高级人才为主要目标的学术机构的身份，因而具有应有的完备规则和学术规范的问题。虽然从对高校设置条件的评估来看，绝大多数地方本科院校满足了政府规定的基本要求，在政府组织的评估中获得“合格”甚至“优秀”的结论，只有部分新建本科院校在经费投入和设施建设方面未达到合格要求，但是仍有很多学者和公众代表认为有相当一部分地方本科院校管理水平低下，学术规范欠缺，办学理念和人才培养方式落后，从而对这些地方本科院校作为学术机构和高级人才培养机构的基本身份表示怀疑。在相当一部分人的心目中，地方本科院校像具有官僚作风的衙门，像以创收谋利为目的的企业，像讲人情重关系拉帮结派的小团体……却最不像它自己——一个作为教育的圣殿、学习的乐园和探究的场所而存在的学术组织。

具体来说，学术界对地方本科院校诟病最多的就是严重的行政化管理倾向。在当前的高等教育管理体制中，地方本科院校作为各级政府部门的下属机构，受地方政府控制，在人事管理、经费安排等方面缺乏自主权。而为了与上级政府部门对接，内部的行政部门也掌握或“俘获”了教学和科研管理等方面的主要权力。在长期的行政主导下，地方本科院校没有被治理成它应该成为的学术组织的样子，其组织成员没有遵守其应有的角色规范，教师不安心于教学，学生不安心于学习，整个组织模式不按照应有的学术秩序运行。因而很多学者甚至大众认为地方本科院校不像真正的学术组织，难以建立起学术自由、学术自治、教授治学的现代大学制度。

作为地方本科院校行政权力与学术权力严重失衡的产物，高校腐败、学术失范的现象屡屡出现。有媒体指出，从招生录取到后勤基建，从物资采购到科研经费，从校办企业到学术诚信，“腐败重灾区”几乎涵盖了高校所有关键领域和环节①。在地方本科院校的教师考核和科研奖励等活动中常有长官意志、人情关系等严重干扰，因而教授们在权力诱惑和利益驱动下纷纷以当官为荣，甚至出现“教官”专权的现象。在学术研究领域也出现了功利化和泡沫化的趋向，学术不端行为屡见不鲜。而学术失范源于不良教风和学风，又直接影响了教风和学风——由于缺乏学术文化的有效引导和相关制度规制，一些地方本科院校缺乏学术诚信的氛围，对学术失范行为容忍度较高，其教师便在利益驱使下热衷于投机取巧，而不把主要精力投入到脚踏实地的教学和科研中。有学者在2006—2010年间对我国11个省（直辖市、自治区）89所地方高校中的青年教师进行了调查，发现很多地方高校青年教师都有忽视教学、缺乏敬业精神的现象。一些青年教师备课不认真，教学内容陈旧，教学过程中照本宣科，育人意识淡薄，与学生缺乏交流，对学生缺少关爱，不能为人师表，背离了教师职业道德的要求。更有甚者，部分教师存在抄袭剽窃、任意署名、弄虚作假等不良现象，既影响了地方高校的学术声誉，也在学生中造成了负面影响②。

张英丽曾对地方普通本科院校大学生的学术失范行为进行调查，发现大学生对失范的态度普遍比较宽容，仅有少部分被调查者对此表示反感③。这说明，在一些总体缺失学术道德教育和失范行为较为普遍的地方高校里，学生难以形成有关学术道德和学术规范的正确认知，因而也难以成为合格的大学生。《中国青年报》记者吴苾雯曾先后出版了两本

① 龚洋浩. 高校缘何腐败频发［N］. 中国纪检监察报，2015-04-27（4）.

② 张胜利. 地方高校青年教师师德现状［J］. 继续教育研究，2012（7）：71-73.

③ 张英丽，褚岩. 社会学习、认知、态度对大学生学术失范影响的实证分析［J］. 黑龙江高教研究，2014（9）：5-8.

著作——《“逃离”大学》① 和《向中国大学说不》②。前者讨论了大学生对大学的厌恶现象，其中有一些人认为我们的大学本科教育和高中教育没有区别，很多学生戏称高四、高五；后者记录了社会各界对大学的各种不满与质疑，指出在大学统一的教材和统一的教学模式下，不动脑子的教学方式培养的是没有个性的人，这种培养方式带来了大学生的“背叛与挑战”，即较高的逃课率和退学率。虽然这两本书都不属于严谨的学术著作，更多是用纪实文学的风格来宣泄某种情感，还有学者认为书中的观点有“极端的偏向”③，但是学者们也承认，书中所描述的一些现象在地方本科院校中普遍存在，因此，它代表了一种比较普遍的社会情绪，或者说是对大众化阶段的大学特别是地方本科院校的一种深深的质疑。

其次是“是否高深”的问题，即地方本科院校在高等教育体系中居何等级，有何地位，能否为公众普遍认可的问题。公众对于高校地位的认知往往来自政府通过各种政策、项目对高校进行的区分，最著名的莫过于“985 工程”、“211 工程”等重点建设大学的划分。而这些国家重点建设院校大部分属于部属院校。公众对于高校地位的认知还来自各种排行榜。现有排行榜大多依据对大学在人才培养、科学研究、办学资源、学校声誉等方面的评价，采用不同类型的指标体系分别对本专科院校进行综合实力、学科专业、教师水平、新生质量及本科毕业生质量、就业能力等方面的评估。从与本科院校相关的各大排行榜中地方本科院校的名次与得分来看，大多数地方本科院校属于排名榜中的弱势群体，无论是从办学条件、教育产出还是从人气热度等方面来看，大部分地方本科院校是排名较后的，且与部属院校的得分或“星级”差距较大。不可否认，地方本科院校与部属院校在办学实力上的确存在着巨大差距，因而这样的结果很容易使人认为地方本科院校是办学水平不高、毫无优

① 吴苾雯．“逃离”大学［M］．南宁：接力出版社，2002.

② 吴苾雯．向中国大学说不［M］．哈尔滨：哈尔滨出版社，2010.

③ 程方平．中国大学本科教育中存在的严重问题［EB/OL］．(2010-08-23)［2017-04-05］．http://edu.sina.com.cn/l/2010-08-23/1756192469.shtml.

势的“末位教育”①。

最后是“好不好”的绩效问题，即地方本科院校在教学、科研、社会服务等方面的办学绩效或投入产出比是否符合社会期望的问题。社会对地方高校的期望主要集中在地方高校的教学质量和毕业生就业方面。因此，地方本科院校的办学绩效主要通过硬性指标如学生的就业率和软性指标如学生和用人单位对学校教学质量的满意度等主观评价来体现。

在就业率方面，麦可思公司等社会评价机构和政府部门都做了一些调查，基本结论是地方高校毕业生的就业状况曾一度恶化，但近年来有所好转。例如，根据麦可思研究院出版的2009—2016年全国大学毕业生就业年度报告，我国大学毕业生就业率最低约在2009—2010年，为86%—86.6%。2011年起，随着我国经济走出金融危机的阴影，大学毕业生的就业形势也大为好转。到2016年，2015届大学毕业生毕业半年后的就业率为91.7%，比2009届大学毕业生毕业半年后就业率（86.6%）高出5.1个百分点；“211”院校2015届毕业生毕业半年后非失业率为95.1%，比2009届（91.2%）高出3.9个百分点；非“211”本科院校2015届毕业生毕业半年后的就业率为92%，比2009届（87.4%）高出4.6个百分点；高职高专2015届毕业生毕业半年后的就业率为91.2%，比2009届（85.2%）高出6个百分点。这些数据或许与真实情况有一定出入，但大体还是值得参考的。

在地方本科院校教学质量满意度方面，政府、学术界和第三方评价机构都做了很多调查。例如，2016年教育部发布的《全国新建本科院校教学质量监测报告》显示，86.6%的学生对新建本科院校的总体教育教学质量感到“满意”或“非常满意”，81%的学生表示“为学校感到骄傲，并会把本校推荐给他人报考”。清华大学教育研究院于2009年正式启动了“中国大学生学习性投入调查”，该研究通过2009—2011年的调查，发现“985”院校、“211”院校和地方本科院校在校园环境支持度等投入性指标方面的差异与学生的收获和满意度等结果性指标的差异直

① 朱淑华. 大学综合排名中地方高校评价存在的问题及策略研究——以2013年武书连版中国大学排名榜为例［J］. 现代教育科学，2013（6）：110-113.

接相关。例如2009年对23所被调查高校“校园环境支持度”上的得分进行比较可以发现，三类院校间的差异主要体现在：在“学业支持”和“经济支持”上“985”院校优于“211”院校，“211”院校又优于地方本科院校①。而校园环境支持度与学生的收获和满意度直接相关，从2011年的调查中可知，地方本科院校在“在校满意度”维度上显著低于“985”院校和“211”院校②。从被调查高校之一，河南某地方大学的数据分析结果来看，虽然该校学生的学习态度表现良好，对所学专业的认可度即认为所学专业对自己未来过上满意生活有帮助的学生占到了97%，但其在校满意度仍然不高，主要原因在于“生师互动水平”和“校园环境支持度”较低，学生较少与老师交流沟通。一方面在课堂上的教学参与度不够，学习表现不能及时得到任课老师的反馈；另一方面也较少通过集体活动融入大学生活，教师过多强调记忆、分析等教学目标，而在培养学生综合、判断能力上相对薄弱③。对于以培养应用型人才为主的中心城市地方大学——广州某大学，学生与老师“零互动”、“负面互动”和“校园环境支持度”低的问题在其调查结果中也存在④。中心城市地方大学虽然以培养应用型人才为主要目标，但其教学内容仍以较为陈旧而显得“无用”的学科知识为主，无法满足学生就业、创业的需求，教学方法也以课堂灌输为主，忽视学生学习的主动性⑤。而另一所被调

① 史静寰，涂冬波，王纾，等. 基于学习过程的本科教育学情调查报告2009 [J]. 清华大学教育研究，2011 (4)：9-23.

② 赵琳，史静寰，王鹏，等. 高等教育质量的院校类型及区域差异分析——兼论高等教育资源配置与质量格局 [J]. 清华大学教育研究，2012 (10)：1-12.

③ 刘晖，张灵. 广州大学本科教育学情调查报告2010 [G] //史静寰，罗燕，赵琳，等. 本科教育：质量与评价 (2009—2011). 北京：教育科学出版社，2014：250.

④ 刘晖，张灵. 广州大学本科教育学情调查报告2010 [G] //史静寰，罗燕，赵琳，等. 本科教育：质量与评价 (2009—2011). 北京：教育科学出版社，2014：250.

⑤ 刘晖，张灵. 以学生为中心的地方大学本科教育改革——以中心城市地方大学为例 [G] //史静寰，罗燕，赵琳，等. 本科教育：质量与评价 (2009—2011). 北京：教育科学出版社，2014：255-268.

查的地方高校——北京某高校的数据分析报告指出，“学生学习动力不足和对学校教学环境的满意度不高，是此次调查数据差异的集中反映。学生缺乏学习动力、缺少学习乐趣、对个人能力提高程度不满，这些现象的成因既有客观外界社会环境因素，又有校园内部的教学环境因素；既与学生自身的‘向学/厌学’程度相关，也与教师教学水平和管理激励因素不足，与教学内容与教学方法陈旧、学生缺少学习驱动力有关”①。

大学毕业生对所就读高校培养质量的认同与否是地方高校办学绩效评价的重要参照。麦可思公司的系列报告以满意度和推荐度来表示大学毕业生对所就读高校培养质量的认同。所谓满意度是指大学毕业生回答对母校满意程度的人数百分比，由于满意度在一定程度上受期望值影响，所以以推荐度作补充说明。所谓推荐度，即在同等分数、同类型学校条件下，毕业生是否愿意推荐母校给亲朋好友去就读的比例。该报告指出，近年来我国大学毕业生就业率较低的2009—2010年间，恰恰正是大学毕业生对母校的满意度和推荐度最低的时期。而随着就业率的提高，大学毕业生对母校的满意度和推荐度都开始上升。从满意度来看，2015届毕业生对母校的总体满意程度从高到低依次为“211”院校（93%）、非“211”本科院校（90%）和高职高专院校（88%），分别比2009届毕业生对母校的总体满意程度（“211”院校为83%，非“211”本科院校为74%，高职高专为68%）高出10个百分点、16个百分点和20个百分点。从推荐度来看，2015届毕业生对母校的推荐度从高到低依次为“211”院校（75%）、非“211”本科院校（65%）和高职高专院校（63%），分别比2009届毕业生对母校的总体满意程度高出15个百分点、16个百分点和20个百分点。从上述结果可以看出，就业率对大学毕业生对所就读高校的认同影响较大，由于“211”院校的就业率始终高于地方非“211”本科院校和高职高专，其满意度和推荐度也始终高于后两者。并且，无论是“211”院校与地方非“211”本科院校和

① 沈文华，乌丽雅斯，李志. 北京农学院本科生学习与发展调查分析报告2010 [G] //史静寰，罗燕，赵琳，等. 本科教育：质量与评价（2009—2011）. 北京：教育科学出版社，2014：196-197.

高职高专之间，还是地方非“211”本科院校与高职高专之间，满意度和推荐度之差远远大于就业率之差。如2015届毕业生的就业率，“211”院校分别高于地方非“211”本科院校和高职高专院校3.1个百分点和3.9个百分点，而满意度表现为“211”院校分别高于地方非“211”本科院校和高职高专院校3.0个百分点和5.0个百分点，推荐度表现为“211”院校分别高于地方非“211”本科院校和高职高专院校10.0个百分点和12.0个百分点（见表1-6）。这说明就业率方面的差异给大学毕业生所带来的心理感受较强，有一定的放大效应。就业率的相对较低水平必然导致地方本科院校的毕业生对母校培养质量的质疑态度和实际行为上的不予推荐。

表1-6　近年来中国大学生就业率、满意度与推荐度调查数据

年度		2008	2009	2010	2011	2012	2013	2014	2015	2016
大学应届毕业生总就业率		87.50%	86%	86.60%	89.60%	90.20%	90.90%	91.40%	92.10%	91.70%
就业率	“211”毕业生非失业率	94%	90%	91.20%	93.50%	93.20%	94.40%	94.90%	95.30%	95.10%
	非“211”本科毕业生就业率	90%	87%	87.40%	90.90%	90.60%	91.30%	91.60%	92.50%	92%
	高职高专就业率	84%	84%	85.20%	88.1%	89.60%	90.40%	90.90%	91.50%	91.20%
满意度	“211”毕业生对母校满意度	—	86%	83%	88%	90%	91%	91%	92%	93%
	非“211”本科毕业生对母校满意度	—	79%	74%	81%	83%	85%	86%	88%	90%
	高职高专毕业生对母校满意度	—	70%	68%	76%	80%	83%	85%	87%	88%

续表

年度		2008	2009	2010	2011	2012	2013	2014	2015	2016
推荐度	“211”毕业生对母校推荐度	—	—	60%	73%	73%	74%	74%	75%	75%
	非“211”本科毕业生对母校推荐度	—	—	49%	59%	59%	58%	59%	62%	65%
	高职高专毕业生对母校推荐度	—	—	43%	51%	56%	57%	58%	61%	63%

说明：数据来源于《中国大学生就业报告》2009 版、2013 版、2016 版。

此外，雇主对大学毕业生的能力评价直接影响其对于地方高校人才培养水平的评价，因此，政府部门和学者们对高校社会评价的主要利益群体——雇主也进行了大量的调查。例如，2016 年教育部对 73 所新建本科院校进行的用人单位满意度调查结果显示，用人单位整体满意度为 91.8%。而南京大学的汪霞等人展开的“雇主对毕业生就业能力评价”调查发现，虽然从总体评价来看，雇主对于大学毕业生的就业能力比较满意，但从招聘有地方本科院校毕业生的南京、广州雇主的具体评价来看，又普遍反映毕业生“实践操作能力欠缺”、“创造性思维不足”、“功利性强”、“工作主动性较差”等问题①。

我们还须注意，与学生和企业的评价相比，同行专家对地方高校教学质量的评价往往更低。例如，教育部的相关调查中指出，“新建本科院校教师教学水平并不容乐观，同行评教中仅有 49.7%的课程被评为‘优’，专家评教中被评为‘优’的课程比例则更低，仅为 36.8%”②。这说明，当专家学者以更为严格的学术标准来衡量地方本科院校时，地

① 汪霞，孙俊华，宗晓华，等．高校课程结构调整与大学生就业问题研究[M]．南京：南京大学出版社，2013：146-147.

② 全国新建本科院校教学质量监测报告[R]．教育部．[2016-04-22]．http://news.xinhuanet.com/politics/2016-04/08/c_128875571.htm.

方本科院校尤其是新建本科院校，其教学质量是达不到期望水平的。

从上述研究可知，地方本科院校在身份、地位和办学绩效等方面都遭受较多的社会质疑，并不可避免地影响到政府对地方本科院校的管理政策。近年来政府要求600多所新建本科高校转型为应用技术院校，实际上也反映出政府基于社会对地方本科院校办学状态与绩效的广泛质疑，对地方本科院校人才培养模式及其质量的一种不认可。在强大的政策压力下，很多地方本科院校在身份、地位、绩效等方面产生了越来越严重的合法性焦虑症，并由此引发了一系列投机行为。例如，追求高大上但与实际不符的校名，投政府所好而非根据学术积淀来进行组织发展规划，超出还款能力的贷款大搞硬件建设，为凑高层次人才数量而放松专业和素质要求，在各种项目评选和竞争中托人情拉关系，在各种评估中对评审材料和相关数据进行造假，等等。这些投机行为反过来又进一步恶化了社会对地方本科院校的认可和评价。而对地方本科院校身份、地位和绩效的质疑不仅仅发生在组织外部，当地方本科院校内部人员即教师和学生对自身的学术水平、组织目标、管理效率等表示越来越多的质疑时，地方本科院校就产生了自我认同危机。这种自我认同危机连同外部认同危机一起，将部分地方高校打入困境。

第二章　薄弱高校的概念、判定与分类

第一节　薄弱高校的概念

在建设高等教育强国的进程中，不仅需要关注如何创建世界一流大学，更需要着力解决薄弱高校问题，化解薄弱高校群体可能导致的高等教育系统危机及其对高等教育系统的影响。而要解决薄弱高校问题，首先需要明确界定薄弱高校的概念，准确判定薄弱高校的对象和范围，进而科学评估我国高等教育系统中薄弱高校的比例及其对高等教育系统的影响。

薄弱高校亦称弱势高校。从研究角度而言，自2002年符润中和唐海英在《高等教育大众化趋势中弱势高校品质提升初论》一文中首次提出“弱势高校”算起，我国薄弱高校研究已有十多年历程，但理论研究和实践探索都进展缓慢。理论研究上，研究者大多从经验出发，依靠主观直觉对薄弱高校进行概念界定并描述其特征，分析薄弱高校发展面临的招生就业困境、学术竞争力低下、人才队伍结构与质量不能适应办学需要、资源极度短缺、策略选择习惯性失误和品质提升难等问题。这些研究在现象描述上多于理论分析，个别经验多于系统理论，研究的深度和广度有限，对相关高等教育实践的指导作用也很有限。实践探索方面，缺乏比较典型的薄弱高校生存与发展状态描述、数据分析和成功转型案例研究，也缺乏针对薄弱高校的有效治理举措研究。究其原因，在于人们尚未找到准确判定薄弱高校的理论、方法和模型。在某种意义上，我们可以认为，薄弱高校的判定问题既是薄弱高校研究的薄弱点，也是薄弱高校研究的突破点。

第二节　组织与高等学校组织

一、组织的分类

迪马奇奥和鲍威尔关于组织研究的理论认为，任何组织都具有两个方面的性质，即依据效率原则的技术性质和适应一定制度框架的制度安排原则的仪式性质①。因此所有组织根据其技术性和仪式性的强弱构成了一个连续统（如图 2-1 所示）。

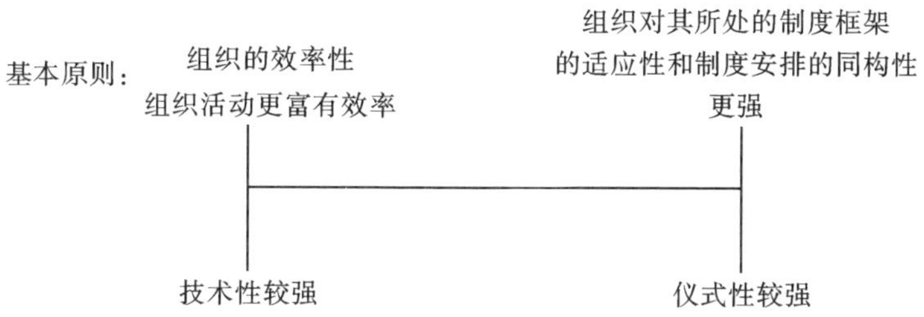

图 2-1　组织连续统

在这一连续统中位于左边一端的是那些技术性较强的组织，其生存能力主要取决于组织完成技术性目标的效率，如市场制度下的营利性企业（尤其是开放性股份公司）；而位于右边一端则是那些技术性较差的组织，更强调与其制度环境之间的依存关系，组织活动具有典型的仪式性，其生存能力往往与组织的效率关联度不高，而更多取决于组织与制度安排的同构性和制度框架对于组织的容纳程度。前一类组织是传统新古典经济学和社会学组织理论预设的组织形象，而后一类组织实际上包含的范围更加广泛，既包括市场经济体制下的非营利性企业，也包括计划经济体制下的许多组织形式。如果依循马克斯·韦伯的理想型分类法②，我们可以把纯粹根据效率原则运行的组织称为“技术性组织”（最

① ［美］沃尔特·W. 鲍威尔，保罗·J. 迪马奇奥. 组织分析的新制度主义［M］. 姚伟，译. 上海：上海人民出版社，2008：46.

② ［美］弗兰克·帕金. 马克斯·韦伯［M］. 刘东，谢维和，译. 成都：四川人民出版社，1987：22.

典型的是经济学意义中的厂商），而将后一类组织称为“制度化组织”（最典型的是政府）。当然，任何组织都既具有技术性特征，也具有制度化特征。但在技术性特征较强的组织中，组织成员的主导型行动方式是受技术性原则支配的（如效率原则）；而在制度化组织中，组织成员的主导型行动方式却是受仪式性原则影响产生的，其内部活动具有典型的仪式性特征①。

二、我国高等学校组织的制度化特征

按照上述理想类型可以认为，我国高等学校，无论是学术水平相对较高的精英型大学，还是学术含量相对较低的地方普通高校，显然都属于制度化特征较强而技术性特征较弱的组织，它与制度环境之间具有较强的依存关系，生存能力更多取决于高校与制度安排的同构性和制度框架本身对它们的容纳程度。传统体制下，在我国的高等教育发展模式中，行政力量不仅掌控了高校办学所需的绝大部分资源，而且通过政策许可塑造了高校的办学行为，甚至强制规定了各高校不同的级别，等级化的系统特征非常明显，使高校对制度环境的依赖程度更高。

第三节　薄弱高校的概念辨析

一、对薄弱高校的概念界定

从组织理想类型的意义上讲，在与制度环境的相互依存中，因缺乏资源和支持，生存能力在被制度环境遗弃的境遇中大大降低了的一类高校，可称为薄弱高校。这是从组织社会学的角度对薄弱高校的内涵进行的理论解读。它们属于在高等教育大众化迅速扩张的过程中，分化并不断扩散的一部分高校，是高等学校组织内部不断演化与高等教育外部环境变迁相互作用的产物。它们生存的内外部环境极度恶劣，办学条件相对薄弱，生源存在质的低下、量的不足，后续生源不足，经营管理存在问题，校内士气低落，缺乏改变弱势地位的动力和信心。在我国高等教

① 谢立中．结构—制度分析，还是过程—事件分析？[M]．北京：社会科学文献出版社，2010：34-35.

育大众化过程中，为尽快缩短与发达国家高等教育之间的差距，特别是为追赶国外一流的强势高校，政府在20世纪末推出“211工程”和“985工程”，并在最近推出“双一流”建设计划，高等教育的层次和类型不断发生分化，一些地方院校、民办院校、高职院校、普通专科院校等高校在高等教育体系中处于弱势地位。它们很少有省级以上重点学科，也很难出现教学名师或重量级学者，办学经费严重不足，主要依靠当地政府支持，综合实力较弱，一般都属于地方性或区域性高校。

也就是说，薄弱高校是相对于国家“985工程”、“211工程”重点高校，其他省、部（委）属重点高校及老牌本科院校而言的，它们是高等教育大众化进程的必然产物。在我国高等教育系统不断分化、教育资源有限的情况下，部分高校难以应对不断变化的内外部环境，自身办学能力不足、办学条件的薄弱程度不断加剧，长期经营不善，面临着生存危机，而且无法化解危机。

国际上习惯将综合实力在一国前10％的大学确定为该国精英大学，参照这一标准，相应地，将“985工程”高校、“211工程”高校、省重点高校统称为精英大学，并可以将高等学校分为三类：精英大学、普通本科院校和薄弱高校，它们的数量分布和生存状态以及相互之间的关系就是高等教育结构。

概言之，所谓薄弱高校，是指高等教育系统中已经产生并有可能继续产生的一批高等学校，因其存在着办学条件相对薄弱、战略选择失误和经营管理状况长期不能得到有效改进等生存与发展障碍，面对日益恶化的外部环境，在高等教育竞争中处于明显不利地位，这类高校构成的群体即是薄弱高校群体。在内部与外部的某种单一或者复合因素的作用下，这些高等院校对各种教育资源缺乏竞争力，导致在综合实力、学校战略、办学水平、外部环境、社会认同等方面明显落后于其他同类高校，生存与发展空间明显受限，长期处于糟糕的生存与发展状态。

从高等教育学的意义上来看，薄弱高校与制度环境较弱的依存关系以及生存能力的降低有四个方面的表征：生源日益紧张，乃至走向枯竭；就业形势每况愈下；师资力量弱小；财务状况日益恶化。首先，从生源角度看，薄弱高校是指“三低”高校。一低，降分录取，低录取分数；二低，招生计划完不成，低招生人数；三低，很多录取的学生不报到，低报到率。其次，从就业角度看，薄弱高校是指一次就业率很低，而且大部分就业是低端就业的高校。再次，从师资角度看，薄弱高校是指师资外流严重而又难以引进新人，从而导致教师士气低落和教学质量难以保障的高校。最后，从财务状况来看，薄弱高校是指经费短缺、维持生存艰难而又难以改变现状的高校。

根据薄弱高校面临的外部宏观环境和内部治理结构，以及高校自身拥有的资源状况，特别是高校自身的资金状况、学生状况、师资力量等核心要素，对于哪些高校属于薄弱高校，我们可以作出这样的判断：那些缺乏充足资源，同时又不得不面对较大挑战，而且不幸缺乏应战能力，面临较大风险，存在着垮掉的可能的高校属于薄弱高校。薄弱高校群体主要指西部地区几乎所有的民办高校、部分公办高职院校和部分地方本科院校，中部地区的部分民办高校、部分公办高职院校和一小部分地方本科院校，以及东部地区的部分民办高校和一部分公办高职院校。在薄弱高校群体中，既有民办高校，也有公办高校；既有新建或新升格的高校，也有一些办学时间较长的高校。具体来说，包括数量众多的、绝大部分的高职高专，大部分民办高校，一部分区位条件较差的新建地方本科院校，包括位于中西部偏远地区的高校，部分合并升格成的高校，带有一定行业性质的部分农林、师范类院校，所有的成人高校等。

二、薄弱高校的内涵解析

除对这一概念进行界定外，对薄弱高校的理解还需明确三个前置性理论问题。

第一，薄弱高校：相对意义还是绝对意义。

要判定薄弱高校，首先必须明确薄弱是相对比较的结果还是绝对判定的结果。对这个问题的回答不同，会导致薄弱高校研究对象和研究价值的不同。

薄弱从哲学层面来理解，既可以是相对的也可以是绝对的。马克思主义哲学认为，相对是指有条件的、暂时的、有限的、特殊的；绝对是指无条件的、永恒的、无限的、普遍的。相对与绝对是反映事物性质的两个不同方面的哲学范畴。世界上的任何事物和认识，既包含有相对的方面，又包含有绝对的方面，这是一切事物和过程的既相互联系又相互区别的两个方面。绝对是通过相对表现出来的，在相对中始终贯穿着绝对。薄弱的反义词是强势，强弱如同大小、难易、长短等，都是在相对中比较得到的，没有"弱"也就无所谓"强"，在相对的强弱比较中表现出事物绝对弱的特征。同理，高校发展状态在相互比较中也会出现相对的强弱之分，强弱之中也会显现绝对的弱特征，即一所高校在与不同高校的比较中可能处于强势也有可能处于弱势，但多次比较之后处于弱势的高校就获得了绝对意义上的弱势表征。从相对的弱势中可以获得绝对的弱势特征；绝对的薄弱高校群体内部也有相对的强弱之分，即弱势程度的差异，这是薄弱高校既相互联系又相互区别的两重属性。

相对意义上的薄弱高校是指在高等教育系统中与其他高校相比实力较弱的高校。目前，关于薄弱高校的研究大多是从相对意义上来界定的。唐海英和符润中（2003）、梁远海（2004）等都明确指出：薄弱高校是一个相对的、动态的、群体的概念。相对比较中所选择的范围不同、大小不同、参照物不同，弱势与强势的判定结果也不尽相同。例如，一所"211 工程"师范大学相比"985 工程"师范大学而言，前者属于薄弱高校，而相对于一般省属师范大学则是强势高校。绝对意义上的薄弱高校是指高校的发展状态达到一个临界点或阈值时就面临倒闭或破产危机。这个临界点或阈值会导致高校发展状态的根本差异。在这个临界点或阈值之上的高校发展状态虽然会有差异，但其发展状况不会恶化到影响高校的存亡；而落入这个临界点或阈值之下的薄弱高校的发展就会面临内外交困的境况，发展状态只能持续恶化以致其难以摆脱生存危机，最终走向倒闭。

目前，人们对薄弱高校事实性存在的判断主要是基于相对意义的理解。唐海英、符润中指出薄弱高校是属于相对的、动态的和群体的概念，是基于学校的综合实力、办学水平、学术力量、外部环境、社会认同等而对高校部分群体的发展状况和发展趋势做出的价值判断①。在现

① 唐海英，符润中．资源短缺：弱势高校品质提升中亟待解决的难题［J］．现代大学教育，2003（4）：99-101.

实世界中，相对性是广泛的，是绝对的存在。因为薄弱高校与精英大学相比，既缺乏资源，也缺乏能力，还往往处于不利环境之中，故在高等教育竞争中处于明显不利的地位，所以人们能获得这种直观而抽象的认识。相对意义的薄弱高校研究，有助于高校判定其在高等教育系统中的相对位置，明确高校自身的发展定位，选择恰当的发展战略；有助于政府和教育行政部门了解高等教育系统内的强弱分布，判断高等教育系统的布局结构，制定具有针对性的管理政策和发展策略。但是，从相对意义上来理解薄弱高校，会对薄弱高校的判定带来两大困难。一是导致薄弱高校的研究对象不明确。因为相对比较的标准是不明确的，一所高校是否属于薄弱高校主要取决于其比较选择的参照物，参照物不同，结果就有所不同，这容易造成一所高校此时是薄弱高校，彼时又不是薄弱高校的感觉。二是导致薄弱高校的研究范围不确定，甚至可能有范围扩大化的倾向。薄弱高校判定标准的不明确导致我们无法准确判定薄弱高校的研究对象，也就无法确定薄弱高校群体的范围。同时，按照相对意义来判断薄弱高校，在我国高等教育系统中，除几所顶尖的高校外，绝大部分高校似乎都可纳入薄弱高校的范围，这与我国高校教育系统整体运转正常的现实是不相符的。总之，从相对意义上界定薄弱高校，判定标准不明确，意味着研究对象的不明确和研究范围的不确定，这不仅不利于薄弱高校的理论研究，而且对薄弱高校转型和教育决策部门治理薄弱高校的策略选择而言，都将构成巨大困难。

因此，对薄弱高校的研究可采取的策略是从相对意义的探讨过渡到绝对意义的分析，但不否认相对性。这意味着对薄弱高校的认识从抽象（主观）向直观（客观）的转变。研究的关键是找到导致高校生存与发展状态产生本质差异的临界点或阈值。这样就可以为薄弱高校的判定确立一个基准，借此判断哪些高校属于薄弱高校，进而估算我国高校教育系统中薄弱高校群体的比例大小，进而判断我国高等教育系统的整体品质。此时，薄弱高校研究的对象是可以确定的，研究的目标就是找出薄弱高校群体，分析薄弱高校的形成机制及其困境，为薄弱高校的发展寻找合适策略，为高等教育系统的演变建立预警和防范机制。这有利于协调目前我国高等教育规模与质量、结构与效益之间的矛盾，有利于教育决策部门对薄弱高校群体的治理，有利于提升我国高等教育系统的整体品质。与相对意义上的薄弱高校研究相比，绝对意义上的薄弱高校研究更具可行性和现实性，具有更大的理论价值和实践价值。

第二，薄弱高校：类型划分还是层次划分。

薄弱高校是一个群体概念，已形成了共识。那么，薄弱高校群体的划分标准是什么呢？目前关于薄弱高校群体的划分标准主要有两种。一是类型划分法。唐华生（2003）等属于此类研究的代表，他们提出的薄弱高校类型包括：一部分民办高校（包括独立学院）和成人高校、部分新建本科院校、大部分中西部高职高专院校、相当一部分失去了行业依托的院校如地方师范院校和区位劣势明显的地方高校。二是层次划分法。张新艳和党亚茹属于此类研究的代表。张新艳认为，“如果按照高等教育系统的分层，我国高等教育系统中处于较低层次的一些高校，由于既缺乏充足资源，又缺乏应对能力，面临巨大的风险，就应属于薄弱高校，它包括了一部分地方性本科高校和相当部分的高职高专。在这个群体中，既有民办高校，也有公办高校；既有新建或新升格的高校，也有一些老的高校”①。党亚茹则认为，我国大学建设中，逐渐分成了水平不同的四个层次，建校时间短、学术水平低、设备资源差的一类院校是高校发展中的弱势院校②。

这样按照类型来划分薄弱高校的方式，看起来标准简单，易于操作和辨认，能涵盖我国目前薄弱高校群体的大部分院校，与多数人的看法也基本一致，但标准笼统模糊，容易以偏概全，产生逻辑误差和心理定势。虽然，在目前我国高等教育系统中，民办高校或高职高专院校的确总体上处于弱势状态，但并不是所有的民办高校或高职高专院校都属于薄弱高校，事实上，有些民办高校和高职高专院校的发展势头比一些公办地方普通本科高校要好，成为我国高等教育改革的实验区和高校特色发展的典型。因此，这种类型划分方式不能准确有效地涵盖薄弱高校的范围。

---

① 张新艳．我国弱势高校的应对战略选择［J］．高等教育研究，2011（2）．

② 党亚茹．基于弱势高校发展的学术基准研究［J］．成都理工大学学报（自然科学版），2003（11）．

薄弱高校划分的主要依据是高等教育系统的内部分层。按照库根的定义，高等教育系统内部的分层是指“高等教育机构间目的、地位和资源在层次上的差别”①。高等教育系统分层的动力机制使高等学校存在分化现象。分化既是高等学校发展的趋势，也是其发展的动力，它“既是大学理念和制度的一种调整，也是大学结构与功能的一种优化，更是大学应对社会变化的一种主动适应”②。随着我国社会主义市场经济体制的建立和高等教育自身的改革与发展，在市场竞争和制度安排等多重影响下，我国高等学校朝着不同类型、不同规模、不同层次分化。在这一过程中，有的高校发展越来越好成为强势高校，有的高校发展越来越差则成为薄弱高校，面临生存危机。在这个过程中，我国高等教育系统形态开始发生转变，“由过去比较平坦的高等教育系统转变为带有明显层次等级的金字塔式结构系统”③。可以说，我国高等教育系统内部分化的重要内容就是分层。高等教育系统的分层是客观存在的。薄弱高校是高等教育系统中综合实力、办学水平、学术声望、外部环境、社会认同等指标都低于其他层次高校的高校，是被忽视和冷落的。但是，薄弱高校群体的存在已经改变了我国高等教育系统内部的秩序，并开始影响我国高等教育系统的正常运行，故对于高等教育系统而言是产生危机的因素，正在降低我国高等教育系统的总体质量与水平，从各个方面侵蚀着整个高等教育系统。薄弱高校问题是必须正视并需要着手解决的问题。从这个意义而言，按照层次划分的薄弱高校研究有助于找出并解决我国高校教育系统中“最短的木板”，达到优化高等教育系统结构、提升我国高等教育系统的整体品质的目的。但是，简单地以人才培养层次、高校隶属关系、举办主体、是否列入各级政府重点建设行列、行政级别高低等为标准进行的高校层次划分也是不合理的。因为在我国高等教育系统中，低层次高校不一定意味着低水平高校，很多普通本科院校的办学状态未必优于高职高专院校，故这种分类不能准确反映目前我国高等教育系统

① ［美］玛丽·亨克尔，布瑞达·里特．国家、高等教育与市场［M］．谷贤林，译．北京：教育科学出版社，2005：81．

② 邬大光．大学分化的复杂性及其价值［J］．教育研究，2010（12）．

③ 陈学飞．高等教育系统的重构及其前景［J］．高等教育研究，2003（4）．

内的强弱分布。

因此，在研究中，对薄弱高校群体进行划分可以从我国高等教育系统的多样性和复杂性出发，坚持类型划分基础上的层次划分方式。这种划分方式要求首先在高等教育系统内部对高校进行类型划分，然后找到导致不同类型高校生存与发展状态产生本质差异的临界点或阈值并对这种类型的高校进行分层。临界点以下层次的高校就属于这类高校中的薄弱高校，不同类型中的薄弱高校就构成了高等教育系统中的薄弱高校群体。至于高校类型的分析，综合考虑高校的办学类型和办学性质，可以把我国高校划分为综合类、理工类、农林类、医药类、师范类、语言类、财经类、政法类、体育类、艺术类、民族类、军事院校、独立学院、中外合作办学和民办高校等15类。因为不同办学类型的高校办学经费来源不同、学校运行机制不同、面临的竞争格局不同、社会声誉不同，不同办学性质的高校的人才培养目标不同、市场竞争能力不同、所享受的发展政策不同，而这些因素都会对高校的发展状态和发展能力产生根本性影响。在研究薄弱高校时，我们应综合考虑这些因素对不同高校进行恰当的分类，这样既符合理论逻辑，又符合薄弱高校的生存实际。高校层次的划分可从动态的视角结合高校的实际发展状态和未来发展潜力找到导致高校发展状态产生本质差异的临界点或阈值，将高校划分为强势高校和薄弱高校两个层次。在临界点以下的薄弱高校可以根据其薄弱程度进一步细分为不同的层次。这样的划分方式，可以避免简单的类型划分或层次划分所造成的以偏概全问题，充分考虑到不同类型高校薄弱的相对性和绝对性、薄弱高校群体的普遍性与薄弱高校个体的特殊性，较为合理地反映薄弱高校在我国高等教育系统中的分布状况，有利于我们根据不同类型薄弱高校的影响因素和薄弱程度，有针对性地制定发展策略和治理对策，提升研究的实效性。

第三，薄弱高校：现时状态还是未来状态。

第三个需要厘清的问题，薄弱是高校的现时状态还是未来状态，或者说薄弱高校的困境是暂时的还是长期的。这关系到判定指标的选择和判定模型的效用。关注高校现时状态是否薄弱的判定依据，主要是从影响高校发展状态的内外因素，采用静态的指标考察高校某一特定时段的生存与发展状态，进而建立判定模型。张新艳尝试从影响并表征高校发展状态的内部与外部因素入手，构建高等学校发展状态评价模型，用来判定薄弱高校。这是从静态分析的角度，采集高校现时状态数据，描述高校发展状态并作出该学校是否属于薄弱高校的判断。静态评判很容易被选择，但是这种静态评价存在两方面的问题。首先，完全基于条件和产出来衡量一所学校的办学状态，忽略了表征学校生存与发展状态的其他因素，如文化氛围、组织士气和战略规划等，使人们过于关注办学条件和教育投入对薄弱高校的影响，忽视了学校发展战略和经营管理对薄弱高校的影响，导致对薄弱高校形成机制的简单化理解，不利于薄弱高校的转型和教育决策部门对薄弱高校的治理。其次，这种分类忽略了高校发展变化的可能性，不符合薄弱高校的动态性特征。影响高校发展的各种因素处于变化之中，各种因素对高校发展的影响也是动态变化的，导致高校的发展状态处于不断变化之中。高校的发展状态有可能是由弱变强，或者是由强变弱，也有可能是不断变强或不断变弱。薄弱高校的发展是一个动态变化的过程。静态的判定方式排除了那些现在状态一般但未来有可能走向弱势的高校，对高校发展状态所做出的盖棺定论式的判断会影响高校未来发展战略的选择，更不利于政府治理机制的选择，尤其是不利于高等教育系统预警机制的建立。

故而，对薄弱高校的判定可坚持静态与动态相结合的方式，既评估高校现时的发展状态，也预测高校未来的发展状态，不仅关注已经处于弱势的高校，而且关注未来可能产生的薄弱高校。因为“薄弱”一词本身既指力量单薄，又指变弱的趋势。针对已经处于弱势的高校，应分析其现时状态，准确把握薄弱高校形成的机制，找到适宜的发展模式或应对机制，帮助薄弱高校走出自身发展困境，从而缩小薄弱高校群体的范围，减小薄弱高校群体对整个高等教育系统的不利影响。针对未来可能产生的薄弱高校，我们可以考虑建立预警防范机制，在这些高校陷入薄弱状态之前通过政府引导、政策帮扶和自我创新等方式扭转发展颓势，促使这些高校尽早走上创新发展之路，防止高等教育系统中薄弱高校群体的扩大，从而优化高等教育系统的结构，提升高等教育系统的整体品质。

三、关于薄弱高校的精确判定

张晓涵①依循若雷和谢尔曼制定的美国大学发展状态判定模型，参考企业管理中关于企业活力的评价指标，结合高校办学的特点，从内部资源、外部环境和发展状态三个维度入手，制定了高校发展状态图。与张新艳的判定模型相比，其创新之处是在内部资源与外部环境等静态因素之外加入了发展状态这一动态因素，把高校发展的现时状态与未来状态有机结合起来，反映了高校发展的动态特征。虽然作者提出了动态的研究思路和发展状态这样一个动态考察指标，但遗憾的是，参考企业活力的评价体系，从学校实力和外界环境两个维度构建的高校发展状态图，并没有真正贯彻这样的研究思路和真正融入这样一个发展指标，其薄弱高校判定指标体系依然是静态的二维体系，而不是动静结合的三维体系。因此，动态发展指标的选择与测量是薄弱高校判定的难点所在，需要借鉴其他学科或领域的研究成果。事实上，借鉴衡量企业动态经营发展状态的指标（企业景气指数或企业综合生产经营景气指数）的观点，根据薄弱高校薄弱程度的分区模型将薄弱高校群体纵向划分为极端薄弱高校、中度薄弱高校和相对薄弱高校三大类的构想，以及教育预测的相关理论和方法，都能给高校发展状态的动态考察提供启示。从这个意义上讲，薄弱高校的研究只有综合运用教育学、管理学、经济学、组织行为学、教育政策法规等多学科的研究方法，才能全面、系统地把握薄弱高校的复杂性。

除此之外，从静态与动态相结合的视角考察薄弱高校的发展状态，还应注意薄弱高校判定指标的呈现方式。高校发展状态的有些指标可以进行量化统计，比如学校的基本办学条件、生源数量、经费支出、师资变动和就业率等，而有些指标只能进行定性描述，比如学校的综合实力、社会声誉、组织士气和强弱走势等。这是教育组织的特殊性和复杂性所决定的，切不可简单化。对于这类指标的评估，只能运用混合的研究方法，全面考察薄弱高校的发展因素及其影响，才能提升判定模型的

① 张晓涵. 弱势高校的判定及成因分析 [D]. 武汉：华中科技大学硕士学位论文，2009.

科学性和适用性。这也是判定薄弱高校的难点所在。

综上所述，科学合理地判定薄弱高校是有效解决薄弱高校问题的基础和前提。判定薄弱高校可从绝对意义上来理解薄弱高校，找到导致高校发展状态本质差异的临界点或阈值；对薄弱高校群体的划分也可坚持在类型划分基础上的层次划分的方式，兼顾不同类型高校薄弱的相对性和绝对性、薄弱高校群体的普遍性与薄弱高校个体的特殊性；坚持静态与动态相结合的方式，把高校发展的现时状态与未来走向结合起来，注意量化统计与定性描述相结合来呈现薄弱高校的判定指标。

第四节　薄弱高校的基本特征

薄弱高校呈现出的基本特征是相较于强势高校而言的。与强势高校特别是精英高校相比，薄弱高校普遍表现出外部环境日益恶劣、办学条件相对薄弱、办学理念滞后、战略思路模糊、管理混乱低效、总体竞争力不强、公众认同度不高以及生存和发展前景暗淡等典型特征。具体而言，生源短缺趋势难以逆转，经费紧张状况无法缓解，毕业生就业日益困难，社会声望每况愈下，教师自信心普遍缺失，人才流失严重等，这些几乎是所有薄弱高校的共同特征。随着高等教育系统内部分化的加剧，这一群体的覆盖面正在蔓延与扩散，薄弱程度也在不断加剧。

一、招生与就业日益困难

招生与就业同时陷入困境是薄弱高校的突出特征。首先是生源状况日益严峻。随着高校持续扩招，我国高等教育的供求关系已悄然发生变化。从毕业生就业率分析，高校所培养的学科专业人才在供给上已经出现比较显著的结构性过剩，甚至出现总体过剩。在这一背景下，部分在资源竞争、就业市场竞争和声望竞争中处于不利地位的高校要招到足够的合格新生已不再是一件轻而易举的事情。根据教育部教育发展研究中心的分析报告，近些年我国高等教育在学人数已呈低速增长态势，高等教育适龄入学人口将会缓慢下滑，而学生的入学愿望与入学能力也在持续弱化。其次，持续恶化的就业形势使得普通家庭投资子女高等教育的热情下降。适龄入学人口的下降及民众入学愿望的弱化对于高校，尤其是处于高等教育系统底部的薄弱高校显然不是好事。事实上，我国高等教育市场现在已由卖方市场转向买方市场，学生就学的主动权已得到很大程度的增强。十多年前开始出现的应届高中毕业生弃考就是一个显著信号。当学生可选择的对象增多时，薄弱高校群体在争夺生源时将处于更加不利的地位，一旦出现生源持续不足的情况，它们将难以维持生存。

对于薄弱高校来说，由于缺乏其他经费来源，在学费标准不可能大幅提高的背景下，生源短缺就可能招不到足够的学生、收不到足够的学费，学校的财务风险必然会大大增加。而这对于通过银行贷款扩建校区并需要还贷的学校来说无疑是一个很大的打击，因为学校的摊子已经铺得很大，各方面的资金需求又十分紧迫，若增收节支成效不明显，学校财务将陷入入不敷出的地步。

更严重的是，生源危机还会进一步引发学校的生存危机。在这种情况下，一些高校只能通过减少教师岗位、降低教师的收入待遇、削减课程及培养项目、减少教学仪器设备的采购来应付危机。这样，学校的办学条件每况愈下，优秀教师不断流失，人才培养质量也难以保证，社会声誉也就自然变差，于是更难以招到学生。

就业状况日益严峻。近年来，我国大学毕业生人数逐年递增，毕业生的就业竞争变得越来越激烈。现在，大学毕业生就业问题已经成为一个社会问题，引起了政府的高度关注。相比而言，就业形势的严峻对薄弱高校的生存和发展产生的影响更大。高校扩招后，每年毕业的人数在持续增长，而市场能够提供的就业机会却没有相应扩大，再加上专业人才培养存在问题，社会对某些热门专业和行业的人才需求趋于饱和，因而毕业生就业越来越困难。在这种情况下，一些人提出了“花费大量时间和金钱进入高校学习是否有用”的质疑。同时，面对众多的求职者，用人单位的聘用条件越来越苛刻，在录用新员工时多青睐“211 工程”、“985 工程”等高校的毕业生，对地方院校尤其是那些薄弱高校的毕业生往往另眼相看。

二、基本办学条件薄弱

基本办学条件薄弱是薄弱高校的典型特征。基本办学条件包括核心资源和关键环境两个方面，具体包括教师队伍的数量与质量、生均校舍面积、生均图书文献数量、生均教学仪器设备总值、自然资源和社会资源等。基本办学条件是学校生存与发展的基础。薄弱高校在扩招过程中，基本办学条件呈现逐步弱化的走势。客观而言，在扩招之初，大部分承担扩张任务的高校，如高职院校、民办高校、独立学院和传统本科院校，并不具备大幅度扩大办学规模的条件和能力。急剧扩招之后，这些学校的基本办学资源也迅速被稀释，很多学校的校舍、实验室、实习实训基地、图书资料和网络设施等均无法跟上办学规模快速扩张的步伐。尤其是在师资队伍的数量与质量上，薄弱高校一般都呈现出生师比偏高、结构不合理的共同特点，不仅总量不达标，而且存在基础学科教师过剩而专业课教师严重不足的问题。

经费短缺是薄弱高校的特点，也是其成因，同时还是学校陷入困境的结果。薄弱高校要生存和发展，要摆脱困境，面临的首要难题是经费严重不足。在我国高等教育系统中，占高等学校总数90%以上的地方高校，在生均经费支出上与中央高校的差距巨大，其中许多高校资金极度短缺。经费不足已经成为制约大部分薄弱高校持续健康发展的瓶颈。相比强势高校的多元筹资能力，薄弱高校的经费来源十分单一，几乎只能依靠学费收入和生均拨款。有的民办高校甚至完全依靠学费收入支持学校运转，于是，它们不得不以生养校。更糟糕的是，由于管理无序低效，在很多薄弱高校中，有限的资金往往得不到合理配置。当学校连基本运转都极为困难时，如何谈得上发展，陷入困境就非常自然了。

三、管理无序低效

管理上无序低效是薄弱高校面临的又一个困境。薄弱高校的管理困境并不在于缺乏管理，甚至不乏规范性管理，而在于很容易陷入管理误区：简单移植工业体系中的科层管理与标准管理模式，过分强调规范和约束，力图将学术工作规训成严格统一的流程与方式，管理沦为对人的控制工程。这突出体现在对教师工作的量化考评上。越是薄弱高校，对教师的教学工作量、论文发表量乃至班主任工作，越是有极为苛刻的要求，导致教师既无力无心于教学及其改进，也难以安心从事科研，教师对专业工作的热情几乎被消磨殆尽。此外，在薄弱高校的管理中，普遍存在着缺乏系统的制度建设，只能依赖主要领导人的现象，致使学校发展缺乏内生性制度支持。如果碰上一个精明强干的一把手，学校短期内会呈现出蒸蒸日上的景象；如果摊上一个无能的领导人，则会瞬间跌入低谷。更大的问题是，在这类学校，似乎已经形成寄望于强势领导人的群体心理，学校内的各种组织和人员都将自己定位在“听命”的角色上。相应的，学校高层领导者的管理风格上也大多偏向亲力亲为型。可以说，在管理这一维度，薄弱高校与其他高校的差距是巨大的。

四、士气低落

士气低落是薄弱高校的内在特质。信心和士气是一所学校得以保持生机和活力的精神资源，既体现了现有的发展状态，又预示了未来的发展前景。这些东西虽然看不见摸不着，却有力地影响着学校的发展。在薄弱高校里，由于学校发展长期处于不景气状态，短期内看不到转机，从学校高层领导管理人员到普通教职员工，再到广大学生，对学校未来发展都普遍缺乏信心。除了部分有能力的青年教师已经开始自谋出路外，绝大多数教职工倾向于按部就班地继续这种生存状态，但其内心却痛苦不堪，甚至长期处于无安全感、归属感和荣誉感的“三无”状态。这些学校中的学生，在多数人无心向学的环境里，大多会失去斗志，对学校和自己的未来都没有信心，能够达到的发展高度可想而知。他们毕业后，社会评价自然不会高，相应的薪酬待遇也难以令人满意。这种缺乏精神力的学校，即使面临好的发展机遇，一般也难以抓住，学校持续走弱似乎已经注定。

第五节　薄弱高校的判定

随着高等教育规模的高速扩张，在我国高等教育系统中，薄弱高校不仅已经出现，而且这个群体还呈现扩大的态势，严重危及我国高等教育的持续健康发展，因此，我们不可等闲视之。显然，合理应对的前提是准确识别薄弱高校，这就需要有一个进一步判定薄弱高校的标准或者说需要寻找到一个判定薄弱高校的理论依据。有鉴于此，本书拟根据企业战略管理的相关理论，构建一个判定薄弱高校的理论模型。

一、高等学校发展状态评估模型

高校是一个文化组织，其生存与发展状态很难简单评估，高校的生存与发展状态是一个综合性的模糊概念。要客观评估高等学校的发展状态，我们需要考察高等学校在办学过程中是否遵循了高等教育发展规律的要求，整合和利用了各种资源，并通过内部资源与外部环境的良好互动，使高校教职员工的积极性、创造性及主动性得到充分发挥，进而使各种办学资源得到有效的配置使用；同时，还需考察在高等教育竞争中，高校自身呈现出了怎样的自我发展状态。

在此，本书主要参考两种理论来构建高等学校发展状态评估模型。一是企业素质与活力评价体系，二是麦肯锡7—S系统思维模型。

1. 企业素质与活力评价体系

理解企业活力之前需对一个与之相关的概念——企业素质有一定的了解。企业素质是企业在其运行过程中所体现出来的内在特性，是其内部各种要素及其要素的有机结合所形成的特性，是决定企业生存与发展能力的各种内在因素的总和。换句话说，企业素质是指构成企业系统中的诸要素所具有的功能及其在整体结构中，通过要素间的相互作用而显现出来的完成系统功能所应具备的条件和能力，或蕴含在系统内的但可被开发出来的能动性。由企业素质的含义，可推出以下若干结论。

其一，企业素质强调先天性，是其内部各种要素特性的反映，要素的质量在一定程度上决定了企业素质，决定了企业生命力的发展状况。这也就是所谓的要素禀赋。

其二，企业素质是一个整体概念，不是指某一个方面的特点，也不是企业各组成部分的相加，而是各部分相互联系、相互作用的有机合成和综合反映，类似人的综合素质。决定企业能量大小的内部因素很多，既有装备方面的，也有人员方面的；既有技术方面的，也有管理方面的。但任何单方面的优势或劣势都不能作为衡量企业素质的标准。衡量企业素质应从整体上看，总体上去把握，从各要素的相互联系中去分析。

其三，企业素质是个发展的概念。这里有两层含义：一是指由于环境的变化，构成企业素质的各要素也在不断地变化，从而整个企业的素质不断变化，因而不同时期企业素质有不同的表现；二是企业可通过后天的学习和努力使先天优势得以发扬，先天缺陷得以克服或改善。同时，企业素质也可能因后天的不努力而减弱，甚至导致企业倒闭。它强调的是企业素质的动态变化的一面，接近于我们说的人的素质的日新性。

其四，企业素质的外延较广，狭义而言，是企业构成要素及其相互作用的内在特性；广义而言，企业个性、功能和行为表现等都是企业素质的反映。

总之，企业素质是个整体的、动态的概念，它既是企业各种要素及其合理结构的统一，也是企业各种专业素质的综合与统一。素质上的缺陷总是可以通过后天学习得到一定程度的改善和补偿，也可能因为缺乏后天学习而退化。

企业活力是指企业这个有机体在其实现自身目标的过程中，通过内外部因素交互作用而呈现出的生长能力状态。具体地说，企业活力就是企业素质的体现，是企业素质中积极要素成分的外在表现，是建立在企业素质基础之上的非物质因素，表现为企业生长能力的现实状况和变化趋势。企业活力的定义主要包含以下几方面内容。

其一，活力即生长能力。生长能力是企业生存、运行和发展的最本质的力量，它是企业生存力、凝聚力、应变力、竞争力、盈利力和发展力的有机合成，其构成部分的相互关联和作用，按生存力—适应力—应变力—竞争力—发展力的逻辑顺序逐级增强，反映了企业的活动过程。当这些力在方向上一致并协调作用时，企业就表现出旺盛的生命力。

其二，企业活力是企业素质中积极要素成分的外在表现。企业活力以企业素质为基础，企业素质中积极成分所显现的能量就是企业活力，也即素质决定活力，活力反映素质。但二者并非完全等同，既有联系又有区别。

其三，作为非物质因素，企业活力是企业内外部因素相互作用的综合结果。企业系统是一个开放系统，内外部因素相互联系和作用的效果是企业生长能力变化的动因和基础，因而考察企业活力，就必须结合外部环境因素进行分析。

其四，企业活力是对企业生长能力现实基础和变化趋势的综合反映，具有一定的动态性。

基于环境和企业素质，运用二维象限分析法，可以得出企业的素质大致有四种状态，用图 2-2 来表示。

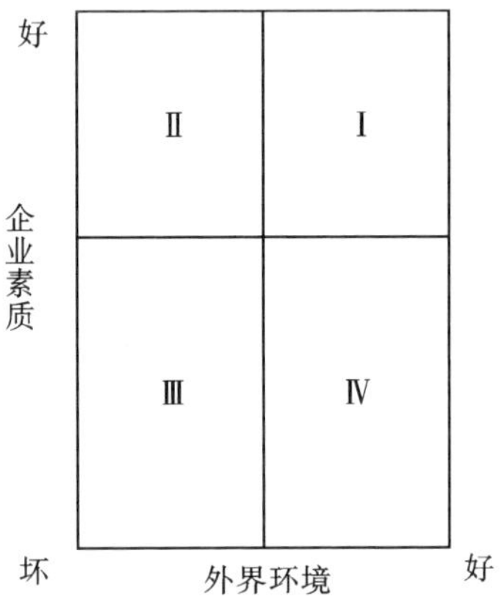

图 2-2　企业发展状态图

第Ⅰ象限：外界环境适合企业发展，企业自身素质好，企业活力强。

第Ⅱ象限：外界环境不适合企业发展，但企业素质很好，则企业活力不会很强。

第Ⅲ象限：外界环境不适合企业发展，企业自身素质又不好，则企业活力一定很差。

第Ⅳ象限：外界环境适合企业发展，但企业自身素质不好，则企业活力不会太强。这是因为如果企业不注重自身素质的提高，即使在良好的外部条件下在一定时期内出现一点活力，最终也会因为自身素质不佳而被淘汰。

一般而言，影响企业活力的四个指标是获利能力、生长能力、适应能力和凝聚能力。获利能力是指一个企业的资产总额获取利润的能力，包括长期投资、短期投资和生产运营、经营运作等方式所获取的利润能力，它是衡量一个企业是否具有活力的前提条件。生长能力是指一个企业成长的潜力和现实力。企业根据其生命周期，由萌芽期、成长期到成熟期、衰退期，其过程是不断成长的，企业生长能力即是其经历生命周期的能力。适应能力是指企业适应其生产经营环境的能力。企业经营环境包括政治环境、社会环境、技术环境、经济环境等。政治环境是指国家的方针政策、法令法规，国内外政治形势的发展状况。社会环境是指由人口、居民的收入或购买力、居民的文化教育水平等环境要素组成的社会系统。技术环境是指与本行业有关的科学技术的水平和发展趋势，包括技术创新、专利申请等。经济环境包括宏观经济形势、世界经济形势、行业在经济发展中的地位以及企业的直接市场等。凝聚能力是指企业对内和对外的凝聚力。对内用企业文化团结凝聚员工力量谋求发展，用企业精神和指导思想展示企业发展现状；对外用企业品牌和影响力来传播企业声誉，等等。

2．麦肯锡 7—S 系统思维模型

7—S 系统思维模型是美国麦肯锡管理咨询公司所构建的一个系统思维方法研究的著名模型。该模型统摄七个要素，即战略（strategy）、结构（structure）、体制（system）、风格（style）、人员（staff）、技术（skill）和共同理念（价值取向，shared value）。该模型主张，一个组织不仅仅是一种结构形式，更是由战略、结构、体制、风格、人员、技术和共同理念构成的系统。在这个系统中，战略、结构和体制是组织成功的硬件要素，风格、人员、技术和共同理念是组织成功的软件要素。麦肯锡 7—S 系统思维模型强调，软件要素与硬件要素同等重要。其中，共同理念是核心要素，是整个组织的价值取向；战略是对组织的发展目标、发展策略和发展途径的总体谋划，它体现组织的共同理念；结构和体制服务于组织的战略；风格、人员、技术则为硬件要素的运作提供支持。只有统摄这七个要素的硬件和软件和谐统一、相互促进，才能使组织系统释放出最佳的功能，产生最优的绩效。

20 世纪 80 年代以来，麦肯锡 7—S 系统思维模型被西方发达国家的企业部门及政府机关应用于分析组织的变革和发展，成为诊断组织问题、变革组织机制、创新组织范式的有效工具。这一工具同样适用于对高校生存与发展状态的评估。

以 7—S 系统思维模型为基础，高校发展的基本实体包括了资源和环境两个主要方面。资源主要包括校园面积、在校生人数、教师数量、办学条件、物质资源、生师比、生均校舍面积、生均图书文献数量、生均教学仪器设备等要素。环境包括自然资源、社会资源等要素。

学生状况包括生源的数量与质量、录取分数线、招生情况、学生报到率、学生退学率、学生的文化素质、学生的综合素质、毕业生就业情况、雇主满意度等。

师资力量主要包括教职工数量、教职工结构、专职教师教学情况、教师科研成果、教师科研经费等。

经济能力主要指高校资金来源、生均拨款、教师生均经费、高校自身的生产能力、高校资金收入支出情况等。

以上四项（基本实体＋学生状况＋师资力量＋经济能力）构成高校综合实力的硬件要素，而这些要素之间并非独立割裂开来的个体，各个要素之间存在相互影响。基本实体决定并影响高校的经济能力、学生状况和师资力量，而学生状况涉及生均拨款等问题，也会影响到经济能力和基本实体，而经济能力和基本实体又影响高校发展的师资力量。

管理运行主要是指高校的管理状况、管理方式、管理结构、管理风格以及管理之间的相互配合等。

战略力量主要是指学校的办学理念、专业设置、战略规划以及贯彻战略规划的意志力等。

学校声誉主要指学校的社会声誉、校风学风、办学特色、校园士气、校园文化建设、师生的信心度和满意度等。

以上三个方面（管理运行＋战略力量＋学校声誉）共同组成高校发展状态和综合实力的软件要素。软件要素以硬件要素为基础，并且影响着硬件要素。硬件要素好比弓，软件要素好比弦。而高校发展的综合实力和发展状态是由（基本实体＋学生状况＋师资力量＋经济能力）×（管理运行＋战略力量＋学校声誉）来共同作用的，而各要素之间又可能影响其他要素。

据此，本书设计了高校发展状态评估模型，如下图所示。

一般而言，高校的发展状态可以简单地区分为优和劣。如图 2-3 所示，处于第Ⅰ象限的高校属于发展状态较好的高校，它们不仅办学历史悠久，办学资源丰富，而且具有较好的区域优势，获得良好的外部

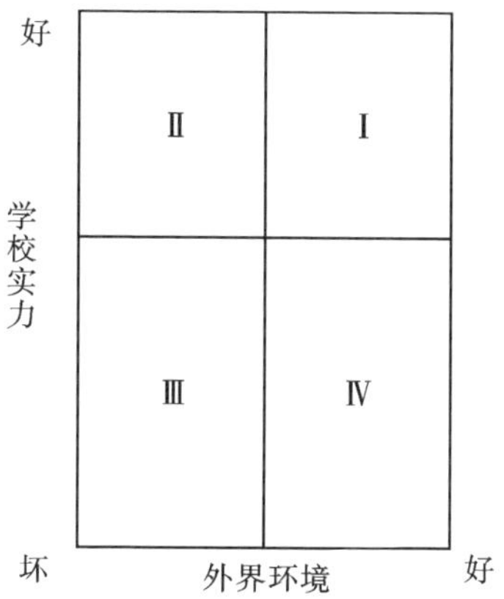

图 2-3　高校发展状态图

环境支持，内外结合，无论是当前的发展状态还是未来的发展前景都比较光明，这通常是我们一般意义上认为的强势高校，尤其是“985工程”院校、“211 工程”院校及部分省部支持或共建的重点大学。除此以外，处于第Ⅱ象限的高校，虽然拥有不俗的办学实力，但所处的制度环境和自然环境均不利于学校发展，学校整体发展一般会呈现出偏弱的状态。处于第Ⅳ象限的高校虽然自身办学实力一般，但外部环境相对适宜，往往呈现出比较旺盛的活力。如果有外部环境的强力支持，这类高校的发展状态甚至比前一类高校更好。至于第Ⅲ类高校，它们既缺乏资源，又缺乏环境支持，自身软实力又大幅度落后于其他高校，即为薄弱高校。

二、薄弱高校的事实确认

我国庞大的高等教育系统中是否存在薄弱高校群体，如果确实存在，哪些高校可以被判定为薄弱高校？下文尝试用数据资料和事实来解答这一问题。

1．现实中的薄弱高校

（1）已经倒闭的薄弱高校

20 世纪 80 年代，我国民办高校如雨后春笋般发展迅猛。据不完全统计，从 1982 年到 2006 年，我国民办高等教育机构以每年平均近 60 所的速度递增，其中从 1993 年到 1995 年的三年里增长最快，民办高等教育学校增加了709所之多，年均增长236所①。伴随着民办高等教育的风起云涌，民办高校之间的竞争也变得日趋激烈，加之民办高校自身缺陷以及生存环境中的诸多不利因素，民办高校倒闭时有发生。民办教育网和全国民办高教委2001年发布的一份总数为1 134家的民办教育机构名单的跟踪调查表明，已经有超过半数的学校停办或者无法查询，超过一成的学校被其他机构兼并，基本正常运行的学校不足总数的四成②。

1996年5月18日，全国民办高等教育委员会第二次会员大会召开，当时有400多所民办高校出席了大会，而到2002年，只有40所民办高校出席大会③，其余高校或倒闭或改制，已经不复存在。这种现象后来似乎有愈演愈烈之势。据报道，2003年中国民办院校的数量比2002年减少了100多所④，其中以南洋教育集团的倒闭最为引人关注。让我们用事实和数据详细分析下近几年各地区民办高校倒闭的现状。在民办高校比较集中的北京和陕西，民办高校倒闭的数量也最多。20世纪90年代，在北京创办的13所民办高校现在依然存活的只有两所；在所登记的120余所民办高校中，有实际招生能力的只有35所左右⑤。在陕西，从1984年以来的20多年中，共成立民办高校180余所，到2005年仍存在的有51所，淘汰率达70%左右，平均寿命9.1年⑥。在河南，民办高校数量从2000年的118所降到了2004年的10所⑦。

综上所述，我们可以将上述已经倒闭的民办高校列为本书讨论的薄弱高校的范畴，这些民办高校或者彻底停办、消亡，或者被兼并、合

---

① 卢彩晨，邬大光．中国民办高等教育回顾与前瞻［J］．教育发展研究，2007（3B）：1．

② 佚名．忧思民办教育的“生死时速”［J］．中国西部科技，2004（3）：19．

③ 曹勇安．中国民办高等教育问题［R］．厦门大学教育研究院，2006（4）．

④ 郭新文，王睿．一年内百所民校“消失”［N］．扬子晚报，2004-11-01．

⑤ 佚名．游戏不公平　民办高校何时走出“冬季”［EB/OL］．（2004-12-01）［2016-11-25］．http://edu.rednet.com.cn/Html/2004/12/01/EDUHTML2004120111244521.html．

⑥ 李维民．民办高校：今后生存发展靠的是实力［N］．中国教育报，2005-06-20．

⑦ 彭泓源．河南民办高校能否冲出围城［N］．大河报，2004-12-15．

并、转让，或者由民办转为公办，它们已经在竞争的优胜劣汰下被清退出局。

（2）陷入困境的公立高校

民办高校的艰难求生已经是不争的事实，高校外部环境发展的不断变化，加之民办高校自身发展的先天不足，对我国民办高等教育的发展形成了巨大的考验。在这场考验中，尽管有些实力较强的民办高校依然昂立潮头，发展迅猛，有些民办高校甚至拥有超过一般公立高校的办学实力和发展势头，但总体而言，面临较大办学困境的民办高校似乎更多，有相当多的民办高校已经深陷办学困境，甚至面临倒闭。多数民办高校近年来深陷资金链断裂、招生惨遭零投档的困境，很多濒临倒闭。例如，20世纪以来，广东省40多所具有独立颁发文凭资格的民办高校大约有1/3基本处于招生困难、入不敷出的困境，其中，11所已经倒闭，60家专修学院只剩下6家在苦撑苦熬①。民办高校的艰难求生，已经被公认为事实。公办高校的发展情况又如何？多年前，很多公办高校要面对巨额债务以及新一轮还贷高峰的到来。人大代表、西安外国语大学校长户思社提出了自己的担忧，担心今天的大学，会像过去某些负债累累的国企一样倒下②。幸运的是，在中央教育行政部门率先为高校化解债务危机的带动下，部分经济发达省份开始为高校债务买单，并付诸行动。到2012年左右，大部分高校的债务规模都得到了有效控制。但是，近年来，因为各种原因，部分地方高校的债务规模再度反弹，部分高校甚至已经深陷债务和财务双重困境。

除财务因素以外，办学定位不当、内部管理不善、学科专业结构陈旧等也使很多高校进入了弱势状态。一些新升格的本科院校、大部分普通专科学校和高职学院、所有成人高校和前面提到的民办高校，以及偏远地区的地市州高校发展确实步履艰难，它们的整体状况是缺乏竞争优

① 佚名．民办高校：奔走在和谐发展的大道上［EB/OL］．（2005-02-09）［2016-07-09］．http://informationtimes.dayoo.com/gb/content/2005209/01/content_2203928.htm.

② 佚名．人大代表户思社担心高校可能重演国企倒闭的命运［N］．中国青年报，2007-03-09.

势，其中资源匮乏问题尤为突出。在此，我们尝试把资源分为经济资源、人力资源、自然资源和社会资源。

第一，经济资源。经济资源在这里主要指学校的办学经费来源，一般来源渠道包括政府财政性拨款、学生学费、社会捐助、学校自主创收以及银行贷款。其中在政府财政拨款方面，占高等教育机构绝对数量的地方高校获得的国家财政性拨款最少，它们虽然承担着高等教育大众化的基本使命，对当地经济社会发展意义重大，但却在资源分配方面被制度性地边缘化了，这一现实的矛盾使很多地方院校经费短缺，办学困难。同样，学生学费的收缴情况也不容乐观，由于当地经济发展程度的限制，学生家庭收入有限，因此学费欠费多、收缴难在这些高校中普遍存在。社会捐助一般更取决于学校的社会影响力和社会声誉，而上述高校由于办学历史较短、办学条件较差、社会认同度低等因素，实际接受的社会捐助凤毛麟角，甚至一片空白。

第二，人力资源。高等学校的人力资源主要指师资，优秀的教师是学校生存和发展的力量源泉，是保证学校教学质量的决定因素。优质师资缺乏、师资队伍流动性大是弱势高校的共同特点，也是制约这些高校稳定发展的主要因素。从师资数量上来看，这些高校扩招之后，学生数量急剧增加，而教师队伍增长缓慢，以至生师比被迅速扩大到了极限，严重影响了正常的教学活动的开展。从师资质量上来看，优质师资短缺，无论是教学还是科研水平与强势高校之间的差距都较大，教师学历层次不高，以本科为主，硕士和博士等高学历教师较为匮乏，而且教师的学缘结构也不尽合理，一般以本校留校生为主。稳定的教师队伍不仅有利于教学管理，而且有利于学校凝聚力和团结力的增强。然而，面对经费短缺，一些高校不得不缩减教师福利待遇，甚至连续数月冻结财务报销，这必将使高校在吸引优秀人才、留住优秀人才方面失去自己的优势，师资的不足及不稳定，势必影响学校的办学质量和可持续发展。

第三，自然资源。这类高校多处于经济和文化水平欠发达的中小城市，或者偏远的中西部地区。这些地区一般交通不便、信息闭塞，学校能够接触到科技前沿的机会较少，师生也被困在一个相对闭塞的小圈子里，限制了他们的进一步深造和发展。上述几方面条件的不利均限制了学校的发展。

第四，社会资源。社会资源一般体现在学校的社会声誉和社会关系资源上，社会声誉取决于学校的综合实力，尤其是培养人才的质量。高校的社会声誉反过来同时影响它的生源质量及社会捐赠数量，在高等教育竞争加剧的当下，提高学校的社会声誉是高校谋求更好发展的有效途径。这类高校的社会资源一般比较匮乏，社会认同度不高，直接导致其生源不足及办学紧张。而丰富的社会关系资源也是由较强的办学实力、较高的社会知名度所赋予的额外资源，上述高校一般与当地政府和社会互动不足，不能取得良好的政策性或财政性扶持，当地社会对其满意度和认可度不高也可能直接导致学校的毕业生在当地就业困难，本地学生不愿意报考就读也是其社会关系资源匮乏的集中体现之一。

综上所述，在大众化的过程中，随着我国高等教育机构数量的急剧增加，在全国近3 000所高校中，部分高校被边缘化，在激烈的竞争中，它们缺乏竞争优势，从总体上已经陷入了为生存而生存的境地，如果不能及时转型，生存将成为巨大问题。然而现实情况是，对于仅仅依靠学费谋求以学养学的高校而言，伴随着招生与就业环境的日益恶化，在既缺乏资源又缺乏内生动力的情况下，很难走出现有发展模式，进而实现学校发展的转型。它们中的一部分已经变成不折不扣的僵尸型组织了。

三、薄弱高校的指标判定

在认证了薄弱高校的现实存在之后，我们不得不考虑哪些高校可以被称为薄弱高校，即薄弱高校的判定问题。这不仅对于高等学校的自我认定十分重要，而且对于我们更好地认识高等教育系统的发展状况意义重大，对于治理策略的选择意义重大。只有意识到了问题的存在，才能找到解决的途径。在目前关于薄弱高校的研究中，通常的定义是，薄弱高校是一个相对的、动态的、群体的概念，弱势与强势是相对的，参照物不同，弱势与强势的判定结果也不尽相同；弱势与强势的状态不是一成不变的，在一定的条件下两者是可以相互转化的，薄弱高校通过自身的改革有可能会发展成为未来的强势高校，而强势高校也可能因为自身战略的失误或者生存环境的恶劣转化为薄弱高校。薄弱高校的存在不是个别现象，它们已经作为一个集群在我国高等教育系统中大量存在。这样的判断有其可取之处，但过于模糊。由于不同类型的高校所面临的现实问题肯定有所差别，因此这样笼统的界定缺乏一定的针对性和适切性。基于此，笔者尝试通过参考前述的企业管理中关于企业活力的评价指标，结合高校办学的特点，从内部资源、外部环境和发展状态三个维度入手，建立薄弱高校的判定指标体系。

1. 高校内部资源分析

高校的内部资源，即基本办学条件，是高等学校建设和发展的基础和条件。一所学校要生存和发展，就必须有充足的生源、优良的师资和充分的物质保障，基本办学条件是保证教育教学质量和人才培养质量的先决条件和关键因素。其中，学生、教师、教学设施和教学内容四个要素是学校教学系统的组成要素，教学手段和教学内容一定程度上又能够融合到学生和教师中，并通过教师和学生两者良好的互动发挥其最终价值，并且，物质保障与教学手段和教学内容也存在一定程度的重叠。因此，这里所探讨的基本办学条件主要集中在教师、学生及物质资源三个方面，设定生源、就业、师资队伍、物资条件四个判定指标。

第一，生源。生源是高等学校生存和发展的生命线，生源数量与质量直接影响着高等学校教育质量和办学水平，甚至直接决定着高校的生存状态。在很多时候，招生工作的景气与顺利与否更是折射出一所学校发展现状及前景，通过学校的招生情况，可以预见学校未来的教学工作、人才培养工作、就业工作以及后续的发展能力。近几年，高等教育办学规模的逐渐扩大和办学模式的多元化分流了部分高校的生源。伴随着高等教育适龄入学人口日益减少的趋势，高等学校之间围绕生源展开的竞争将日趋激烈，一些实力比较薄弱、社会声誉一般的高等学校将会在招生方面面临巨大的挑战，其中部分高校难免陷入极端困境，进而影响到学校的教学质量及人才培养目标的实现，甚至影响它的存亡。影响高等学校生源竞争能力的因素主要包括学校的综合实力和知名度，尤其是在体制内的地位，它是考生和家长选择一所学校的主要依据。各种大学排行榜提供了这方面的直接参考。那些排名靠前的在国内有较高知名度的大学，因为办学历史悠久，实力雄厚，毕业生凭借学校的名气和实力会获得较好的工作及深造机会，因此这些高校往往是考生和家长热捧的高校，每年的招生场面火爆，它们可以不用为自己的生源问题发愁。然而，多数地方性院校、民办院校与重点大学及其他部属院校相比，其办学水平有限，知名度不高，往往不会是考生及家长的第一选择。此外，高等学校的地域条件及招生宣传工作一定程度上也对招生工作起着直接或间接的影响。一般而言，考生和家长更倾向于选择经济发达的东部沿海城市、直辖市和省会城市的高校，而不愿选择中西部地区、中小城市等经济欠发达地区的高校。有的时候，院校的招生宣传手段和方式甚至直接影响着报考学生的人数和质量，许多财力雄厚的高等学校，甚至财力紧张的高校，都会不惜投入大量的人力、物力、财力用于招生宣传工作，以求能够最终争取到更多更优质的生源，而很多办学经费较为匮乏的高校则没有这样的财力去做大量的招生宣传工作，其最终招生结果也可能因此难以让其满意。

通过分析，笔者发现很多学校在招生方面处于明显的劣势地位。考察一所高校的招生是否景气顺利，一般可以从两个方面入手：一是看生源的数量，即学校的报名率和报到率；二是看生源的质量，即学校招生录取的分数线属于哪个层次，是否采取了降分录取的策略来保证生源，这可以通过新生的高考成绩来反映。一般而言，如果一所学校的报名率和报到率在同类学校中处于较低水平（大部分新生是从服从志愿考生中调剂录取的），新生的高考成绩也低于其他同类学校（实际录取的部分学生分数低于高考录取划线分数），并且连续几年的报名率和报到率逐渐下降，我们可以认定学校的招生面临危机，生源数量和质量难以得到保证。这所高校很可能成为薄弱高校，甚至已经沦为薄弱高校。

第二，就业。毕业生就业状况反映高校专业设置、教学质量等适应社会的程度，因此，从高校毕业生的就业情况，可以折射出高校教学、人才培养中的很多问题，反映高校与所在地区经济社会发展的互动情况和支持力度。同时，毕业生就业与学校的生源、社会声誉等方面息息相关。学校毕业生就业状况良好，毕业生的社会满意度较高，这将提高学校在当地乃至全国的社会声誉，从而为下一年的招生工作带来更多更好的生源。反之，学校会因毕业生就业问题面临诸如生源、经费等一系列挑战。事实上，伴随着高等教育规模的不断扩大，很多高校的招生热与就业冷的矛盾逐渐突出。一方面，很多普通高校的招生火爆，呈现出千军万马过独木桥的壮观场面，招生规模不断扩大，但仍然满足不了人民群众对高等教育的旺盛需求；另一方面，伴随着千军万马过独木桥的疯狂场面，接受高等教育之后毕业生的就业率却呈逐年下降的趋势，就业状况更是一年不如一年。

毕业生就业状况的好坏，反映着学校适应社会的程度，也表征着学校的发展态势。我们一般通过就业率来考察高等学校毕业生的就业情况，就业率越高，意味着学校毕业生的就业状况越好，反之，则意味着学校的就业情况越糟糕。此外，通过考察学校近几年毕业生就业率的走势，可以分析出学校应对环境压力的能力。在就业压力越来越大的当下，如果就业率持续走低，意味着学校短期内在生源等其他方面也将面临较大考验；如果在整体就业环境不乐观的形势下，就业率有回升趋势，则说明学校短期内针对环境变化采取了正确的战略措施，学校的发展态势趋于良好。当然，仅仅考察就业率是不够的。很多时候，对于一所高校就业状况的评估，还需评估其就业质量。如果一所学校的多数毕业生能够找到综合实力较强、发展前景较好的就业单位，毕业生对就业单位满意度较高，说明就业质量较好。

第三，师资队伍。高等学校的持续稳定发展，离不开充裕的经费和现代化设备等硬件设施的投入，但经费和设备都要通过教师发挥其最终作用，教师是保证学校教学质量和科研水平的决定性因素。因此，要提升学校的办学水平，提高学校社会声誉，必须建立一支数量充足的高水平的相对稳定的师资队伍。然而，从深层次上看，对于很多地方性院校、教学型本科院校及民办院校而言，师资队伍建设问题或许是比较突出的一个问题。校舍、经费、设备等硬件条件改善起来并不难，师资队伍短期内上一个大台阶却极为困难。这里面不仅涉及经费政策问题，更涉及对学校发展状态及前景的评估等复杂因素。学校发展一旦进入某种状态，师资队伍的结构与水平就会相对固定下来。学校陷入薄弱状态时，整个教师队伍也会走向弱势，例如教师学历结构、专业结构、年龄结构不尽合理；职称结构没有形成合理的梯队；教师队伍中存在诸多不稳定因素；近亲繁殖现象严重，学缘结构问题突出。尤其是当学校试图扭转困境走转型发展之路时，教师队伍的精神状态与绝对实力可能成为制约转型发展的根本性障碍。学校一旦变弱，马上会面临留不住高水平、高学历、高职称教师的危险。这种流动会直接影响学校教师队伍的士气，损害凝聚力和对学校的认同感，最终导致组织涣散，任何激励措施都可能起不到作用。

企业管理理论认为，人是影响企业活力的非结构因素中最积极最根本的因素，人的创造性和积极性是企业活力的最终来源，因此，企业员工的凝聚力是作为评价企业活力的重要因素进行考察的。对于高校这一特殊的社会组织来说，教师对于学校的认同感和归属感直接决定了其工作的积极性和创造性，进而直接影响着学校的教学工作及人才培养任务的完成情况，故从根本上说，它决定了高等学校的发展活力。我们很难想象一个骨干教师流动频繁、学历层次偏低的教师队伍能教出合格的学生，能产出高水平的成果。因此，这里将教师队伍结构的合理性、稳定性及教师成员的认同感与凝聚力作为考察高校发展状态的指标之一。一般意义上，学校教师的流失率，尤其是高水平骨干教师和青年教师的流失率，可以从一定程度上反映教师队伍的稳定性和凝聚力。如果一所学校连续几年的教师流失率呈上升趋势，或者说骨干教师流失明显，则说明该校的教师队伍不稳定，教师对学校的认同度较低，教师流失严重，学校面临人才危机；如果教师流失率始终保持在较低水平，流入教师数量远远大于流失教师数量，而且流入的优秀教师显著多于流出的优秀教师，则说明该校教师的认同感和凝聚力较好，教师工作的积极性和创造性较强，学校发展状态良好。另外，在考察流失教师数量的同时，还有必要对流失教师作结构性的分析，例如学历层次、职称和流出方向等，这些因素能够更加详细地反映出学校的人才状况，进而准确表征学校的发展状态。

第四，物资条件。校舍、图书文献和教学仪器设备等属于基本教学硬件，它们是保障教学活动得以开展的必要条件。这些硬件的缺乏会影响高等学校正常教学和人才培养工作的顺利开展，并从长远意义上限制高校的可持续性发展。高等学校的物资匮乏一般体现在以下三个方面：一是教室、食堂等基本教学和生活设施紧缺，给教师和学生生活带来很多不便，影响学校的和谐稳定；二是教学仪器设备陈旧老化，图书资料匮乏，影响正常的教学活动的开展；三是较差的生活和教学条件降低了学校对师生的吸引力，给教师队伍的稳定和学校的招生就业工作带来一定困难①。此外，进入21世纪以来，学校的信息化水平也在很大程度上影响着教学、科研和社会服务功能的发挥。因此，校舍、仪器、图书和信息化建设水平都应该作为考察学校发展状态的观测指标。物资条件相对而言容易量化，一般采用人均量加总量的方法计算，可以参考本科教学水平评估的考核方法。如果计算得出的结果低于合格线，则意味着该校的硬件条件匮乏，基本的教学物资没有保障，如果呈现逐年递减的趋势，说明学校的基本办学条件在进一步恶化。

2. 高校外部环境分析

外部环境是高校赖以生存和发展的整个外部世界，是其生存和发展的现实空间，是影响高校生存和发展的各种客观条件和状态。它包括经济环境、政治环境、文化环境和自然环境等等，其中很多因素是高校自身无法改变的，如自然环境和经济环境，有些则是可以施加一定影响的，如文化环境。高校是应环境而生，同时是应环境而变的社会生命系统。高校的生存环境直接关系着高校的生存与发展状态，甚至决定着它的兴衰存亡。高校的生存与发展要依赖环境、适应环境，同样，高校的变革和转型也要基于外部客观环境，高校的外部环境系统还在很大程度上全面影响和制约着高校的未来发展趋势，良好的客观环境为高校的持续健康发展提供了必要的外部保障，而在一个经济萧条、政治动荡、科技不发达、自然环境较恶劣的情况下，高校很难有良好的发展状态。

外部环境对组织或系统的运行有着一定的影响作用，在关键时刻，环境会起到十分重要乃至决定性的作用。因此，在对高等学校发展状态的评估中，外部环境分析也很重要。“环境”就其基本含义是指一个生物体周围的境况的总和。对高等学校而言，其环境所涉及的范围很广，我们不可能对所有环境进行分析，而是根据我们鉴定薄弱高校的信息需

① 唐海英，符润中．资源短缺：弱势高校品质提升中亟待解决的难题［J］．现代大学教育，2003（4）：100.

求来确定需要分析的环境对象。这里在此分析的环境，宏观意义上是指高等学校所处的政治、经济、文化和自然等外部环境。在诸多外部环境因素中，高等学校之间差异较显著的环境因素是本书拟着重考察的对象，它主要集中在高校的资源支持、文化支持和自然环境支持三个方面。

第一，资源支持。这里的资源支持具体指高等学校获得的外部资源支持，一般包括直接的拨款、资助、捐赠和政府的政策性扶持等。这部分资源支持主要来源于政府，尤其是对公立高校而言；部分来自民间，这主要是对民办高校而言。

伴随着不断深入的高等教育管理体制改革，我国高等学校的办学自主权不断扩大，高校的办学主体地位逐渐加强。但是由于我国特殊的国情，高等学校主要是一种制度化组织，加之高等学校作为一种社会组织具备的独特的社会功能，高校在很多方面的办学自主程度依然较低。与此相应，绝大部分高校是通过政府获得其生存与发展资源的。然而，多数时候，公众和国家会将关注的目标投向重点大学，尤其是顶尖的研究型大学。在这一背景下，重点建设高校往往会获得巨大的资源优势，除了远高于一般水平的常规性投入外（如生均拨款和学费），重点建设高校还会得到几乎专属于该群体的数额巨大的专项经费投入，如“211工程”、“985工程”和“双一流”高校建设经费，同时可能从企业界得到众多的横向经费支持。而对于资源短缺的薄弱高校而言，政府的扶持本就寥寥无几，能够获得的横向资源又少之又少。一定意义上，我们认为政府对高等教育的投资取向越来越倾向于“锦上添花”而不是“雪中送炭”，这无疑强化了高校之间强弱分化的马太效应。

对于很多公办院校而言，作为经费来源之一的学费收入增长空间有限，要想保证充足的办学经费，不得不依赖外部的资源支持。因此，高等学校获得外部资源支持的相对多寡能增强或减弱高校维持基本运转以及进行变革直面竞争的能力，高校占有的这些外部资源越多，办学经费越充足，获得的其他相关收益越丰富；占有的资源越少，面临的考验越多，发展的阻力就越大。资源支持是众多较稳定的外部环境中具有动态性的指标之一。如果学校获得的外部资源支持逐年上升，则说明高校发展环境的适宜性呈上升态势，高校发展前景较好；反之，表明学校的外部资源支持数量极为有限，意味着学校发展环境的适宜性比较暗淡。

第二，文化支持。高校归根到底属于文化组织，其生存与发展除了高度依赖所在环境所提供的物质资源支持以外，还高度依赖所处环境能够提供的文化支持。文化支持包括文化氛围支持、文化资源支持和文化认同支持。从文化氛围来说，大学要从事高水平文化活动，特别需要适宜的文化环境。我们今天看到的世界著名学府往往位于文化中心，那里汇聚了众多知名学者，他们从事的创造性学术工作很容易形成一种浓厚的学术氛围，催生更多学术创造，很难想象在文化沙漠地带能够发展出高水平现代大学。从文化资源来说，一所高校在学术文化创造上能够达到的高度，往往取决于该校所在地拥有的文化教育传统的深厚程度，以及当前能够借取的文化资源（如知名高校、知名学者、其他文化产业、当地居民的受教育程度等）。从文化认同而言，大学所在地是否认同大学，是否以大学为荣，也在一定程度上决定了该大学能达到的学术发展的高度。需要说明的是，文化氛围支持、文化资源支持和文化认同支持三者间存在较多重叠，文化氛围比较适宜的地方，往往同时拥有比较充裕的文化资源，并容易形成对该地大学的文化认同。

第三，自然环境支持。高校所在地的经济环境、交通状况、生活氛围和地理条件等也是高校发展的重要影响因素。早在欧洲中世纪大学兴起初期，地理环境就显示出其对大学发展的重要影响，像博洛尼亚、巴黎、牛津和剑桥等地之所以能够发展出影响深远的著名大学，在很大程度上是因为这里的地理位置较其他地方更有优势。今天，很多学者都强调自然环境对大学发展的影响，如克尔就认为地理位置是高校取得进步的重要因素①。近年来，随着社会经济的快速发展，地方差距在不断加大，高校的地理位置显得越来越重要。一所学校的自然地域条件直接或间接地影响着生源、就业、师资、声望以及学校的办学水平和科研能力等。在选择学校的过程中，考生比较倾向于把处于经济发达地区、直辖市或省会城市的高校作为自己的目标。而位于中小城市、西部偏远地区的高校对考生的吸引力一般不是很大。同理，高等学校的地理位置也是

① 刘献君．高等学校战略管理［M］．北京：人民出版社，2008：88.

影响教师队伍建设的重要因素，并且，它也直接影响教师队伍的稳定性。在经费来源方面，经济发达地区的高校经费来源途径更广，由于财政富足，政府对当地高校的财政性补贴也会更多，办学经费因此而更充足，办学条件更完善。因为其天然的区位优势，接触到前沿知识领域的机会也较偏远地区的高校多，具备一定的科研实力。可以预见的是，地理位置对于高校自身发展的影响随着经济社会的不断发展会越来越深刻，那些位于经济欠发达地区的地市州高校将面对更严峻的挑战。我国高等教育形成的区域性不平衡不可能在短时间内得到根本性改善，这在一定程度上会成为部分高校发展的障碍性因素。并且，地理位置相对于其他外部环境因素而言具有一定的稳定性，不易改变，除非高校独辟蹊径，积极适应，变劣势为优势，找到自身发展与地方融合的对接点，积极整合和利用各种资源，实现学校的困境突围。

第六节　薄弱高校的分类

通过上文的分析，参考图 2-3，笔者尝试根据资源、环境与状态的综合分析，将薄弱高校分为三种不同类型，即资源匮乏型高校、环境恶劣型高校和内外交困型高校。

一、资源匮乏型高校

资源匮乏型高校是指处于图中第Ⅳ象限的高校，这里的资源指维持高等学校正常运转，保证正常教学活动顺利开展的教育资源的总和。一些高校在发展过程中存在基本办学硬件不足、生源短缺和师资薄弱等问题，生存发展受阻，改革艰难。其中，生源上的不足主要体现在报名率低、报到率低和保持率低上。生源上的不足不仅会直接导致现有教学资源的空闲浪费，而且会间接影响学校的办学经费和办学能力。因为对于政府财政投入不足、只能将学费作为主要收入来源的高校而言，生源不足会导致学校收入减少，办学经费匮乏，进而影响办学条件的改善、师资队伍的稳定等。除此以外，生源质量不高也会给学校教学质量的提高、办学目标的实现以及社会声誉的提高带来一定的困难。

除了生源上的问题外，此类高校同时面临师资上的困境。师资缺乏，尤其是优质师资缺乏是它们面临的共同难题。一是骨干教师的流出问题严重，优质师资的流出量高于流入量，造成教师的绝对存量减少，教师队伍人心涣散；二是教师队伍的学科专业结构欠合理，部分基础学科教师相对过剩，而新兴学科专业教师匮乏，造成教师队伍的结构性短缺与过剩并存。师资问题直接影响学校学科专业建设和人才培养质量，限制了学校的生存与发展能力。

在高校的建设发展中，除人力资源外，充足的物力资源、良好的学科资源同样不可或缺。其中，学科专业结构不合理使很多高校人才培养问题重重。学科专业结构的陈旧使学校的人才培养难以跟上时代和科技发展的步伐，难以与区域经济形成良好的互动，直接导致所培养的毕业生素质与社会需求脱节，毕业生就业难，高校的社会声誉下降。

综上所述，资源匮乏型高校通常办学时间短，底子薄，人力、物力、财力资源较贫乏，尚未形成自己的办学特色，学校的生存和发展存在较多障碍。但庆幸的是，多数地方高校位于省城或者经济发达城市，地理位置较好，具备较好的外部环境，只有中西部经济欠发达地区的地市州高校真正属于资源极度匮乏型高校。

二、环境恶劣型高校

环境恶劣型高校是指处于图 2-3 中第Ⅱ象限的高校，这类高校同样面临环境恶劣带来的资源短缺性问题，主要体现在社会关系资源（或者说是社会资本）短缺和自然环境资源短缺上。在社会关系资源方面，这类高校与当地政府和社会往往难以形成和谐互助的协同关系。一是在与政府的关系中，一方面办学自主权得不到落实，对政府的依附性较强，另一方面又很难得到政府经费和政策上的倾斜和支持。二是在与社会的关系中，社会声誉一般较差，当地公众对学校的认同度不高，主动报考的考生不多，毕业生在当地就业困难，获得社会捐助、银行贷款的机会也较少①。在自然环境资源方面，相对恶劣的自然环境给此类高校的持续发展带来了很大的障碍。这些高校大多处于经济欠发达的中西部地区

① 符润中，唐海英. 大众化进程中薄弱高校资源短缺下的品质提升 [J]. 当代教育论坛，2003 (11): 79.

或中小城市，交通不便、信息闭塞，文化落后直接影响高校的招生、师资引进、毕业生就业等关系学校办学能力的重要因素。而优越的自然环境会给高校带来充裕的经费、充足的生源、优秀的师资，带动学校实际办学能力的提高和办学水平的提升。

结合以上分析，环境恶劣型高校往往处于经济欠发达的中小城市或西部偏远地区，虽然有一定的办学历史，但面对竞争日趋激烈的高等教育市场，其区位劣势更加突出，不利的外部环境在一定程度上也制约着各种内部资源的整合利用，如果高校自身认识不足，没有制定适合的发展战略，将面临滑向内外交困型高校的危险，使高校面临办学困难的窘境。

三、内外交困型高校

内外交困型高校是图 2-3 中第Ⅲ象限的高校，这些高校大多处于破产倒闭的边缘，既缺乏充足的办学资源，又不具备良好的外部环境，一般突出表现为经费短缺、生源匮乏、毕业生就业困难、教师队伍流失严重等，社会评价不高，内外交困，办学持续困难。

从总体特征上看，这些高校在高等教育竞争中往往处于不利地位，在一些主要指标方面一般都远远落后于同类别的其他高校，其中相当一部分已经出现或即将出现较大的生存与发展问题。

第三章　薄弱高校面临的困境

经过 20 多年的高速增长之后，我国高等教育终于放慢了前进的脚步。在这 20 多年中，我国高等教育以极快的速度和方式实现了由精英高等教育向大众化高等教育的过渡并开始向普及化阶段迈进，高等教育总规模由 1998 年的 640 余万人迅速攀升到 2009 年的 2 900 余万人，进而发展到 2017 年的近 3 800 万人，接近于 1998 年的6 倍,高等教育毛入学率达到 40%以上。教育部《2017 年全国教育事业发展统计公报》显示，相比 2016 年，2017 年普通高等教育本专科及成人本专科招生人数持续增加，2017 年全国各类高等教育在校学生总规模达到 3 779 万人，高等教育毛入学率达到 45.7%，比 2016 年增加 3%，其成就不可谓不显著。在我们不无骄傲地谈论我国高等教育在不到 20 年的时间里完成了欧美发达国家几十年才完成的高等教育大众化的进程以及即将迈入普及化阶段的时候，在我们热衷于讨论我国何时才能实现世界一流大学的建设目标的时候，我们也要关注繁荣背后的危机，对于已经大量出现并在继续扩大的薄弱高校群体所面临的困境及其对高等教育系统的影响方面，我们需要投放更多的注意力。

第一节　外部环境

一、高等教育适龄人口下降与高等学校数量阈限

高等教育适龄人口的下降意味着我们需要的高等学校数会更少。1990 年到 2000 年的这 10 年间，全国新生儿减少近 1 000 万。从图 3-1 中可以发现，2020 年前适龄人口变化大致可以分为四个阶段：1984—

1991 年的上升阶段，1991—1998 年的下降阶段，1998—2008 年的上升阶段，2008—2020 年的下降阶段。从高等教育适龄人口的变化来看，1984—2020 年我国适龄人口总体下降幅度为 0.78%，2008—2020 年的局部下降幅度为 2.27%，而且将不会再重新出现历史上出现过的高峰。国家教育与人力资源问题报告课题组对 2000 年至 2050 年我国高等教育适龄人口变动趋势进行总体分析后预测，我国高等教育适龄人口基数在 2008 年达到峰值以后将呈逐步下降趋势，到 2020 年将下降到 8 208 万①。到 2050 年，高等教育适龄人口将逐渐下降到 6 938 万②。

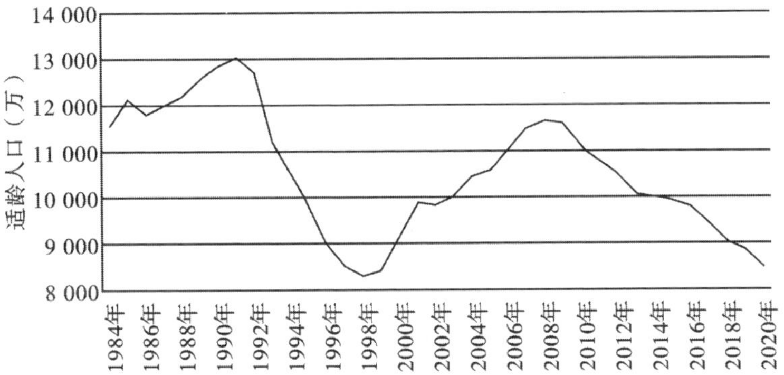

图 3-1　1984—2020 年我国高等教育适龄人口变化趋势

《国家中长期教育改革和发展规划纲要（2010—2020 年）》计划到 2020 年使高等教育在校生达到 3 300 万，毛入学率达到 40%。而 2010 年时，我国高等教育适龄人口为 11 000 万，高等教育在学人数与适龄人口之比已经达到了 26.5%。到 2020 年，即便我们不再扩大招生规模，随着适龄人口的下降，我国高等教育毛入学率也能达到 36%。如果我们的高等教育毛入学率达到 40%，在校生人数约为 3 300 万，除去 111 所中央高校约 650 万—700 万的容纳量，还剩约 2 616 万。以平均在校生人数为 8 000—12 000 推算，我们需要的高校在2 180—3 270 所。也就是

① 国家教育与人力资源问题报告课题组. 从人口大国迈向人力资源强国［M］. 北京：高等教育出版社，2003：107.

② 卢彩晨. 危机与转化：从民办高校倒闭看民办高等教育发展［M］. 广州：广东高等教育出版社，2009：180.

说，即便我们需要在2020年达到高等教育毛入学率40%的目标，还需要进一步扩大高等教育入学规模的情况下，也只能供2 100到3 000所左右的普通高等学校维持正常运转。事实上，到2017年，我国高等教育总规模已经超过当初计划2020年要达到的3 300万人，高等教育毛入学率已经超过40%，全日制普通高校也已经接近2 700所，但高等学校总数是否还能够持续增长呢？这是需要科学分析的。

基于目前的数据可以推断，在未来十几年的时间内，我国高等学校数将难以持续增加。目前，接近3 000所普通高等学校数可以说是触碰到了系统对高等学校容量的“天花板”，必然遭到反压。从一定意义上说，薄弱高校群体的出现是资源短缺与机构过剩的综合作用所致。目前近2 700所高校中，有不少高校在校生只有几千人或几百人，这些学校要继续维持办学是十分困难的。表3-1列举了2010年我国在校生人数少于5 000的各类高校分布情况。2010年，我国共有678所普通高校的办学规模在5 000人以下，其中综合大学150所，理工院校209所，农业院校17所，林业院校3所，医药院校52所，师范院校27所，语言院校22所，财经院校70所，政法院校46所，体育院校20所，艺术院校57所，民族院校4所。2010年还有198所普通高校的办学规模低于2 000人，有84所普通高校的办学规模低于1 000人，甚至还有近40所普通高校的办学规模低于500人。

表3-1　2010年我国办学规模低于5 000人的各类高校

	数目	300人及以下	301—500人	501—1 000人	1 001—1 500人	1 501—2 000人	2 001—3 000人	3 001—4 000人	4 001—5 000人
总计	678	22	15	47	52	62	141	155	184
综合大学	150	6	1	9	9	9	36	29	51
理工院校	209	6	9	11	16	24	38	57	48
农业院校	17	0	1	0	0	1	5	4	6
林业院校	3	0	0	0	0	0	1	0	2
医药院校	52	0	1	5	2	1	11	11	21

续表

	数目	300人及以下	301—500人	501—1 000人	1 001—1 500人	1 501—2 000人	2 001—3 000人	3 001—4 000人	4 001—5 000人
师范院校	27	1	0	2	0	1	7	8	8
语言院校	22	1	0	0	3	2	2	7	7
财经院校	70	4	1	3	5	5	14	17	21
政法院校	46	1	0	5	3	5	14	17	21
体育院校	20	2	1	4	1	5	4	0	3
艺术院校	57	1	1	8	12	9	11	11	5
民族院校	4	0	0	0	1	1	1	1	0

资料来源：《中国教育统计年鉴2010》。

较小的办学规模，必然使高等学校处于艰难的生存状况，这其中必然有一部分高校处于饥饿或半饥饿状态，或者在某一时间段内处于这样一种状态，这部分高校应当就是薄弱高校。基于这一分析，可以认为我国高等学校数的严重饱和使得一部分地方高校成为薄弱高校是一种必然现象。

二、经济发展、就业形势与入学能力、入学愿望

在高等教育适龄人口减少给高等学校的持续生存造成重大挑战的同时，部分青年的入学愿望与能力的下降对部分高校的生存提出了更严峻的挑战。

首先，受经济转型等宏观因素影响，我国多数家庭的收入水平增长势头逐步放缓，这极大地削弱了中低收入家庭的高等教育支付能力，相应地弱化了其高等教育入学能力。再加上学费标准居高不下（目前，即便按照国家核定的学费标准，我国高校收费也远远超过了经济发达国家年均学费占人均GDP 20%的比例，达到40%—50%，这远远超出贫困家庭的经济承受能力），我国相当一部分家庭实际上已经无力购买高等教育服务。虽说国家已经出台了一系列政策，力图解决贫困家庭子女上大学的问题，但可以预计，在相当长的时期内，因贫困而无力上大学的问题还将大量存在，在某些地方甚至会进一步加剧。

其次，持续恶化的就业形势打击了普通家庭投资子女高等教育的意愿。现代高等教育说到底是一种投资，就业率是学生毕业后对他们预期的教育投资回报的一种有效测量手段。研究发现，自扩招以来，我国高校毕业生初次就业率呈逐年走低的趋势，2001年尚能维持在70%以上，2002年下降5.3个百分点，为64.7%，而到2003年扩招后第一届本科毕业生走向就业市场时，就业率快速降到50%，比上年下降了近15个百分点①。进入2008年后，由于全球金融危机的影响，大学毕业生的就业压力进一步加大。2009年普通高校毕业生总量达611万人，据最保守估计，近200万大学毕业生未落实就业岗位②。再考虑到2008年及此前累计留下的失业大学生，大学毕业生就业问题的严峻程度可能已远远超过一般估计。最近几年，虽然部分地区就业形势有所好转，但远远谈不上根本性改观。连续多年的就业形势调查表明：我国就业市场的容量并没有显著拓展，就业形势依然严峻。大学毕业生起薪水平的不断降低从另一侧面表明了高等教育投资收益呈不断降低的走势。据调查分析，1998届本科毕业生的平均月薪为1 085元左右，2003年为1 516元左右，看起来是增长了，但考虑到这期间工资年均增长近12.4%以及通货膨胀等因素，实际上明显下降了。2009年以来，大学毕业生的薪酬待遇呈进一步下滑态势，本科生的月收入降到1 846元，降幅接近12%。前几年的调查发现，大学毕业生的平均月收入甚至出现了略低于青年农民工的情况③。当预期收益明显降低（从提高就业起点到从根本上无助于就业）时，放弃投资就成为虽无奈但却必然的选择。

面对如此普遍的下降趋势，我们不得不承认，曾经无限火热的高考开始遇冷了。考虑到高等教育适龄人口基数减少与升学率相对提高（部分地区已经达到90%以上）、升学难度实际上大幅度下降的事实，

---

① 闵维方，等. 2005年高校毕业生就业状况的调查分析［J］. 高等教育研究，2006（1）：32.

② 原春琳. 今年高校毕业生就业率同比基本持平［N］. 中国青年报，2009-07-09（1）.

③ 姜葳. 毕业生工资等同农民工：专家建议高校按市场需求确定专业和招生规模［N］. 北京晨报，2009-09-09（2）.

连续多年大量应届高中毕业生弃考就显得格外引人关注。它集中表明我国普通民众接受高等教育的意愿在逐步减弱，更表明我国高等教育经过 20 多年的超高速扩张后，即将步入生源短缺时代。虽然，普通民众对优质高等教育的需求还会十分旺盛，优质高等教育依然会处于短缺状态，但高等教育的总体供求关系正在发生根本性转变，或者说已经发生了根本性转变，高等教育总体上供不应求的时代即将成为历史。显然，对生源的争夺将成为今后我国高等教育竞争的主要内容。学校只要获得办学权，学生自然找上门的时代已经一去不复返了。越来越多的学校将会发现自己不得不花费大量的人力、物力和财力去招揽新生。

实事求是地说，在旺盛需求的刺激下，我国高等教育已经出现发展过度的迹象。来自毕业生就业市场的信息显示：我国高校很多专业人才的培养已经出现严重过剩现象。如 2000 年到 2005 年，全国新增新闻专业本科专业点 537 个，而调查数据显示，60％左右的新闻专业毕业生没有进入本专业领域就业，要么转行，要么找不到工作。其实，如果深入分析的话，我们会进一步发现，我国民众对高等教育的旺盛需求是有其深刻的社会历史背景的。由于在很长的时间内，我国高等教育的发展速度始终被严格控制，远远滞后于经济与社会的发展，高等教育供给严重不足，人民群众对高等教育的需求长期处于被抑制状态，一旦放开对高等教育发展规模与速度的控制，其发展势头必然十分迅猛。如果我们回头看一看启动这次大发展的两个重要的政策文件，我们会发现，无论是 1998 年出台的《面向 21 世纪教育振兴行动计划》，还是 1999 年推出的《中共中央国务院关于深化教育改革全面推进素质教育的决定》，所提出的高等教育发展目标都是到 2010 年达到 15％的入学率。但实际上，早在 2002 年我国高等教育入学率就达到了 15％，到 2009 年我国高等教育适龄人口入学率已经超过 27％，现在甚至超过了 40％，与此相应，民众对高等教育的需求也呈现出报复性反弹的态势。但经过 20 多年的大发展之后，被抑制的需求得到了充分满足，甚至被透支。在这一背景下，需求自然会逐步降温。

三、高等教育市场竞争与高等教育系统内外生源竞争

1．竞争概况

在摸索了30年之后，我们终于认识到，市场经济是任何所有制形态的社会经济发展都不可逾越的阶段。20世纪90年代以来，借鉴20世纪80年代东欧一些国家的经验，我国的经济采用渐进式改革方式逐步转变为社会主义市场经济。那么，为国民经济发展培养专门人才的高等教育，在体制和运行机制方面同样要适应市场机制。随着我国社会主义市场经济的发展壮大，原有的计划经济指导下的高等教育体制弊端愈发明显，其中在招生环节，高度强调计划控制的招生制度显得越来越不适应。目前的招生培养和就业困境在某种程度上是计划跟不上市场的产物，它表明必须转换招生机制，减少政府对招生过程的介入或干预，培育生源市场，给学生和学校以充分的双向选择权。我们应该认识到，构建相对自主的生源市场具有一定的必然性。我国的高等教育要适应市场经济，必须构建相对完善的生源市场、就业市场和高等学校市场。生源市场、就业市场和高等学校市场的形成将会进一步优化整个高等教育系统。这里重点讨论生源市场问题。由于长期实行计划经济形成的制度惯性，生源市场被人为地分割计划安排，没有形成合理有序的生源市场环境。由于制度的安排和国家的宏观政策导向，我国高等教育长期以来实行条块分割的领导体制。这样，高校间的竞争必然实际上是不完全的市场竞争，而更多是政府管控下的有限竞争，不同层次高校之间甚至难以形成真正的竞争。可以说，在生源市场上的博弈过程中，薄弱高校必然处于市场的下游，只能占有非常有限的市场份额。再加上经济和高等教育的全球化，外部竞争力量的进入，生源市场的国际流动与竞争，薄弱高校所能获得的市场空间将日益减少。

生源的优劣，直接关系到生源的质量和毕业生的水平。在招生方面，政府下达招生计划、招生指标以及规定招生的办法和措施等，对高校的招生严格管制。这一方面规范了高校的招生行为，另一方面也限制了高校招生的自主性，可以说基本沿袭了计划经济时代的管理模式。旧的招生制度，不利于培育生源市场。随着生源市场发育程度的日益趋好，生源分配逐渐更多地参考整个高等教育市场各个环节传导出的信号，生源

市场的分配机制也变得更加灵活。

在供需关系上，扩招之后，高校的数量和规模都取得了飞速的大发展，招生计划数也快速增多，高等教育的毛入学率和高考的录取率也逐年攀升，人民的受教育需求得到极大的满足，发展到高等教育后大众化时代的今天，供过于求的时代到来，高等教育进入买方市场时代，学生具有更多的选择机会。这个时代，学校开始关注自己的品牌营销以吸引学生“顾客”，以“顾客”为导向的教育理念逐渐深入人心。

在竞争主体上，这个时期逐步走向多元化，国内生源市场由于高校供给相对充足，学生需求在得到充分满足后逐渐走弱。高校之间的竞争主要是高校间的地位竞争，这是之前国家对高等教育管理体制人为分类支持的结果，这一竞争导致强弱两极分化。同时，全球化时代高等教育的国际化和市场化机制的引入，高等教育生源的国际流动开始，这也为生源市场扩充了多元的竞争主体，国际高校和国内高校以及学生本人等多方利益主体为了各自的利益展开了激烈的博弈。在逐渐走向自由化的生源市场之中，学生和学校都可以相对自由地选择，结果就会使得薄弱高校的选择性相对更低。

在竞争格局上，这个时期，对于我国高等学校而言，由于之前的行政管理条块分割以及地区经济差异，高校之间的竞争更多是不平等的地位竞争，相应地，生源市场的竞争也摆脱不了这样的格局。在行政主导下的生源市场是非自由性和区域分割的市场，从政府主导下的生源市场设计到半计划半市场的市场设计均使得薄弱高校处于更不利的竞争格局之中。

扩招之前是强政府，弱市场，因为那个时候高校数量相对较少，高校规模也较小，在制度设计的时候就大而化之地沿袭了苏联的老路。但是，在市场发育逐步完善之后，特别是1985年国家开始深化经济体制改革以后，市场机制开始在生源竞争中发挥作用。为了满足广大人民群众日益增长的高等教育需求和国民经济发展的需要，我国政府从1999年开始启动高等学校扩招收费政策，这一举措使得中国的高等教育规模迅速扩张，到今天已经充分实现大众化。在大众化的过程中，生源市场逐步培育起来，推动这一变化的根本因素是经济的发展。当我国的经济体制发展到逐步以市场为主来配置资源的时候，各个领域都不得不应对这种变化，这其中当然也包括高等教育系统。高校的扩招一方面是国家政策，另一方面也是国民之需求，这也是市场机制作用之下迎合受教育者需求的体现。但是，在高等教育规模迅速扩大的同时，背后的诸多问题也愈加凸显。扩招之后的生源市场机制并未充分完善起来。虽然在招生领域，纵向比较的确比以前进步许多，但是仍然处于半计划半市场的状态。一方面，在分配高等教育资源和布局高等学校的时候，制度设计的科学性和民主性有一定欠缺，导致各地区各学校的起点就参差不齐，虽然引入了市场机制，但是忽视了初始的分配公平权；另一方面，高校的办学自主权并未真正得以发挥，在招生及专业设置等方面，国家还依然发挥着高度集中的行政计划管理职能，影响了学校依据市场变化及时调整办学规模和专业设置及人才培养模式的主观能动性。或许，某种程度上我们可以这样说，在现今，高等教育市场机制的引入与不合理的高等教育制度的冲突是各类高等教育矛盾的根源。众所周知，高等教育无法独立于特定的政治和经济环境而存在，但是在各方博弈的过程中应该以规则明确、产权明晰、科学民主的态度去建构和运行我们的高等教育机制，只有这样，高等教育市场才能有效运行，才会有日益完善的生源市场。

因此，在市场经济深入发展的今天，随着经济新常态的提出，弱化政府干预，强化市场机制，市场经济时代的生源市场呈现出以下特征：计划为主市场为辅转变为市场为主计划为辅；激烈的生源市场竞争，相对有限的生源供给总量；生源市场买方时代的到来。总之，在市场经济时代，生源市场的调节机制、运行模式、市场容量均较之以往发生巨大变化。薄弱高校处于这样的生源市场中，招生困境凸显，这种困境的形成除了薄弱高校自身的原因外，生源市场的变化无疑是很重要的因素。如果说之前对于薄弱高校还有政府输血维持，但现在就算是政府支持，市场机制也会左右生源的流向，导致薄弱高校在生源市场日趋完善的今天面临更大的挑战。

2. 高校竞争环境关系分析模型

“波特五力”模型可以分析五种竞争力量深层次影响因素，可以研究竞争作用力的强弱程度，分析问题出现在哪些方面。按照这个模型，可能导致行业内竞争加剧的因素有：竞争者的增加，固定成本较高，退出壁垒高，对行业产品的需求下降，竞争者在战略、起源和文化上存在较大差异等。

潜在进入者会构成进入壁垒，影响因素有：用户对较强品牌的偏好，潜在的市场饱和，不尽如人意的地理位置，原材料缺乏等。替代品性价比高，替代品价格下降，用户改用替代品的转换成本下降等因素会形成替代品竞争压力增大。供应商议价能力增强的因素有：供应商集中度高，没有替代品，供应品具有差异性等。购买者议价能力增强的因素有：购买者大批量或集中进行，购买产品数额或成本比例较大，购买品是标准或非差异性产品等。借鉴“波特五力”模型，我们可以建构高等学校竞争环境的分析模型（如图 3-2），对我国高等教育行业面临的竞争环境进行比较深入的分析。

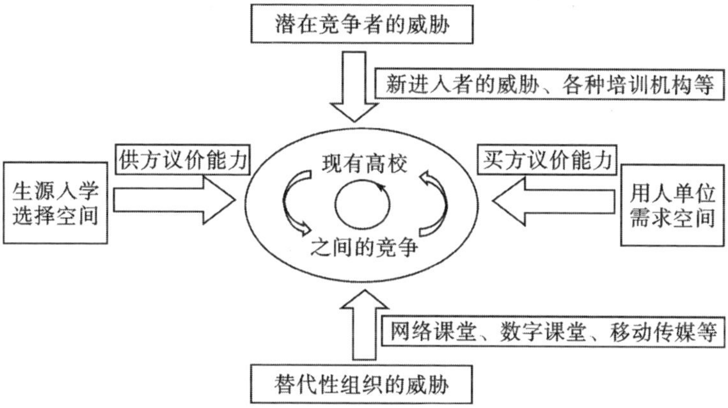

图 3-2 高等学校竞争环境分析模型

在对现有的高等学校之间的竞争进行分析时，要注意它们之间的竞争不仅是面对相对有限的物质资源的竞争，更是对日益减少的生源的竞争。在日益全球化的大背景下，中国高等教育面临着额外的信任危机，在出国留学作为越来越多的中国家庭高等教育重要选项的大趋势下，境外高校已经成为中国高等学校强有力的竞争者。

弃考、放弃入学或者中途退学的学生越来越多，许多学生宁愿选一些培训类的学校也不愿进入一些薄弱高校。一些技术类的学校或者培训机构作为潜在竞争威胁，也进一步压缩了学习时间较长、学费较高的薄弱高校的生源空间。

而作为高等教育的买方，在学生自主选择入学的情况下，付费上学的考生及家长也以更挑剔的眼光审视高校，比如根据 2013 年中国高招报告，在上海甚至存在只要参加高考就可以上大学的情况，入学率的不断攀升，学生家长对于高校的选择层次也随之提升，薄弱高校却缺乏竞争力。总之，在这种大环境下，薄弱高校面临国内外的激烈竞争和行业的巨大压力。在各方压力的联合挤压下，薄弱高校的生存空间不断缩小。

3. 薄弱高校的竞争环境分析

根据图 3-2 的高校竞争环境的分析框架，下面对我国薄弱高校所处的竞争环境进行详细分析。

第一，生源选择空间与供方议价能力。在市场中，供方往往通过提高投入要素的价格和降低单位价值的质量来影响其营利能力和竞争力。我国高等教育的供方即为大学，对于目前位于金字塔顶端的高校来说，作为教育的供应者，其议价能力颇为强势，而作为处于金字塔底部、数量颇多的处于相对弱势的高校来说，缺乏竞争力，自身实力不雄厚，在投入要素的选择中，会倾向于价值相对较低的要素。例如，我国民办院校在其建立发展早期，举办的专业多为投入要求较低的应用性的文科专业，目的就在于降低成本。

高校作为高等教育的供方，曾经有着相对稳定的市场地位。这与我国高等教育的市场化程度不高有关，或者说，这是一个扭曲的卖方市场。很多时候，高校办学似乎并不会受到市场竞争的影响，一所高校经营发展即使比较糟糕，也不一定像企业一般经受不住竞争而马上倒闭破产。作为消费者的客户便是学生及家长，学生在高等教育服务交易中的议价能力很低，高校提供什么样的服务，学生家长只能接受。

这种情况即使在高等教育底层也是如此。相对于薄弱高校来说，学生和家长的选择空间似乎较大，其选择范围覆盖了金字塔底层的众多高校。学生或家长可以选择某一所高校就读，选择层次可以提升或下降，在选择的过程中看似议价能力不低，然而，在现有招生录取制度下，学生能够选择的高校实际上并不多，最终迫于无奈只能就读薄弱高校，而且在专业选择上学生也受到较大限制，同时学费还比一般高校高出许多。本来，面对处于高等教育系统底部的薄弱高校，作为消费者的学生应该占据更主动的地位，最起码在收费标准上，学生应该具有更大的优势，其实不然。

学费标准的扭曲在高职高专院校中表现得更为突出。甚至越是薄弱高校，其学费相对越高，而一些民办高校的学费更是高出一般标准70%以上。《2008年中国民办高校评价研究报告》显示，民办高校的本科专业生均学费，理科高达11 100元，文科为10 500元，专科人均学费理科为7 600元，文科约为7 500元，而艺术类专业的学费更高，平均高出5 000元左右。综上，可以看出，在学费、专业选择以及就读高校的办学条件、办学水平、专业设置等关键性问题上，学生和家长的议价能力很低，选择空间很小。

第二，用人单位需求空间与买方议价能力。高等教育的购买者，第一层作为教育本身的购买者，即为学生和家长；学生大学毕业后进入就业市场，作为教育产品的买方即为需求单位，或者说是用人单位。就目前我国的就业形势来说，用人单位作为买方处于绝对的强势地位，有着很强的讨价还价的能力，对于就业者的选择空间大，而自身的需求空间有限。

人力资源和社会保障部科研所的调查研究显示：我国在“十一五”期间（2006—2010年），计划年均新增劳动力需求总量为1 800万人，但同期每年新增劳动力供给量为2 000万人，这导致每年净增200万人的富余劳动力①。随后几年，我国新增劳动力数量不断上升，2013年更成为“史上最难就业年”。经济增速减缓，新增岗位少，导致用人单位的需求空间有限，并呈不断缩小的趋势，多种因素导致了就业机会有限。在有限机会的竞争中，名气大、专业热门、毕业生综合素质较高的高校毫无疑问处于绝对强势地位，薄弱高校的学生面临着巨大的就业压力，基本上没有议价能力。薄弱高校名气小、社会声誉不高，毕业生的

① 林国建．高校弱势学生群体就业现状及对策［J］．教育探索，2011（11）：142.

工作能力有限，难以被社会认可。就业压力的增大和用人单位相对谈判地位的提升，薄弱高校的毕业生在就业过程中缺乏竞争力，部分高校的一次性就业率非常低，即使就业，薪资待遇也不高。

第三，新进入者的威胁。来自高等教育系统外部的竞争使多数传统高校的生存空间变得越来越狭窄。进入信息化时代后，高校在知识生产与传播领域的绝对垄断地位开始受到越来越多的挑战，对多数高校而言，应对来自非学术机构的竞争成为一个新的课题。信息产业的兴起以其在信息创造、提取、控制和传播上的巨大优势，动摇了高校在知识传播与培训上的垄断地位。如果一所高校不能充分意识到这一点并积极应对，极有可能成为薄弱高校。

新进入者给行业带来新的资源、刺激行业竞争的同时，也希望自己能瓜分市场，并在市场中占有一席之地。它们的威胁有多严重取决于两个因素：进入障碍以及来自环境中现有组织的可预料到的抵制①。在高等教育系统演化过程中，就我国现有高校而言，新进入者主要是国内的培训机构，包括计算机培训、技工培训、网页制作与动漫设计培训和语言培训等。培训机构学习时间短，针对性较强，学生在时间和金钱上的投入相比上大学要低，回报的速度较快，一些学生家长比较偏向于能够快速学习应用技术的培训机构。

国外高校属于另外一种新进入者。近年来，它们也开始进入中国办学，或者与中国方面合作办学来抢占中国市场，比如西交利物浦大学、昆山杜克大学、宁波诺丁汉大学和广东以色列理工学院、上海纽约大学和温州肯恩大学等，而且这些高校已从规模扩张转入质量提高和品牌塑造阶段。国内外的众多新进入者和潜在竞争者，都给为数众多的地方高校、民办高校特别是其中的薄弱高校带来了巨大的竞争压力。

第四，替代性组织的威胁。处于相同行业或者不同行业的组织，可能由于所生产的产品相同而相互替代。替代品生产者的侵入，使得现有竞争者必须提高产品质量、降低成本、转变发展战略使得产品具有特

① ［美］丹尼尔·若雷，赫伯特·谢尔曼．战略到变革：高校战略规划实施［M］．周艳，赵炬明，译．桂林：广西师范大学出版社，2006：62.

色，否则其销售和利润增长计划会受挫。对于高等教育来说，现有高校的可能的替代者是数字化时代下的网络课程和移动课堂等。随着电子信息技术和互联网的发展，传播媒介的不断进步，人们可以足不出户接受远距离信息，一些知名高校在网上开设精品课程，比如网易公开课。互联网技术的进一步发展，让人们更容易接受远程教育，比如小米盒子内设置的教育频道，可以选择诸多教育内容等。这些数字化时代下的信息技术给人们生活带来翻天覆地的变化，这些替代服务冲击着高等教育的发展。

第五，行业内高校之间的竞争。与此同时，高校之间竞争的加剧进一步凸显了薄弱高校的弱势地位。随着社会主义市场经济体制的建立和高等教育自身的改革与发展，在市场需求和制度性安排的共同影响下，我国高等教育系统内部的平衡已被打破，分化趋势日益明显。分化是高等教育自身发展的必然趋势，也是高等教育适应社会发展的必然诉求。但是，分化形成了这样一种局面：部分高校得到强势发展，而另一部分高校则在原地徘徊，甚至陷入困境。在教育经费短缺的情况下，政府基于扶强战略，先后启动了“211 工程”和“985 工程”，近期又启动了“双一流”建设工程，使得资源配置的马太效应得以强化，并促使高校进一步分化，一些竞争力较差的高校自然也就成了薄弱高校。

在行业竞争中，同业竞争者之间的利益联系紧密，激烈竞争的目的在于获得相对于竞争对手的优势。当出现下述几种情况，意味着行业中的竞争加剧。一是进入行业的障碍变低，势均力敌的对手较多，参与者变多，如我国民办院校 21 世纪初雨后春笋般的兴起，准入机制相对放宽，水平相当的高校变多，学校之间的竞争加剧。二是竞争者提供的服务相似或相同，用户随意转换和选择的成本较低。我国高等教育发展过程中，特别是高等教育规模扩张阶段出现了一个普遍性误区，即专科院校模仿本科院校，职业院校模仿学术性院校，单科性院校模仿综合性院校等。这种盲目攀高模仿导致办学模式趋同，失去特色。这种情况在其他国家也曾出现过，例如日本的高等教育也面临着同样的问题。大前研一认为，日本每一所地方国立大学都是东京大学的迷你版，地方国立大学根本没有存在的必要，而地方国立大学落魄的最大的原因就是没有自己的特色[①]。三是市场需求扩张的步伐放缓，或者市场趋于成熟饱和。四是退出障碍较大，退出壁垒是组织脱离本行业的障碍，包括不能清算资产、与退出相关的实际固定成本、情感障碍以及政府和社会的限制[②]。在我国高等教育系统中，一所高校若要退出，面临的问题太多，需要解决的问题也很多，退出的障碍很大。在一个特定的细分市场中，如果退出障碍大，组织会增加竞争投入，虽然这样它们的盈利会减少（如果不是亏损）。这样就会使细分市场失去活力，因为那些面临倒闭的效率低下的院校将吸纳那些本来可能去更有活力的院校的学生，这些缺少活力的院校为了保持它们的注册人数，此时就不得不降低成本或增加它们产品和服务的差异化[③]。

第二节　资源约束

薄弱高校的产生是高等教育发展的必然现象。经验表明，任何一个国家在完成高等教育规模高速扩张后，往往都会出现薄弱高校群体，发达国家尤其是美国高等教育大众化的历史已经证明了这一点。造成这一局面的根本原因在于教育资源的短缺，以及教育投入的增长速度难以缓解众多高校办学经费紧张的状况。众所周知，资源的多寡在一定程度上能增强或削弱高校内部的主要变革或把握主要机会的能力。对一所学校而言，占有的资源多，其在追求使命时就有更多的选择空间；占有的资源少，就只能寻求有限的战略机会。正是由于教育资源的严重短缺，多数高校只能采取外延式发展模式，其面对的共同问题是办学条件不足、

① ［日］大前研一. 低智商社会［M］. 千太阳，译. 北京：中信出版社，2010：4.

② ［美］丹尼尔·若雷，赫伯特·谢尔曼. 战略到变革：高校战略规划实施［M］. 周艳，赵炬明，译. 桂林：广西师范大学出版社，2006：62.

③ ［美］丹尼尔·若雷，赫伯特·谢尔曼. 战略到变革：高校战略规划实施［M］. 周艳，赵炬明，译. 桂林：广西师范大学出版社，2006：62.

生均教学和实验设施标准低、生均图书文献不达标、生师比偏高，等等[①]。这些问题若长期得不到解决，相关高校就会进入薄弱高校群体。

一、经费紧张，办学条件有限

办学经费短缺成为目前制约我国薄弱高校群体正常运转的主因。很多薄弱高校建成新校园后，却不得不面对生源大幅减少的窘境，对于无财政支持的民办高校而言，由于没有足够的学费来支付贷款，银行的利息就像滚雪球一样越滚越大，学校以后的运行将难以为继。

H学院依托于某钢铁集团，虽然属于公办高校，但并没有财政拨款，学校的主要收入来源是学费。该钢铁集团每年给学校投入的经费只有200万元，有的老师自嘲地说，“这部分经费也就只够学校一年的水电费”。对于缺少公共财政拨款，许多老师也有很多抵触情绪。该学院的小张老师说：

> 像我们行业办学，是公办的，但政府不给拨教育经费。像ZV学院（与H学院同在一个城市的一所被评为“全国百所示范性高职院校”的学校）比我们学校建校晚多了，结果人家现在是“全国百所示范性高职院校”，政府每年给学校拨1亿元的经费，一个学生几千元的培养经费。人家的办学规模比我们大多了。我们学校现在能获得经费支持的就是一些项目，比如有的专业的实验室建设等，只是10万元、20万元的，钱太少了，感觉心里不平衡。没有政府拨款是学校发展最大的障碍。

经费短缺使学校的硬件设施一直跟不上。该学院的小王老师说：

> 我们的办公室跟学生的教室在一起，学生整天叽叽喳喳的。在这（指笔者在行政楼一个会议室对这位老师访谈的地方）我感觉太静了，太舒服了。我们九点多下课，学生就去找我们，有学生会的，有社团的，等等。此外，学校资金缺乏，基础设施、硬件跟不上，这些是跟教学直接相关的，学生连一些最基本的设施都没见过，校内实习车间的条件太有限。

该学校的小丽同学也认为：

---

① 王英杰．大学危机：不应忽视的难题［J］．探索与争鸣，2005（3）．

学校的设施不怎么样。操场一点都不好，很破，都是那种小石子铺的。我们运动会就在那开，春天风一刮全都是土、沙子什么的。图书馆的资料很少，都是一些很老的书，新书几乎没有，我们基本上很少去，因为很多情侣在那，图书馆就是个谈恋爱的地方。

该学校的小亮同学认同这一看法：

学校的硬件设施太差了。该有的设施没有，篮球场地是沥青的，操场都是小石子的那种土质的地面，根本没法运动，足球场只有两个球门，长满了杂草。教室和宿舍都没有空调，只有个小风扇，这么热的天哪受得了？不止我们，老师办公室也是这样。院长和书记办公室有空调，老师办公室只有风扇，学校是为了节约电吧。可是为了节约，院长和书记就应该跟老师同甘共苦嘛，怎么能搞特殊呢？

这一点学校的老师也颇多怨言。该学院学生处的陈老师说："我们老师办公室不安空调，是因为只有领导热，我们都不热。"

公办高校虽然有财政拨款，但是同样有为数惊人的银行贷款，更何况全靠学费运转的民办高校。青岛一所知名高校由于建新校区，目前每年要支付给银行的利息高达 8 000 万元，而学校一年能收取的学费却只有不到 2 000 万元①。薄弱高校为了省钱、赚钱，不惜透支学校的声誉，通过对老师和学生的罚款来增加学校收入。在某所薄弱高校，设了专门的督察人员，他们在学生早晚自习、老师上课时出现在教室的后门，发现有学生上课玩手机、趴在桌子上睡觉或者看报纸等，就会扣老师的钱；学生宿舍卫生不合格，就会扣辅导员的钱。在薄弱高校，老师工资原本就不高，当辅导员更低，经常一个月下来老师不仅拿不到工资，而且还得给学校交钱②。

山东省公办高校的债务问题有政府的慷慨解囊。2012 年山东省帮助支付公办普通高校债务 120 亿元，省属本科高校生均财政拨款从

---

① 臧旭平．民办高校 5 年生源减 4 成遭遇生存危机很差钱［N］．青岛早报，2011-07-26．

② 臧旭平．民办高校 5 年生源减 4 成遭遇生存危机很差钱［N］．青岛早报，2011-07-26．

9 500 元提高到 1.2 万元[①]。这令许多民办高校或者半公办高校（虽然属于公办高校但没有财政拨款的高校）羡慕不已。同时，也将民办高校或半公办高校置于更艰难的生存境况。H 学院科研处张副处长说：

> 你看青岛的 BH 学院、烟台的 NS 学院、淄博的 TV 学院，这些民办高校现在都很难啊。它们现在的招生方式是这样的，第一年的学费不交，还有的返回一点学费给学生，但是羊毛出在羊身上，你来了以后我只能减少教学投入，这不是恶性循环吗？

薄弱高校群体有着一个显著的特点，即在发展的初期，虽然办学条件普遍较差、教学质量较低，但却有着数量庞大的在校生。而大量的招生，使在校生的人数急剧增加，导致其学生宿舍、教学用房、食堂及体育活动场所极为紧张，教学仪器设备配置落后，图书资料极其有限，基本的设施无法满足正常教学的需要，影响了高校的教育教学质量[②]。这样就使薄弱高校逐渐形成了依赖学费发展的模式。它们不但依赖学费维持教学，而且把学费收入作为一种向银行贷款的担保条件，期望用预期学费维持收入还本付息。其结果是学校债务累累、资金链紧张，生源一旦波动，就会出现资金链断裂的情况。H 学院的小金老师说，“去年学校招生人数减少对老师待遇的影响现在已经体现出来了，学校给各个老师的考勤奖以前是一千，现在就几百块钱了。因为我们学校没有财政拨款，学生一减少，老师就直接受到影响了”。

二、师资水平日益弱化

有学者曾经指出我国高等教育大发展的过程中存在着“三个跟不上”的问题，第三个方面的“跟不上”是教师队伍建设跟不上高等教育大众化的快速进程[③]。这三个方面在薄弱高校中均有表现，尤其是第三个方面教师队伍建设的跟不上。薄弱高校应对生源危机的策略已经严重干扰

---

① 徐洁．山东省长姜大明再谈高校化债：现在是房地产商在办大学［N］．齐鲁晚报，2012-02-21．

② 张新艳．我国薄弱高校问题及其应对策略研究［D］．武汉：华中科技大学博士学位论文，2010．

③ 纪宝成．我国高等教育大众化进程中的挑战与对策［J］．高等教育研究，2006（7）：1-10．

了学校正常的教学、学习活动，教师也在很大程度上对学校的发展失去信心、士气低落，不断有教师外流。师资力量的短缺，使教师数量与学生数量不能同步增长；合格教师的缺失，尤其是优秀教师的缺失，使教师队伍恶化，更是影响了教学的质量。

从全国范围来看，高校生师比由1998年的11.6：1增加到2005年的16.77：1。高校生师比过高，导致课程的班级规模过大，几百人的课堂到处可见，教学质量难以保证①。到2009年，全国的总体情况有所好转，高校生师比为14：1，但在薄弱高校师资缺乏的情况依然严重。H学院截至2009年上半年共有在校生12 574人，其中高职大专生10 681人；但学校的教职工一共才385人。如果以385人计算，学校的生师比是33：1；这其中还包括一些并不从事与教学相关工作的职工，比如学校超市的人员、校办企业的职工等，如果除去这部分人员，学院的生师比将更高。

过高的生师比带来的一个必然结果是教师工作量的增大，教师连轴转的现象很普遍。H学院的小金老师说他这学期要上190个学时的课，下面是小金老师的一段自述：

> 像我这学期教两门课，一门课是50个学时，教两个班，一门课是30个学时，教3个班。50个学时的课给两个班上就是100个学时，30个学时的课给3个班上就是90个学时，这学期一共上了190个学时的课。这个教学工作量还是比较大的，现在老师少学生多。

当问到现在的这个工作量有点大有没有影响到正常的生活时，小金老师说：

> 这个职业呢，你如果第二天有课，晚上肯定要花几个小时提前备课。平时自己做事效率低了就得花额外的时间了。现在在学校里面环境不安静，太吵了。再一个白天要上课啊，还有些杂事，一天很容易就过去了。上班的这8小时根本完不成这些事情，白天在办公室里面做乱七八糟的事情时间一会儿就过去了，第二天上课就得

① 纪宝成．我国高等教育大众化进程中的挑战与对策［J］．高等教育研究，2006（7）：1-10．

花晚上的时间去准备，经常要弄到晚上 11 点才睡。我几乎每天都有课，最少的是 5 天中 3 天有课。像我现在虽是副教授了，但每天的杂事也还是挺多的。我现在还是一个班的班主任，现在我们学校要求四五十岁的人也要去当班主任。现在学校老师比较紧张，就得多干点。班主任的事情很杂，学生各个方面的事情都得管。

该学院的小卢老师说：

我的工作量是一周上 8 节课，共上 16 周。我兼任辅导员，院里要求的教学工作量也没有减少，一年要求 300 个学时。很多上课老师都兼任班主任、辅导员，完不成教学工作量要扣钱呢。

在课题组成员访谈这位老师的几十分钟内，共被打断 5 次。第一次，有一个男老师过来问毕业生档案资料、档案袋使用，档案里面应该装什么资料的事情，大约有 5 分钟的时间；第二次，有个似乎是专门做行政的女老师带着自己 5 岁左右的孩子过来商量一些报销的事情，大约 2 分钟；第三次，有个学生过来问选修课补考的事情，大约 2 分钟；第四次，刚刚问选修课补考的学生又过来问一些事情，大约 5 分钟；第五次，刚刚带孩子的女老师又过来了，还是刚刚的事情，大约 2 分钟。看到访谈一次次地被打断，小卢老师也不好意思地连声说对不起。

该学院的小刘老师说：

我们跟别的学校的老师相比，待遇说实话不比他们差，但是我们比他们累。我们的事情多，一个人干好几个人的活，学校老师少，又不进人，以前干活人都不够。这几年高职发展不景气，学生毕业后也就当个工人，当工人的话不用读高职，高中毕业就可以，所以很多学生、家长不是在不得已的情况下不会选择我们学校，再加上这几年高考生源减少，我们学校的学生也越来越少了，学校的经费也挺困难。进人就得增加支出啊，所以就只能一个老师干好几个人的活了。基本上我们每个人都很忙，像我吧，一周一次值班，晚上 9 点去学生宿舍查房，我们学校对学生公寓管得很严，每天白天都要去检查宿舍的卫生情况，有课的话还要备课，白天坐班杂七杂八的事也很多，工作量非常大，远远超过 8 小时，学校有事的话晚上就会回去很晚。

高校教师的专业素质需要尽快提高，大批教师是随着高校的升格而“升格”的。一些基础课教师，特别是外语教师、高等数学教师，以及一些热门专业如经济学、金融、会计、计算机、法学、工商管理等专业的教师短缺现象严重。经济学和管理学类专业招生增长比例是最高的，在校生人数从1995年的43.4万增长到2003年的238.8万，增长了5.5倍，而经济类专业的专任教师仅从1995年的2.8万增长到2003年的7.7万，只增长了2.71倍①。

在薄弱高校中，教师对学校的发展前途充满忧虑，甚至有些已经失去了信心。H学院虽说对老师的培训是5年一次，但还做不到。学校的小廉老师说，在2003年参加过一次培训之后，2012年暑假去济南参加过一个培训，两次培训的时间间隔9年。当问到该学院的小王老师，如果今后自己发展得很好了，有比这个学校更好的学校想请他去，他会不会考虑时，他的回答是：

> 我觉得我会吧，人往高处走嘛。去年开始学校的招生指标有1 000人没完成，这让我对学校今后的发展有些担忧（表情很迟疑），有些老师就开始想着找出路了。

当问该学院的小张老师觉得学校的未来前景怎样时，他叹了口气说：

> 这几年学校确实是比较困难，因为生源短缺，没有生源学校的资金就有问题了。我听说生源短缺要一直持续到2018年，这几年学校会怎样很难说啊。学校每年的支出越来越大，收入却逐年递减。

该学院科研处张副处长说：

> 如果学校再连续3年、5年每年招不齐3 000人，学校就会有问题了。如果生源持续下降，学校的发展就不行了，就得裁老师了，现在就已经有些军心不稳了。这个学校将来怎么样我们就不好说了，这个是决策层的问题。

小金老师也说：

> 现在老师们都挺着急的，对学校发展很担忧。学校在前几年要

① 纪宝成．我国高等教育大众化进程中的挑战与对策［J］．高等教育研究，2006（7）：1-10.

是抓住那个发展机遇的话可能现在就不是专科而是本科院校了。以前我们学校的校区很小，在张店区（张店区是淄博的老城区）南边，靠近火车站，地方太小了。2003 年学校搬迁到这里，校园面积扩大了，学校由中专升为高职，以前我们中专的时候教学水平还是挺高的，教学、师资还挺强的，升了高职后就不行了，但是你要是不升高职的话，现在很多中专院校日子更困难，招的学生层次更低，还是差挺多的。

Y 学院的小李老师则已经脱产考取了某所学校的博士生，她说：

就想赶快跟学校脱离关系，在学校里实在是看不到一点希望。

W 学院教育学院的老师们大部分是本科学历，后来在 2005 年本科评估的时候一下子引进了 5 位刚毕业的研究生，分别毕业于南京师范大学、四川师范大学、西南大学、东北师范大学和山东师范大学。在此之前一年左右，学院还引进了一位教育学博士。这位博士家是本地的，他说因为在网上看到 W 学院的介绍，感觉还挺好的，想着离家也近就过来了。引进这位博士院里给的待遇是 20 万元，再给一套房子，结果不到一年，这位博士便去了江苏的一所高校了。

第三节　运行困境

高等教育大众化以来我国高校面临的市场冲击引发了一系列困境，其中以招生和就业困境最为突出。这种困境是我国高等教育从供给严重不足转向相对过剩，整个高等教育由卖方市场转向买方市场的结果，也是长期实行重点建设，实际上相对忽视普通高校建设，在资源配置和政策安排上明显歧视普通高校的结果，同时也是高校之间竞争加剧的结果。当然，薄弱高校自身在组织管理、教育教学等方面存在的问题也导致了其自身的沦落。

一、招生困境

有关资料显示，目前有不少省份在普通高校招生录取期间有数万人的招生计划落空。如前所述，人口出生率下降、应届毕业生弃考、出国留学热、高招计划持续增加等都是导致薄弱高校生源短缺、招生困难重重的原因。

中国教育在线发布的《2011高招调查报告》显示，伴随人口出生率的下降，我国高考生源在2008年达到历史峰值1 050万后，从2009年开始全面下降，两年内累计下降了200万，并呈现持续、加速下降趋势，这种态势将延续至2020年前后。

2009年高考前后，高考弃考人数攀升成为人们的热门话题。2011年，有84万考生放弃高考，出国留学的高中生增加了28%。高考弃考人数攀升说明国内高校对人们的吸引力在下降，而受此影响最大的是薄弱高校。有资料表明，放弃高考的学生，大部分属于薄弱高校的生源范围，也就是说，他们放弃的是对薄弱高校的选择。

高等教育需求降温的直接结果是生源竞争的加剧和招生工作的困难。曾几何时，面对旺盛的需求，高校只愁拿不到更多的招生计划，从不担心完不成招生任务。现在，已经有不少高校的第一志愿合格生源甚至不足50%，由于难以一次性完成招生计划，不得不多次征集志愿补录，最终总有部分高校难以完成招生计划。

在这样一种大环境下，不少高校都遭遇了生源危机。激烈的生源争夺战硝烟四起，如果说一本院校面临的是生源质量的竞争，那么部分二本、三本院校和高职院校面临的就是更为严酷的生源数量的竞争，前者是优劣的问题，后者是有无的问题。有许多大学甚至纷纷“买招生”，特别是一些民办高校，专门列支高额专项经费作为招生的奖励。H学院的小张老师说，有的学校早在“五一”之前就不上课了，老师们都去招生去了。小张老师所在的学校自2011年起招生就开始滑坡，以往该学校每年的招生指标是4 000人左右，2011年起有1 000多人的招生指标没完成；2012年的情况更严峻，4 000多人的招生计划只完成了不到三分之一，只招了1 000多人。该学院宣传统战部梁部长说：

> 今年（2012年）过完春节以后学校就下手了，深入到各个中学去，去了解生源状况，散发学校的宣传资料，讲解学校的优势。我们学校在招生的关键时期会抽调一些有这方面特长的骨干到全国的各个地方去，通过发动亲戚朋友，现在的宣传已经是直接深入到各

个中学去了。除了招办六七个专职的人外，骨干（学校有这方面特长的人）也是其中很重要的一部分人。

而在对 H 学院进行调研时，该学院的小森同学也讲道：

我知道现在很多同学都招生去了，招一个新生学校奖励 400 元，有的同学就直接出去挣钱了。还有的老师带着两个学生就出去了，到处招人。这样对学校正常的教学秩序有很大影响，老师都出去招生去了，哪有心思备课上课啊？同学们也没法学习，本来就不学习，这下更是“放羊”了。

该学院的小丽同学说：

我们那个高中的班上过来了十几个人。我感觉这个学校和我们班主任之间好像有什么交易，我们班主任当时就极力推荐这个学校，说你们报吧，报了肯定能上。当时我的分数也不高，一是担心没有学校录取，二是对这个学校也没多少了解，还担心上不了。班主任就说你报就行，报了肯定能上。我们班上很多 400 多分的也都过来了。我当时还不知道怎么回事，现在想想学校肯定跟班主任有交易。学校还发动学生去招生呢。我们的辅导员说学生如果能招到学生（新生）来学校就会给奖励，但具体奖励多少我们也不清楚。

从根本上说，薄弱高校所争抢的生源对象主要是低分考生。事实上，这些低分考生对于究竟该上哪一所高校，自己并没有明确的目标。薄弱高校正是看准了低分考生的这种心理，采取欺骗手段诱导学生，一旦入学，学校当初的承诺便成为空头支票。H 学院的小启同学说：

我在学校学习没有归属感，对学校未来的发展也没有信心，学校感觉太不正规了，招生的时候有骗人的迹象。传到网上的关于学校的设施、设备等，来了后发现根本就没有。学校的操场刚来的时候说会换成塑胶的，很快就会建好，现在都两年了，根本就没有动静。还有，学校的网站上说有个湖，来了后发现根本就没有。每个专业需要的一些设备也都没有。

一些高职院校则一再放低入学门槛，甚至注册入学。在山东省，每科平均 24 分就可上专科院校。H 学院的小亮同学说：

我是泰安的，考了 380 分，高考的时候没考好，但我在我们班里还是高分呢，我们班的同学都在270分左右。

该学院还开设预科班招收高考落榜生，让这些学生参加春季高考，又称为对口高考。学生考进来后比正常录取进来的学生多学一年。预科班一直都在开设，有的年份可能没有这样的学生就停办了。在2011年，某学院的预科班有38人，这些学生比正常录取的学生多学一年，也就意味着他们需多交一年的学费。

而逐步下降的录取分数线（很多学校比往年下降近200分，有的学校甚至降到了190分）和报到率（因为可以理解的原因，很难拿到高校新生报到率方面的确切数据，即使获悉了某校的这一数据，也难以直接使用。但据笔者从相关部门了解，某些学校的新生报到率甚至不到70％）则从另一侧面表明：对薄弱高校而言，要招到足够多的学生住满刚刚修好的教学楼和学生公寓，已经越来越困难了。

高考降温，生源减少，意味着高等教育的卖方市场时代正在终结，买方市场时代开始来临。对生源的争夺将成为今后高等教育竞争的主要内容。由于学生作为消费者的主动权将进一步增强，薄弱高校在争夺生源的竞争中必将处于越来越不利的地位。越来越多的学校将会发现它们不得不花费大量的人力、物力和财力去招揽新生。雪上加霜的是，来自职业技能培训机构的竞争挤压了相当一部分薄弱高校的生源空间。我们必须注意这样一个事实：进入信息时代之后，高校在职业技能培训领域曾经占据着的绝对垄断地位开始面对越来越多的挑战，而对多数薄弱高校而言，应对来自这些看起来更成功的机构的竞争是摆在面前的新课题。

对薄弱高校来说，更严重的是，在生源数量出现不足的同时，生源质量也在进一步下降。薄弱高校所招收到的学生的潜质与强势高校之间的差距将进一步拉大。这类高校在支出必要的固定花费（校舍建设费用、教职员工的薪酬）后，尽管希望招收合格生，甚至是优秀生，事实上会不断降低入学要求，直到有足够的学生填满座位，以弥补生均开支。实际上，它们只能以较低的分数招入部分学生，这必然造成同一学校内学生间差距的拉大。而且，学生入学后的学习环境也相对更差一些，这不可避免地会造成毕业生就业困难。恶性循环的结果会使这部分薄弱高校在招生就业方面同时陷入巨大的困境。

二、就业困境

就业状况不理想、一次性就业率低，低配位就业普遍。薄弱高校在招生方面纷纷遭遇零投档，很大程度上是因为受到了近年来就业状况日益严峻的影响。高校扩招后，每年毕业的人数在持续增长，而市场能够提供的就业机会却没有相应扩大，因而毕业生就业越来越困难。在这种情况下，新的“读书无用论”兴起，一些人甚至质疑花费大量时间和金钱去上高等学校的价值。同时，用人单位的聘用条件越来越苛刻，往往对毕业生的第一学历限定为名牌高校，对名不见经传的地方院校尤其是薄弱高校的毕业生往往“另眼相看”。因此，薄弱高校毕业生只能找到低配位的工作岗位，而且一次性就业率很低。这些因素又使得薄弱高校的口碑每况愈下，社会评价很低，公众认同度不高。

接受高等教育的高成本与低质量就业形成的反差，令许多家庭，特别是贫困家庭选择放弃进入大学继续深造。目前我国高校每年学费标准差不多为公立高校 5 000—7 000 元之间，民办高校 8 000—1 5000 元之间，这笔费用几乎是一个农民家庭纯收入的 105%。大学生的生活成本也越来越高，每月 1 000 元左右的生活费，每年 1 500 元左右的住宿费、教材费、交通费，以及在学校参加各种培训、考证的费用。初步估计，一个大学生每年的花费为 1.5 万元左右，4 年就是 6 万元。近年来社会上传言大学生年均消费 4 万元，虽然有点离谱，但多少反映了大学 4 年总消费不低的事实。这对于年收入不过 5 000 元的贫困家庭来说，意味着要供养一个大学生就要花去一家人 10 年的储蓄，甚至还要四处借钱。而大学毕业后又很难找到好的工作，因此很多农村家庭的孩子高中毕业后宁愿去一些建材市场做采购、运输和销售等工作，工作几年后，每月收入有 3 500 多元，比刚来工作的大学本科生高得多①。

大学毕业生连年增加，就业压力越来越大，一些学生认为毕业就是失业，所以一些普通高校对学生已经失去了吸引力。教育部对扩招后大学生就业情况的统计资料显示：2002 年毕业的 145 万大学生，6 月份的初次就业率为 64.7%，比上年同期降低了 5 个百分点，年底又有 22 万

---

① 刘友成. 生源危机：“狼”真的来了？[N]. 人民日报，2011-09-21.

人实现就业，就业率才稳定到80%；2003年毕业的212万大学生，由于“非典”疫情，企业压缩就业指标，本科院校的就业率刚达到70%，高职院校的初次就业率初步达到55%；2004年毕业的280万大学生，本科院校毕业生的初次就业率为61.3%，高职院校毕业生则不到40%；2005年毕业的338万大学生，本科院校毕业生的初次就业率为70%，大专生仅为40%[①]。从全国待业的人数来看，形势依然十分严峻，历年待业的大学生人教分别为：2001年34万，2002年37万，2003年52万，2004年69万，2005年达到79万[②]。2009年非“211工程”本科院校毕业生毕业半年后的就业率约为87.4%，高职高专院校大学毕业生毕业半年后的就业率约为85.2%[③]。

学者廉思研究了大学毕业生低收入聚居群体，并将这一群体定义为“蚁族”，而这一群体中有相当一部分是来自薄弱高校，因为从就读学校质量来看，90%的“蚁族”毕业于非重点大学。“蚁族”的家庭背景存在较大的偏向性，整体中父亲职业阶层为管理人员、专业技术人员的比例分别只有3.5%和8.5%，其中管理人员的比例低于全国的该阶层比例。可见，这个群体的家庭条件不太好，他们的现状似乎是父辈的再现[④]。W学院2004级教育技术专业，学生大部分都是来自社会中下层家庭，父母亲从事的职业主要是普通工人、一般商业服务业人员、个体劳动者、农民（或者外出打工人员）等。只有3个同学来自社会的中上层家庭。一个是王同学，父母都有自己的公司，属于社会中上层的中等企业主；一个是袁同学，父母离异后，母亲嫁给了一个富商，也是属于社会中上层的中等企业主；还有一个是赵同学，父母亲都是医生，其父亲还是主

① 陈洪玲，于丽芬. 高校扩招后人才培养模式的理论与实践［M］. 北京：北京师范大学出版社，2011：301.

② 陈洪玲，于丽芬. 高校扩招后人才培养模式的理论与实践［M］. 北京：北京师范大学出版社，2011：302.

③ 麦可思研究院. 2010年中国大学生就业报告（2010版）［R］. 北京：社会科学文献出版社，2010.

④ 廉思. 蚁族：大学毕业生聚居村实录［M］. 桂林：广西师范大学出版社，2009：47.

任医师，属于社会中上层的专业技术人员。薄弱高校学生的家庭背景与廉思研究的“蚁族”群体也具有一致性。

“蚁族”主要从事保险推销、餐饮服务、广告营销、电子器材制作等低收入工作①。总体来看，这一群体月均收入为1 956元，既大大低于城镇职工平均工资，也低于大学毕业生毕业半年后的平均工资，因而一定程度上可将其就业类型定义为低配位就业。“蚁族”的收入风险显著高于其他群体，该群体的收入风险是城镇居民的3.5倍以上，与收入风险相对较高的农村居民相比也要高出六成。此外，该群体收入的增长状况令人担忧。对一个人而言，月收入增加的值可以体现他的收入增长状况。在这个指标上，“蚁族”是0.65元，显著低于城镇居民1.15元的水平，仅仅略高于农村居民0.61元的水平②。

三、财务与生存困境

生源困境必然导致学校财务危机。危机是指因内外环境因素所引起的一种对组织生存具有立即且严重威胁的情境或事件，困境则是指组织因内外环境因素已经面临短期内难以逆转的困局。如果说，早几年我国多数薄弱高校仅仅面临一定程度的生源短缺危机，现在，相当一部分薄弱高校可以说已经是深陷生源短缺的困境了。由于缺乏其他经费来源，在学费标准不可能大幅度提高的背景下，生源短缺就意味着学校财务陷入严重危机。招不满学生就意味着其服务得不到充分购买，收不到足够多的学费，学校的财务风险必然会大大增加。很多学校通过增加银行贷款扩建了校区，一旦招不到足够多的新生，连支付利息都会成为沉重的负担，学校办学的各项必要预算将面临反复削减。尽管如此，由于学校的摊子已经铺得很大，各方面的资金需求依然会非常大，使增收节支的成效非常有限，学校财务将陷入入不敷出的窘境。

---

① 廉思. 蚁族：大学毕业生聚居村实录［M］. 桂林：广西师范大学出版社，2009：21.

② 廉思. 蚁族：大学毕业生聚居村实录［M］. 桂林：广西师范大学出版社，2009：43.

高校这一特殊组织陷入招生困境，其影响是深远且广泛的。高校面临招生困境，必然引发进一步的生源短缺，生源危机导致的影响直接关系到薄弱高校的生存与发展，学生不足将直接影响学校的办学经费，进而引发学校财务危机。前几年，我国的薄弱高校数量较少，问题也相对较小，它们可能面临一定程度的生源不足问题，但还不至于引发严重的生源危机。然而近几年的数据显示，现在已经有相当一部分薄弱高校深陷生源短缺的困境了。高校招不到足够多的学生，学校的教育服务无法得到有效的购买，这就好比一个企业，它的原材料供应链断裂，下一环节的生产、加工、销售就会被迫中断，产业链条就会断开。同时，学生不仅仅是学校办学的“原材料”，也是高校提供的教育和教学服务的购买者，学生如果不购买这些服务，就等同于学校的服务没有销路，学校的声誉和品牌不被学生认可。学校的学费收入对于薄弱高校而言是其赖以生存和发展的根本，学校的办学和教学经费、基础设施建设费用大部分来源于学生的学费，这会给学校的生存和发展带来巨大的冲击，学校面临的巨大的财务危机对高校的打击是巨大的。之前新闻报道说很多新建的地方本科院校和高职院校从银行贷了很多款项，最后，由于学校招生困难，学校贷银行的款项短期内难以偿还，其后续影响是十分可怕的，一些地方院校的巨额债务对当地的影响也是十分深远的。但是，从另外一方面来讲，学校的规模上去了之后，资金链断裂会触动各方利益，涉及学校的办学发展、教师的薪资保障、后勤支持，等等，“蝴蝶效应”的加剧促使学校短期难以走出办学的困境。

有新闻报道说，近几年来，山西的高考招生出现了一个奇怪的现象：在生源相对供给不足的情况下，该省为了完成招生计划指标和提高报到率，采取外省考生先交学费后录取的方式①。在我国台湾地区，排名比较靠后的一些私立大学，由于生源减少带来的招生不景气，教师的工资难以按时发放，甚至出现教师工资被拖欠的现象，结果出现

① 中国教育新闻网．部分高校招生困境待解：缘何“先交费后录取”？[EB/OL]．(2012-08-19) [2015-03-15]．http://www.jyb.cn/gk/gksx/201208/t20120819_506896_1.html.

了一些流浪博士和流浪教师①。可见，学校的招生困境对于学校正常运行的影响。

生源困境还会进一步引发学校的生存危机。对薄弱高校而言，生源短缺既是学校生存与发展陷入困境的结果，也是学校即将面临更大生存与发展困境的信号。首先，学生的减少会使相关专业的规模效益大幅降低乃至难以为继。其次，由生源短缺引发的财务危机会使学校减少教师岗位，降低教师的待遇，削减课程及培养项目，减少教学仪器设备的采购。这样，学校将难以改善办学条件，不仅难以吸引优秀教师，还可能会不断流失教师，学校的士气会下降，提供优质教学的能力将进一步减弱，毕业生就业状况会变得更加糟糕，社会声誉变差也就自然而然了，于是更难以招到学生。特别是对那些前几年大规模扩建了新校区、引进了人才的学校来说，招不到足够多的学生就意味着“产能”过剩，这又会进一步加剧薄弱高校的薄弱程度。早几年，薄弱高校虽然在优质生源竞争中处于劣势，但终究还占有足够的市场份额，最起码可以招收到足够的新生，现在，连这一点也难以保证了。

为了更好地分析生源短缺对薄弱高校的影响，我们不妨引入管理学中有关企业经营发展状态的相关理论。我们都知道，虽然高校不是企业，不能直接用衡量企业的标准来衡量高校，但我们又不能否认，现代高校越来越具有企业属性，故经济管理领域用来衡量企业经营发展状态的指标在一定意义上也适用于高等学校。

在管理学中，衡量企业动态经营发展状态的指标被称为企业景气指数，也称企业综合生产经营景气指数，具体包括六个方面：一是生产景气指数，指对当前及未来生产变化的预期，反映企业生产的变化；二是产品订货景气指数，指当前企业接到的产品订货数量及对未来企业产品订货数量的预期（增加、持平或减少），反映企业未来生产经营的变化；三是劳动力需求景气指数，指企业当前及未来对劳动力需

① 网易新闻．台部分大学招生陷困境 “后段”私校退场成必然［EB/OL］．(2013-10-08)［2016-07-18］．http://news.163.com/13/1008/06/9AL5ON3O00014AED.html.

求的变化；四是税后利润景气指数，指对当前企业税后利润情况所作的判断及未来企业税后利润变化的预期（增加、不变、下降），用以反映企业的经济效益状况；五是产品销售景气指数，指对当前企业生产的各种产品的市场销售情况的判断和对未来企业产品销售变化的预期（增加、持平、减少），用以反映和预期未来产品销售和市场的变化；六是生产成本景气指数，指对当前企业生产成本情况的判断和对未来企业生产成本变化的预期（下降、不变、上升），用以反映企业未来生产成本的变化状况。

高校生源短缺招生困难意味着从“原材料”到“生产”再到“销售”全面受困，将直接导致“生产景气指数”、“产品订货景气指数”、“税后利润景气指数”和“产品销售景气指数”的下降，并将间接影响“劳动力需求景气指数”和“生产成本景气指数”。故对薄弱高校而言，生源短缺不仅意味着学校将在短期内陷入不景气状态，而且意味着学校即将陷入生存困境。也有一些学者大胆预测，一些民办的和不景气的高职院校同经营状况十分糟糕的公司一样，离破产不远了。

有资料显示，在日本，其大学在发展过程中也面临过类似的状况，即适龄人口减少，非知名大学很难招到足够多的学生，这类学校的招生计划很难完成。1992 年和 2014 年的数据对比显示：日本大学招生计划指标由 47 万增加到 59 万，但是，报考的学生人数却在下降，由 92 万减少到 66 万。报考人数的减少，使得学校的录取率异常的高，几乎百分之九十以上的考生如果愿意读都有大学可以上。与我国一样，日本学生也在用“脚”投各类学校的票，学校好的话，生源充足，学校可以择优录取，越发卓越，学校差的，生源越少，每况愈下，经营和管理也只会越来越差。相关数据显示，日本 2013 年出生的预期适龄人口只有 104 万，比上年减少了 15 万。专家预测到 2020 年，日本的适龄高等教育入学人数将锐减至 83 万。在生源绝对供给不足的情况下，大学间的生源竞争日趋激烈，优秀的大学自然可以占据主动地位选择学生，但是其他学校只能由学生和家长来选择。这从一方面揭示了日本薄弱大学掀起倒闭潮的一个主要因素。除了知名学校外，弱势的大学将很难生存下去[①]。

四、组织管理困境

第一是目标定位的误区。高校扩招后，各高校不得不扩建校舍来适应不断膨胀的办学规模，同时，教育部门在评估或考核高等学校时，也多以硬性指标衡量，如生均建筑面积、生均图书量、生均公用经费等。为此，部分学校只能把精力放在不断扩张圈地、追求外延式发展、做强做大等方面。客观而言，在我国现阶段，相当一批高校还没有真正转变发展模式并走上内涵式发展道路，它们所遵循的依然是基于规模不断扩张的发展逻辑，而由此形成的发展模式将这些学校固化在依赖学费滚动发展的模式上：为了做大而不断扩建新校区、新校园，进而扩大招生规模。但当这些学校无力应对生源和就业的双重危机时，就恰如产能过剩的企业一样，轻则成为薄弱高校，重则就只能关门了。

第二是竞争战略选择的失误。研究表明，在市场中没有清晰战略定位的组织（例如同时追求低成本领先和差异化战略）往往会在竞争中处于劣势，我国很多高校进入薄弱高校群体原因也在于此。薄弱高校群体在战略上往往只重视低成本领先战略，没有注意到这一战略可能带来的危害，即节约成本的活动容易被模仿，激进的成本削减会降低主要产品和服务的质量，成本领先可能是个陷阱（如学生会要求降低学费）。薄弱高校在战略选择上的失误，往往影响到办学的成效。

第三，管理落后，目标偏离，只抓纪律，不抓学习。有学者选取了3所薄弱高校，对这些薄弱高校中教师和行政人员对学校现状的总体评价进行了调研，结果是：87%的人认为学校走向弱势的主要原因是管理者管理水平低下，8%的人认为是资金不足所致，3%的人认为是由于教学质量低，2%的人认为属于学校文化问题。访谈中许多教师谈到学校的管理十分混乱，管理规定经常变来变去[②]。

---

① 中国金融信息网．日本部分高校面临生存危机［EB/OL］．（2015-01-12）［2017-08-02］．http://world.xinhua08.com/a/20150112/1438041.shtml.

② 王焕琦．弱势高校管理文化问题的调查研析［J］．通化师范学院学报，2008（1）：24-27.

生源质量差，学风差，学习氛围不浓，学生学习能力差，导致学校一切以“学生不出大问题”为工作底线，学生管理工作成了学校工作的重心。而对教职员工的考核细则进行量化，大事小事都要向教师问责，辅导员也变成了看管学生、疲于奔命的“监工”和“保姆”①。学校管理目标的偏离，使其忘却了育人的根本职责，这使得薄弱高校很难扭转颓势。H学院的王老师讲了学生管理工作的具体事项：

学生班级的纪律、学生宿舍卫生，每天要检查，还要查宿舍，早上八点开始一个房间一个房间挨个地查。早上查迟到，晚上九点去查宿舍人是否都在，这有点像高中生的管理模式。这种管理是挺严的，一开始的时候我也不大理解……学校对老师的检查也很细，比如期中教学质量检查，教务处对老师的教案、备课、上课的情况等进行检查，还要去听课。我们学校现在就是这个情况，老师的工作量很大，可能你们也了解一些。多进些人也不现实，也只能这样了（说时面露难色）。学校各部门也不太协调，很多工作都压到下面去做，这是我们最大的困难。这个部门这样说，那个部门那样说，我们就被夹在中间，不知道该怎么去做。学校对我们的考核很细，会导致学校与老师关系不和，有的人性格内向一点的话可能对同事间的关系影响较大。

H学院的辅导员刘老师说：

我们对学生的管理方式是比较严的。我是负责学生公寓的，每天都去查，早上学校还要跑操。但是严点对他们也有好处，进入企业后就有了一个好的习惯，企业现在要求都比较严格的，纪律、安全这块抓得比较紧，比在学校里严得多。其实学生是有情绪的，我们心里非常清楚，但是有情绪你也得去做，将来去了企业后适应就快了。我们的管理有些时候也确实挺不近人情的，但是对他们以后有好处。很多毕业生回来以后都说企业比学校管得严多了，还好在学校的时候已经适应了。学生在单位表现好了，很多评价就传过来

① 若尘．应对生源危机高职院校练内功：提高自身吸引力［N］．中国青年报，2011-07-18．

了，对我们学校的声誉是有好处的。

W学院的葛老师说：

我觉得这种管理还行吧，学生基本上都是独生子女，心理承受能力稍差些，高考之后来这稍微有点落差，但也要让他们接受现实，来了这个学校就得按照这个学校的要求做。也有些学生觉得落差挺大，很失望，但是跟高年级的同学多交流，就会更快融入这个学校，情况就会好些。

H学院的小亮同学说：

感觉学校管理太严了，就跟高三似的，高中的时候就是这样，每天早上很早就有老师在宿舍楼下叫我们起床。感觉现在应该松一点了，都大学了嘛。

如此严厉的管理貌似是为了学生，但是同学们却反映说学校这样做的目的就是让他们不闹事，学习成了管理上的真空地带。H学院的小森同学说：

学校管的那些主要是为了不出事，宿舍管那么严还不是怕学生闹事啥的，主要是我们学校的学生都挺调皮的，喜欢惹事。学校管严点也是有道理的。但是你学不学习就没人管你，只要考试能考过就行。现在考试也都很容易的，老师最后都划个范围，只要最后突击下都能过的。

第四，学习成为学校关注的盲区，教学质量没有保障。以上情况使得薄弱高校的学生的学习被忽视，成为真空地带，导致教学质量没有保障。山东新华制药股份有限公司一位中层管理人员介绍了毕业生的总体情况，说H学院的毕业生刚一来，总是给人一种这样的感觉：见得少，不知道从哪里下手。当问到毕业生对技术性知识的掌握情况时，他说：

掌握情况，嗯……还凑合吧。他们知识有欠缺的原因主要是高职的生源本身质量不高，一本、二本、三本都选完了才轮到职业学院，有点问题。他们的知识面相对狭窄，应该具备的专业知识基本没有掌握，很浅显的知识掌握得还可以，但知识欠缺比较严重。比如说吧，电桥的问题都不知道，这是属于最基本的专业知识了，作为这个专业毕业的应该要知道的。我们对他们的期望最起码要等到两年以后。第一年、第二年没啥期望，只要小伙子老老实实的肯学，这就可以了。自己能独立工作的话，得两年以后，这就是对他们的期望。

现在很多高校规模迅速扩大，造成了师资力量不足，对学生采取大规模的培养方式。师资力量的匮乏不仅是数量上的匮乏，更重要的是质量上的欠缺。H学院的小森同学对老师的上课水平十分不满，他说：

这学期的机械基础一周是四节课，你看看我们的课本这么厚，有242页，每章都可能是本书，把它压缩到了一本书里，共有10章。按照常理来说，这门课是为以后打基础的，老师也得好好讲，但是就那么上完了。还有高等数学，本来有11章的，也只学了5章。

该学院的小青同学讲了他们实习的情况，她说：

干的都是些没有技术含量的活，跟我们学的东西也不相关，我们去了就是当廉价劳动力的，对专业技能的提高很有限。

H学院的小启同学反映说：

学习上没人管，只要考试不挂科就行了，现在考试都好过，最后几天背背就行了。学校就是对宿舍管理要求挺高的。

当问到在大学这两年里学到了你想学的东西以及有没有收获感、成就感时，小启同学说：

学到了一些东西，但是这些东西吧，感觉是自己学出来的，不是老师教出来的。平时上课的时候，学生在下面睡觉老师都不管，老师讲完课就走了。老师把给我们上课完全当成了应付差事，当成应付学校要求的教学工作量，学生学不学他们根本就不管，老师缺乏责任心，讲完课就完了，也不管学生听懂没有。在学习上收获很小，很多专业课都听不懂。比如UG，这种绘图软件我就没学会，班上挺多人都不会，这个学不会以后会影响找工作的。老师也不严，只要他们上完了要求的课时就行了，考试很好过，就算学不会都能通过。

教学质量差使得薄弱高校的退学现象很普遍，有的专业学生读完一年后能有十几个申请退学的，退学率大约为10%。H学院的小霞同学说：

我们班现在有47个人，刚来的时候有52个人。有5个人退学了，不愿意上这个学校、学这个专业。这样的情况我们系一共有12个，有个班刚来的时候有60个人，现在就剩54个了，另外6个都退学了。我们班上那5个退学的同学是因为不愿意学这个专业，觉得这个专业将来不好就业。

对老师事无巨细的管理使得老师们压力都很大。H学院的金老师说：

压力肯定有，学校的教学管理很严，不能迟到，不能旷课。以前还好些，这三四年在学期开学的时候经常会梦到自己上课迟到了，呵呵，这就是压力啊！

老师们对学生是否学习其实并不关心。当问到H学院的金老师学生自身学习的积极性怎样时，他说：

学习的积极性，唉，还可以吧（叹了口气才说的）！估计本科院校的情况也是这样吧，可能我们学校学生学习的积极性更弱一些。从生源上看，高职的学生只要二三百分就能录取，这些学生在高中的时候就不是很爱学习。老师也管，但学生就是不爱学习。

该学院的卢老师也说：

学生学习的主动性相对来说差一些，你想从高中他就是玩着过来的。我们在课堂上就是尽可能地讲一些最有用的东西，我们已经把这事都看开了，只要学生能安安分分地度过这三年，最后找个工作，我们就对社会有个交代了。我们感觉，大学生活主要是打个基础，在学校的时间也不是看你学到了多少东西，学点做事的方法吧。有的时候上课也没啥动力，刚打铃没多久就开始盼着下课了。

第四节　路径依赖下的转型难题

美国经济学家道格拉斯·诺思提出了路径依赖理论，该理论的主要观点是：在人类社会活动中，技术演进或制度变迁类似于物理学中的“惯性”，一旦进入某一路径，无论是“好”的还是“坏”的，都可能对这种路径产生依赖。某一路径的既定方向会在以后的发展中得到自我强化，沿着一定的路径演进，即使还有潜在更好的或者更优的体系，也难以取代既定的路径。它具有路径锁定、革新无效、轨迹顽性等效应①。

"依赖"就好比物体的"惯性"，企业一旦开始往某一方向发展，就会顺着"惯性"走很远一段距离。如果发展过程中产生了不良反馈需要及时调整，却发现想要改变组织已经"锁定"的发展状态十分困难，无论这一路径是好是坏。由于对这种路径产生依赖，发展越长久，这种依赖在发展中会越被强化。我国高等教育正处于体制转型期，大众化过程中我国高等教育的制度变迁、扩张模式、政府投入等都具有明显的路径依赖特征。比如，大众化过程中的薄弱高校主要是新升格的地方本科院校和由中专转型升格的高职院校，这类院校诞生之初既受到传统教育的影响，同时又长期局限于粗放型、外延式发展模式。建校时主要考虑的是物力资源的整合利用，而不是院校自身的发展特色，因而这类薄弱高校受到的路径依赖主要来自学校初创时形成的低成本、低水平、外延式发展战略选择。

一、转型目标的路径锁定

一些院校缺乏对自身实际情况的考虑，忽视长期办学积累的经验和优势，没有对自身的办学特色准确定位，盲目跟风，没有提出真正适合本校的转型升级的战略目标。比如一些综合实力一般的院校，耗费大量资金新建校区，办学条件有待完善却仍然积极规划建立本科院校，或者开办一些缺乏办学基础和自主发展能力的专业。Y学院中文系一位中年教师认为：

> 我们现在是师专（师范专科院校），处于弱势，学校积极筹备转型，开办学前教育，希望能够升本，但是升了本科我们就不处于弱势了吗？升了本科，我们在本科层级的院校里还是处于弱势地位，而且会处于本科院校层级里的底层，曾经在高职类学校里仅有的一点优势，说不定那时候也没了……

① 赵渊．高校转型的路径依赖及其破解［J］．学术论坛，2012（12）：211-214.

一些培养应用型人才的高职院校，因为资金缺乏，盲目开设大量起点低、投入成本较少的文科性专业，或者在发展过程中，渐渐失去自身专业特色。从1999年高等教育规模扩张以来，一批由高职高专、电大、不同层次和类型的高校组合升格而成的新型本科院校，它们多布局在地市，由地方政府投资办学，这部分本科院校被学界统称为“新建地方本科院校”。目前新建的地方本科院校有两百所左右，约占全部本科院校的三分之一。它们中很大一部分高度依赖于由中专升为大专、大专升为学院的发展路径，希望接下来能够由学院升为大学，进而向本科与研究生教育兼备的方向拓展，最终期待升格为教学研究型大学。

受多种因素的影响，在目前的高等教育体系中，一批高职院校、民办院校、地方性本科院校都存在基础薄弱、办学条件不完备的重大不足，办学水平有待提升，然而这些薄弱高校在转型发展路径设计上却跟随教学研究型大学，走着以升格求发展的路径，不能正确认识自身不足，逐渐丢失本身存在的一点优势而失去特色，将自己锁定于既往的发展路径中，或者跟随目前高校转型热潮中形成的片面“求大、求全、求高”的路径。与此同时，我国政府长期实行的偏向学术型高校的资源分配方式，对于金字塔尖本就比较强势的研究型高校，国家给予重点建设和大力的财政支持，各区域也对本地的重点院校给予特别支持，这种偏向学术型高校的差异化资源配置方式，也促使薄弱高校走上模仿学术型院校的发展模式，沿着强势高校的发展路径，开办一些本不适合自身发展、缺乏办学能力的专业，战略转型时也追求“升格”和“综合化”，从虚名和形式着手，而非真正提升自己的办学基础，走适合自身发展之路。

二、办学理念与办学实践错位，革新无效

无论制度本身的安排是否合理，制度的稳定程度都会对行为主体的心理造成影响，多变的制度会使人的心理活动变得不稳定，从而影响制度的实施和长久维持。人们会想未来的制度安排会发生什么改变，如果我现在这样做，未来是否依然有效等。薄弱高校在改革发展中，制度安排很难稳定下来，常常轻易改变原有的制度安排和基本办学思路。比如看到一个专业目前招生就业火爆就跟风开办，不考虑自身基础和办学能力；或是某一专业招生就业暂时不顺便随意关闭；对于教师的考核评

价、薪资待遇也存在制度不完善的状况等。这种制度上的朝令夕改会造成校内师生心理预期的不确定性，人们便会急功近利追求短期利益，有时会出现一种“上有改革政策，下有应对策略”的现象，激励全体行动参与者改革的局面就难以达成，改革进程非常缓慢，难以有实际性的进展，转型困局难以突破。

三、低效率重复以往路径，形成“转轨顽性”

路径依赖理论认为，初始制度一旦形成，便会形成与其相生共荣的组织和集团，这些既得利益组织和集团会努力维护和强化这一初始制度，使它沿着以往的既定轨道持续下去，这股力量也使得新的外力作用难以改变这种既定状态。在薄弱高校，党委领导下的校长负责制，可能会导致“一尊独大”的“一长制”，缺乏民主。再加上中国传统文化中从属观念、集权思想由来已久，缺乏民主、法制、分权和权力的制衡，目前积累的文化思想和人力资本，还难以支撑问题大学、薄弱高校规范治理和改革的有效运行。如果高校想要改革转型，首先需要改变这种“一长制”的治理结构，转向建立规范科学的高校治理结构，这种可以相互制衡的治理结构会削弱一部分任性权力，使得任性权力受到限制，治理格局发生改变，甚至触动既得利益。这就会给需要改革转型、进行内部治理的高校形成一种障碍，而且这种障碍很难清除，从而形成“轨迹顽性”，最后演变为一种形式上的变革转型，实质上依然遵循老路，陷入一种低效率重复的运转状态。许多教师对于学校面临的困境、需要改革的地方“心里都明白”，然而实际的情况却难以改变，D学院的秦老师说：

> 学校原来怎么做，现在还是怎么做，靠着传统过日子，凭经验，出现了问题，头痛医头脚痛医脚，工作往往陷入盲目。我们想怎么样也很难改变，上面（上级领导）有他们自己的考虑，我们认识到问题也没有办法，只能按照现在的老路走。

沿着既往的路，行动者更为熟悉，更习惯以往的方式，于是对新的行动方式产生一定的规避甚至抗拒心理，趋向于沿着以往的道路前进，形成“轨迹顽性”。例如Y学院的陈老师认为，学校目前发展的一个劣势就是“工作方法难以与时俱进，总是沿袭着老的传统的方式”。S学院在教学上学习德国经验，要求教师“教学实训一体化”，课堂形式要理论和实训相结合，该校的王老师说：

> 想法是好的，但是在实际教学中，知识的传授和活跃气氛相矛盾。一门课的课时摆在那儿，学生也习惯于传统的单纯地听讲，如果要理论与实训结合，就需要学生有很好的基础，有着非常周密的课程整体设计，但是实际上这些都难以达到，最后变成一种形式上的模仿，陷入一种不尴不尬的局面。

在办学模式上依然存在路径依赖现象。以前高校的财政规划、教育政策、办学理念等都是由中央政府直接管理，而这些管理缺乏院校自身的特色，在改革后这些权限主要交给地方政府和高校，但在实际过程中，先前具有强烈行政色彩的管理模式并没有改变，无论是招生还是课程设置等，都是由政府部门直接规定，院校的自主权很难实现。通过对路径依赖理论的研究，我们可以发现，传统高校管理模式的路径依赖正是阻碍薄弱高校走出发展困境的根源之一。

四、文化思想观念中的路径依赖：no-fail culture

诺思认为，作为非正规约束的文化在制度演进中起着重要作用，因此是路径依赖的重要来源①。薄弱高校的转型改革并不受相关法律、法规的约束，目前也缺乏薄弱高校退出机制的相关规定和运作程序，即使一所高校陷入绝境，难以为继，“危在旦夕”，也难以看到一所高校退出和关闭。看来，中国也存在着一种类似于英国高等教育中存在的“no-fail culture”。

英国经济的低迷影响着大学的收入，很多大学开始出现危机甚至陷入困境，但英国民众认为，大学的倒闭退出是难以接受的，是不可能发生的事情。实际上，他们存在一种固有观念，认为大学的破产是一种耻辱而不应该被讨论和提及。他们根深蒂固地认为，国家和社会有责任去挽救支撑任何一所岌岌可危的大学。但这一观念开始受到挑战，2009 年至 2010 年，英国的高等教育基金委员会拨款 80 亿英镑资助英国的

---

① ［美］道格拉斯·C. 诺思. 制度、制度变迁与经济绩效［M］. 上海：上海三联书店，上海人民出版社，1994.

131所大学，然而英国政策智囊团“政策交流”（policy exchange）认为这种高等教育的“no-fail culture”应被重新审视。客观而言，英国的高等教育整体水平较高，出现的薄弱高校数量并不是很多，但BBC新闻发表文章，认为薄弱高校应该被关闭。

在中国，同样存在着一种深深的关于高等教育的“no-fail culture”，一所大学，尤其是公立大学的破产倒闭会引起轩然大波，社会大众难以接受，认为这是一件不可思议的事情。SY市某区教育主管部门的陈主任说：

> 以Y学院来说，虽然它处于比较弱势的地位，但是当地政府是不可能让它倒闭的，要关早就关了，这其中牵扯很多问题……

一所薄弱高校的破产退出很可能带来一系列的“蝴蝶效应”，因为一所大学会拉动一部分地方经济，解决一定的就业。大学发展水平的高低也是一个地方经济文化发展水平的象征，一般经济文化发达的地方高校林立，水平高的大学也大多在这些地方，而经济文化发展水平低的地方，高校较少，高校的发展水平也难以达到一定的层次。高等教育发展状况也关乎一个地方政府的形象。而一所大学破产退出，大学里的教授等教职工也是难以安置的。因为一直坚持这样的看法，很多高校即使办得很糟糕，依然没有太大的紧迫感，大家都认为，学校总会存在下去的。

如果学生采取投票的形式选择自己可就读的学校，那么我们还会忽视这个问题而选择盲目相信学校会永久存在吗？在当前薄弱高校问题被掩盖的情景下，我们不得不问，大学能否从其他失败的高校中吸取教训？而这又会给我们的学校带来怎样的影响呢？对传统观念的路径依赖，会掩盖薄弱高校发展困境和面临的问题。

思想观念作为一种非正式制度安排，对于改革转型有着隐性的强烈的影响，存在着一种文化观念和文化传统的路径依赖。在这种“no-fail culture”的影响下，薄弱高校会坚信组织的永续存在，对于自身面临的问题，即使是非常严峻的现实问题，也会回避不谈，或不以为然。当薄弱高校不能清醒地意识到它所面临的现实困境时，问题不会消除，困境只会加剧。

第四章　薄弱高校引发的问题

20 世纪末开始的高等教育大发展，使我国高等学校的数量和在校生人数迅猛增加，高等教育由此从精英高等教育进入大众化高等教育阶段。在我国高等教育急剧扩张的过程中，由于新校的不断涌现、资源的严重不足和竞争的加剧，出现了许多薄弱高校，并形成了薄弱高校群体。种种迹象表明，它们的生存状态堪忧。随着时间的推移，由薄弱高校引发的问题日益严峻，必须予以高度关注。

薄弱高校群体的事实性存在，不仅会影响薄弱高校自身的发展，规模日益扩大的薄弱高校群体在自身陷入生存与发展困境的同时，还会影响整个高等教育系统，扰乱高等教育秩序，进而有可能导致高等教育系统的整体功能紊乱，从而酿成系统性危机。

从高等教育系统内部看，不同类型的高校之间存在着一定程度的相互影响和相互作用。薄弱高校的出现不仅对其自身造成影响，也会对其他高校的发展形成制约，进而会影响整个高等教育系统的良性运行。从前面的研究来看，薄弱高校大多产生于高等教育系统底部的职业院校、民办院校和地方本科院校，它们构成了高等教育的根基。如果大批院校沦为薄弱高校，我国高等教育系统的根基将会坍塌，甚至会使系统走向崩溃。

第一节　薄弱高校自身：群体范围不断扩大

一、薄弱高校将陷入难以自拔的困境

对薄弱高校群体而言，不同学校面临的困境都是全方位的，如果没有外力干预，薄弱高校群体的范围将不断扩大。外部环境越差，短期内高校改善

内部素质、摆脱困境的可能性就越低。在薄弱高校群体中，过于严峻的外部挑战和过于薄弱的应对能力集合在一起，难免会产生重大危机，对于学校改变自身的状况极其不利，很可能会形成一种恶性循环，学校招生、财务、师资必然会出现问题，最终导致办学水平的下降。而一旦办学质量出了问题，毕业生在就业市场上也会逐渐丧失竞争力，公众对学校的评价随之日益降低，学校招生将更为困难，竞争能力将全方位下降。

问题显然出在发展模式上。如果不转变办学模式，我国薄弱高校群体的生存危机将日益严重，但缩小办学规模等发展方式的根本性转变也会使这类高校面临资金链断裂的问题，并马上陷入生存困境。

二、薄弱高校的组织衰退

组织衰退理论专门考察了组织衰退对组织个体的影响，这对我们分析薄弱高校的弱势表现对其发展的影响有重要的借鉴作用。下表很好地反映了组织衰退的负面影响。

表 4-1　组织衰退对组织个体的影响

影响	描述
组织的结构	包括人员结构与组织规模的调整。优秀专业人员纷纷离去，新鲜血液无法注入，造成人力素质“回归平均数”，并进而形成所谓的“创新贫血症”。衰退组织中行政人员结构会产生“磁滞现象”甚至出现增加的情形。
人际冲突的扩大	组织步入衰退后，资源逐渐减少，而争夺者很多，于是团体之间开始斗争，内部形成输赢对立的气氛。随着工作安全感的消失，组织内部派别之争愈演愈烈。
政治活动增加	为保持现状和维护自身利益而故意忽略环境的变化；采取新策略的团体会利用合作策略争取关键人物的支持，化解反对意见，并设法将新策略变成其他团体的“无异议区域”，以避免遭到严重反对；不论是下级部门还是个别管理者，倘若感觉变革会危及权力与利益，则会全力抗拒变革。
抗拒变革的倾向	优势结盟为了自保会全力维持现状，这使得既得利益团体会阻挠一切变革的想法和行动。
工作意愿低落	由于离职、解雇、迁调等事件直接导致工作重新分配，成员常需要负担额外的工作，再加上组织的高度不确定性，很难营造高昂的士气与良好的气氛。

数据来源：肖红军．基于共同演化视角的中国企业衰退问题研究［M］．北京：经济管理出版社，2010．

薄弱高校作为衰退组织的一种，其内部也存在上面所描述的组织特征。由于自身条件的限制，不少薄弱高校实施的引智工程结果并不理想，自己送出培养的中青年教师回流少，重点高校又挖走了不少教学科研骨干，使本已贫弱的师资队伍更加薄弱。学校工作效率不高，人才培养质量差，学校领导对下属教职员工失去信心。而学校面临的困境和学校战略规划的不奏效，也使学校领导遭到指责，导致教职员工士气低下，内耗严重。组织步入衰退以后，就面临着组织变革的选择。薄弱高校的利益相关者在面临组织衰退时，都从自身利益出发，提出有利于保护自身利益的变革方案，这时候各方往往很难达成一致，导致不同利益集团的利益纷争。当多方利益相关者群体难以达成一致时，变革的阻力也变得更大，创新行为的实施通常会受到较大程度的抑制。

根据生命周期理论，组织发展是具有周期性规律的，每个组织都像一个有机体，高校也必然会经历组织衰退的过程。虽然目前面临“死亡”的公立高校在政府的财政资助下，或许能暂时避免倒闭的命运，但是根本性的组织老化问题很难改变，持续低效率的存活，其合法性得不到维持。当高校组织完全丧失其存在的合法性时，政府让其退出的合理性大大超过其“输血救助”的合理性。人为抑制破产本身就是违背组织发展周期性规律的。实际上，很多公立高校面临扭亏无望的境地，也想要退出，却没有正规渠道可走，只好走一步算一步地拖着。这对在其中工作和学习的教职员工及学生也都是一种拖累。熊彼特的“创造性毁灭”即这个道理，公立高校退出，让政府及学校的运营者反思其存在的问题，可能会使学校在被其他高校兼并重组、破产倒闭之后，在其重生之后为社会创造更好的价值。

根据组织衰退理论，持组织衰退的正面影响观的学者认为，组织衰退能够引起领导者的反思，引发组织的创新行为，所以说高校组织面临困难和危机时，在某种程度上也是转机，政府不应该帮助其摆平一切，而使高校没有受教训的机会。让部分高校破产倒闭是顺应组织生命周期规律的必然，薄弱高校的破产退出反而可以形成倒逼机制，让更多高校实现突围，从而促进整个高等教育系统的繁荣发展，形成良性循环的“高校森林”。

第二节　薄弱高校对高等教育系统的影响

一、站在高等教育系统的角度看薄弱高校带来的问题

薄弱高校群体存在的事实表明，我国高等教育经过大发展之后，质量有所降低，也表明我国高等教育系统出现局部性问题。系统出现的局部性问题会不会引发系统整体功能的紊乱、酿成系统性危机？这是我们必须面对和思考的问题。

我国薄弱高校存在的问题虽然不是全局性的，但从总量上看，破产倒闭、陷入困境以及未来可能遭遇困难的高校在整个高等教育系统中占的比重不能说是无足轻重。所以说，薄弱高校群体的存在是高等教育系统产生危机的因素。至于薄弱高校群体对其他高校的影响，我们可以认定，其在占用大量系统资源的同时，影响到了高等教育系统的声誉。我们尤其应该注意到这样一个事实：当薄弱高校遭遇发展瓶颈，尤其是面临资金周转困难时，往往会向银行贷款或者扩大招生以保证资金的供给。而其中不少因种种原因丧失还贷能力，债务“黑洞”越来越大的高校，已无力自行摆脱困境。尽管我们无法确切地说出薄弱高校的负债数额，但这类高校已被负债所累，处于破产的边缘，是可以确认的。

“木桶理论”认为，一个木桶所能装载的水的容量取决于最短的那块木板的高度。作为高等教育系统中“最短的木板”的薄弱高校，其生存环境和发展状况对我国整个高等教育体系有着不可估量的影响。所以当我们热衷于讨论建设世界一流大学时，不应忘记还存在着大批薄弱高校这一事实。这些高校在自身陷入困境的同时，正在降低我国高等教育的总体质量与水平，从各个方面侵蚀着整个高等教育系统。

从某种意义上看，我国高等教育系统中的薄弱高校问题，与经济领域中濒临破产的中小企业问题具有某种相似性。在我国，不解决好中小企业的问题，就不能解决经济发展的问题，这一点在我国经济学界已经成为共识。现阶段，我国薄弱高校对我国高等教育系统意味着什么是不言而喻的。如果这批学校的生存和发展问题得不到解决，我国高等教育系统的整体水平显然难以提升。

薄弱高校群体的扩大会弱化高等教育系统的存在基础，并引发高等教育的系统危机。根据组织生态理论的发现，组织死亡在种群内具有接触性传染效应，即濒临死亡的组织或者已死的组织会引发健康组织的死亡。部分薄弱高校的退出，是不会影响系统的稳定性的，相反，如果让充满各种危机的薄弱高校继续存活，新鲜血液难以进入，高等教育系统就很难发生创新性的变革。由于问题的陈年累积，最终将酿成系统性危机。

在我国高等教育系统特定的金字塔型结构中，不同高校的功能很多时候是行政力量赋予的，比如，要求“985 工程”、“211 工程”高校承担重要的教育科研任务，地方高校承担大众化教育的任务。这与市场力量占主导地位的高等教育系统不同，在市场力量占主导地位的高等教育系统中，比如美国，如果某一学校出了问题，市场的自动调节机制会改变学校的运行方式，或者会使新的学校补充上来。而在我国，处于底部的大众型高校数量巨大，如果这部分高校集体滑向困境而难以自拔，无疑意味着我国高等教育系统的整体功能可能遭到破坏，甚至出现重大危机。如今，社会大众对我国高等教育的评价有所下降，学生弃学现象越来越多，有些地方普通高校的退学率达 20%，甚至出现重点大学的学生退学后去国外读书的现象，这些都是高等教育系统发出的危机信号。但迄今为止，我国政府对这部分高校（尤其是其中的公立高校）的政策取向基本上局限于输血救助，尚未考虑其他应对策略。这就使得这部分高校一方面继续在低水平产出的基础上消耗大量教育资源，另一方面因缺乏被淘汰的压力而失去转型的动力，弱化了我国高等教育系统的创新能力，最终使高等教育的生态环境逐渐走向恶化。

二、高等教育生态系统中的“薄弱高校群落”

1. 组织生态学理论概述

根据生态学家奥德姆的观点，生态系统就是指生物与它们赖以生存的环境通过物质循环和能量流动互相作用、互相依存而构成的一个有机整体①。存在于生态系统中的物种既存在着为生存而进行的竞争和搏斗，

① 贺祖斌．高等教育生态论［M］．桂林：广西师范大学出版社，2005：28．

又存在着相互依存、互惠互利的共生关系①。

组织生态学主要研究竞争、环境和资源配置与组织群体之间的关系。根据组织生态学的观点，如果将组织种群作为一个整体来看待，那么变化着的环境就决定了该种群中特定组织的存亡和失败②。各种组织形态的不同源于组织适应能力的差异以及有限性，而适应能力的有限性决定了某一组织终究会被淘汰。组织生态学理论的创始人迈克尔·汉南（Michael Hannan）和约翰·弗里曼（John Freeman）认为，有许多因素限制着组织的变化能力。以公司为例，这些限制因素来自对厂房、设备的巨额投资，人员的专业化，有限的信息，决策者的固有视角，组织自身成功的历史对现行程序的固化，以及改变公司文化的困难等③。在所有这些阻力面前，组织要实现真正的转型就成为罕见的、近乎不可能的事情。

2. 高等教育生态系统中的“薄弱高校群落”

高等教育系统从一定意义上说是一个生态系统，这一生态系统是由高等教育系统与其生态环境共同构成的④。高等教育系统又是由不同层次、不同类型的高等学校组成的，它具有生态演替、区域性、复杂稳定性、自我调节等生态特征。

高等教育系统的生态演替特征体现为高等教育系统是一个不断发展、进化和演变的系统，即处于生态演替变化之中。生态区域性特征指的是高等教育系统会反映一定的地区特性及空间结构⑤。同时，高等教育系统还是一个与环境进行物质循环、能量流动、信息传递的复杂有序、相对稳定的系统，其内部的各级各类高等教育机构之间的关系增加了系统的复杂性和稳定性。高等教育系统的自动调节功能主要表现在高等教育系统具有一定的自我修复能力，会根据需求变更学校在层次和类型上的

---

① 贺祖斌. 高等教育生态论［M］. 桂林：广西师范大学出版社，2005：29.

② ［美］理查德·L. 达夫特. 组织理论与设计［M］. 王凤彬，等译. 北京：清华大学出版社，2008.

③ 楼园，韩福荣. 企业组织结构进化研究［M］. 北京：科学出版社，2011.

④ 贺祖斌. 高等教育生态论［M］. 桂林：广西师范大学出版社，2005：32.

⑤ 贺祖斌. 高等教育生态论［M］. 桂林：广西师范大学出版社，2005：30.

分布[①]。

从功能的角度讲，薄弱高校是指功能异化、结构畸变，且不能承担大众化任务、为地方发展服务的高校。高等教育系统内部的薄弱高校已经不能很好地完成高级专门人才的培养工作，这部分高校已经形成了一个群体，在此可称为“薄弱高校群落”。“薄弱高校群落”的出现表征了高等教育系统的生态演替，是在高等教育规模扩张的背景下产生的。我国高等教育大众化的发展速度极快，用不到20年的时间走完了发达国家几十年才走完的路程。过大的发展规模和过快的发展速度使高等教育系统的生态资源承载力和生态环境承载力还未来得及提供足够的容纳能力，导致部分高校没有发展空间，从而沦为薄弱高校。

从高等教育系统的生态区域特征来看，“薄弱高校群落”最早出现在区位劣势地区。在高等教育资源的区域分布、教育投入以及教育质量方面，东部、中部、西部三大生态区域发展明显失衡。随着生态区域文化和经济发展的不平衡，高等教育生态区域失衡的问题还将越来越突出，这种生态区域差距在很大程度上影响了区位劣势地区高校的可持续发展能力和区域竞争力[②]，成为薄弱高校变得不可避免。“薄弱高校群落”的存在，会使各级各类高等教育机构之间的联系发生断裂，高等教育系统的稳定性与自我调节能力必会减弱。

三、薄弱高校群体打破了高等教育系统的平衡性

高等教育系统的整体性和平衡性是最重要的客观性质[③]。通过研究发现，薄弱高校群体的存在正从几个方面打破高等教育系统的平衡性，这几个方面体现为高等教育系统的关联性、适应性、共生性。

1. 引发高等教育系统生态关联性的问题：结构失衡

德国哲学家黑格尔说过：“自然界必须看作是一种由各个阶段组成的体系，其中一个阶段是从另一个阶段必然产生的。”[④]生态系统的关联性

① 贺祖斌．高等教育生态论［M］．桂林：广西师范大学出版社，2005：31.
② 贺祖斌．高等教育生态论［M］．桂林：广西师范大学出版社，2005：6.
③ 贺祖斌．高等教育生态论［M］．桂林：广西师范大学出版社，2005：34.
④ ［德］黑格尔．小逻辑［M］．贺麟，译．北京：商务印书馆，1980：46.

可以从时空两方面理解：一是从空间结构来看，它是具有整体关联性的系统；二是从时间发展来看，它是历史的、发展的系统。

在我国高等教育系统内部，处于不同位置高校数量的分布比例以及生存状态就体现了我国高等教育的结构特征。各种办学形式和办学层次形成一种网络式交叉结构，它们绝对不是孤立存在的个体，而是相互联系、相互依存的生态体系①。

高等教育的改革与发展，尤其是高等教育的大众化，需要有更多的高校接纳大量的学生入学，必然会改变其系统原有的稳态结构。在这一时期，通过低一层次学校的升格，发展壮大高一层次的高等院校，成了发展高等教育相对快捷的途径。实际上，这也正是我国高等教育发展的基本事实。克拉克指出，高等院校的升格指的是本科院校升为大学，专科院校升为本科院校，中专学校升为专科院校。教育是在社会发展的驱动下，通过由下而上、从上而下相向发展而最终形成自己完整的教育体系②。在高等教育体系中，大量非大学高等教育机构的出现直至延伸到中等教育是大学向下发展的结果；同样，学院、专科学校乃至中等教育在层次上的提升是高等教育由下而上发展的必然。这些都是外部环境变化和社会发展趋势对高等教育发展的推动。通过升格而来的高等院校承担了大部分的扩招任务，才有了今天高等教育取得的显著成绩；但大幅度的、甚至是降低标准的高校升格运动，给高等教育系统带来了层次结构方面的问题③。

在我国高等教育系统中，高校升格的动力是复杂的。为了获得发展的资源乃至平等地位，高校就必须提高自身所处的层次，于是较低层次的高校有了向上跃升的强烈冲动。为了提升行政级别，获得更好的政治与经济待遇，管理者需要升格，导致了强烈的高校升格之风，在许多人为因素的影响下，形成了我国高等教育发展中的奇

① 贺祖斌．高等教育生态论［M］．桂林：广西师范大学出版社，2005：35．

② ［美］伯顿·克拉克．高等教育系统——学术组织的跨国研究［M］．王承旭，译．杭州：杭州大学出版社，1994：161．

③ 张新艳．我国弱势高校问题及其应对战略研究［D］．武汉：华中科技大学博士学位论文，2009．

特景象①。越是原有层次较低、竞争力较弱的学校，越是迫切地追求升格。这些学校期望通过升格改变自身所处的劣势环境和条件，寻求新出路。“这些学校在纷纷‘升格’时，它们考虑的不是所谓的宏观层次结构，而是自己的发展生计”②。

学校的升格使一部分本来就处于弱势的学校在通过不同方法升格后仍然无法改变其弱势的地位，成为高一层次的薄弱高校；还有一部分学校在原有的层次上，办学有特色，竞争有优势，甚至可以认为是某种意义上的强势高校，但升格到高一层次之后，却在新的层次中，失去了原有的优势，失去了特色和发展方向，出现了办学目标的迷失和竞争的无措，成为高一层次的薄弱高校。这样的结果，带来的不仅仅是薄弱高校数量的增多，推动了薄弱高校群体的形成与发展，更从层次和结构上改变了高等教育的合理布局，造成了高等教育结构的失衡③。

薄弱高校大多产生于较低层次的职业院校、民办高校以及地方本科院校。在我国，这类院校在一定程度上承担着为上层院校输送人才的责任。据不完全统计，每年重点大学研究生生源有很大比例来自较低层次的高校，当这部分学生不能接受良好的本科教育时，势必会对将来的硕士、博士阶段的学习造成影响。根基打不好，如何建造牢固的高楼呢？因此，重点大学培养学术精英的职能也会因此受到牵制。高等教育系统中任一位置的高校如果不能正常发挥作用，都会对整体构成影响。“薄弱高校群落”的存在，占用有限的教育资源又不能产生期望的效果，必将影响高等教育系统纵向结构与横向类别的稳定与有序，进而阻碍其他类型的“高校群落”的正常发展，这势必会引发高等教育系统生态关联性的结构失衡问题。

2．引发高等教育系统生态适应性的问题：目标偏移

高等学校对社会环境的适应主要体现在它所提供的各类产品，尤其

---

① 张新艳．我国弱势高校问题及其应对战略研究［D］．武汉：华中科技大学博士学位论文，2009．

② 冯向东．高等教育结构：博弈中的建构［J］．高等教育研究，2005（5）：1-5．

③ 张新艳．我国弱势高校问题及其应对战略研究［D］．武汉：华中科技大学博士学位论文，2009．

是所培养的各级各类专业人才的质量、规格是否满足社会各子系统的需求。而薄弱高校由于其办学理念的偏差、基本办学条件的缺乏、管理上对学生学习与发展的忽视，总体教学质量难以保障，使其培养的学生在知识素养、技能掌握等方面不能很好地满足工作岗位的要求，因此，对社会发展的贡献是有限的，这就使得薄弱高校自身很难在高等教育生态系统中扮演好属于自己的角色。

我国已经进入市场经济社会，市场经济所强调的效率和效益在高校的教育与研究活动中已经体现出来。高校花费大量的精力积极参与社会经济活动，获取经济利益和社会效益。高等教育在保持追求精神价值的独立性的同时，也接受来自市场的价值观的冲击，这就要求要确立多元的教育目标体系，并在它们之间获得支持与平衡。在追逐多重目标的过程中，偏离高等教育目标的行为在薄弱高校时有发生。例如，由于面临生源短缺的困境，欺骗性招生、放低入学门槛的无序竞争和动员全体师生去招揽学生的行为等，都已经体现出学校把经济利益放在第一位，而将为社会培养合格的高级专门人才的根本目标抛之脑后；再者，由于缺乏资金，学校的基本设施跟不上，教师工作量过大，导致教学质量难以保证，也表明了薄弱高校忽视了培养学生的首要职责；又如，为了节省管理成本，薄弱高校在管理上只强调别出事情，结果使学校管理长期停留在低水平管控上。这些归根结底都是因为受到市场经济利益最大化价值观的冲击所致。处于生存困境中的薄弱高校，只能追逐经营的目标，眼里只有现成的直接收益，只关注求得眼前的生存，而无暇顾及教育质量。没有长远目标追求的薄弱高校，将会在追逐当前利益之时，失去精神与灵魂。

薄弱高校的上述行为或许是高等教育市场化下的无奈选择。但它们的这些所谓求生存的行径，将会使其自身对环境的适应性不断降低，更加严重扭曲高等教育的目标，进而使整个高等教育系统的适应性越来越差。

3．引发高等教育系统生态共生性的问题：质量下降

在生态学上，个体或物种间的相互作用是根据相互作用的机制和影响来分类的，主要有两大类，即负相互作用（negative interaction）和正

相互作用（positive interaction）。前者如捕食、自相残杀等，后者如竞争、寄生、互利共生和利他主义等①。

潘懋元先生对高等教育的发展曾经这样评述：发展包含两个密切相关的方面，一个是数量的增长，一个是质量的提高，两者要均衡发展②。在高等教育系统中，不同层次和类别的高等学校之间相互依存、互利共生。如较低层次的教育可以为较高层次的教育提供优秀的生源，或者较高层次的教育向较低层次的教育提供合格的师资。薄弱高校在发展的过程中由于内外部多种因素的影响，忽视了自身内涵的建设，只注重规模的扩张以多招揽生源，在其自身陷入困境之际也使整个高等教育系统的质量下降。“薄弱高校群落”为了求生存而不断违背规则，采取种种机会主义的行为，扰乱了高等教育场域内的秩序，使不同层次和不同类别的高等学校之间的竞争往往产生负相互作用，不利于高校适应度的增强，难以形成互利共生的生存机制，因而对整个高等教育系统的发展不利。

还以招生为例。薄弱高校为了应对招生困境，往往会无节制地降低录取标准，在某些省份甚至出现连100多分的考生都能被录取的现象。这使生源质量越来越差。在一般意义上，这些学生既缺乏学习能力，也缺乏学习愿望，属于非本意学习者，是不应该进入高等教育系统的，他们当中有相当一部分学生是在父母、同学和社会的影响下被动地进入大学的。他们上大学只求资格，而不关心是否学到知识，进入大学后，会使所在大学的学风变坏。此外，生源质量降低必然引发教学质量问题。由于师资力量不足，教师工作量过大，加上缺少水平较高的教师授课，理论课教学虽然可以通过教师多上课、上大课完成教学计划，但教学效果可想而知，教学质量将难以保证；加上缺经费、缺教师、缺器材设备，大量的实验、实践教学环节停留在教学计划里，难以实现，从而造就出了大量理论知识薄弱、实践动手能力不足、与社会需求不相吻合的

① 贺祖斌．高等教育生态论［M］．桂林：广西师范大学出版社，2005：37.

② 潘懋元．新时期中国高等教育的质量战略［J］．中国大学教育，2004（1）：4-8.

毕业生。数量众多的薄弱高校每年都在批量生产不合格毕业生，从而将危机输送到社会，留下了巨大隐患。薄弱高校培养的这些毕业生难以履行高等教育系统赋予的推动区域社会经济发展的责任，导致高等教育的服务功能在薄弱高校层面被弱化以至丧失，进而必然会影响社会对整个高等教育系统培养的毕业生质量的评价。

在现实中，薄弱高校的地位和生存策略决定了它们往往在高等教育系统中发挥消极作用。在战略选择上，由于多种因素的综合制约，薄弱高校多半属于被动的防御者和迟钝的反应者，很难成为积极的探索者。它们是市场的拾荒者，通常栖息于探索者、防御者和分析者留下的次等的、收益率不高的目标市场或机会。它们通常是功能紊乱性组织。在组织行为选择上，它们通常是机会主义者，扮演的是规则的挑战者和秩序的破坏者的角色。薄弱高校与其他高校及薄弱高校之间互动的结果，是高等教育场域的退化。

4. 上述问题使高等教育系统的平衡性被打破，引发系统危机

在生态系统中，若系统的结构与功能、物质和能量的输入与输出处于相对稳定的状态，则表明生态平衡；当生态系统所受的外界干扰超过自身调节的能力时，整个生态系统的平衡被打破，从而引起生态系统结构与功能的失衡①。

在高等教育系统中，虽然薄弱高校对教育资源的争夺能力有限，但它们仍然会占用一定的教育资源，只是在低效率运作这些资源，因而产生了较差的收益。它们的存在影响强势高校获得更多的教育资源，造成了高等教育资源的相对紧张。薄弱高校群体在占用大量高等教育资源的同时，影响了高等教育系统的声誉。

概言之，薄弱高校在自身陷入困境的同时，正在降低我国高等教育的总体质量与水平，从各个方面侵蚀着整个高等教育系统。我们必须考虑相应的解决对策，以提高我国高等教育系统的吸引力与稳定性。

---

① 贺祖斌．高等教育生态论［M］．桂林：广西师范大学出版社，2005：39．

第五章　薄弱高校的成因

第一节　高等教育由卖方市场转向买方市场

一、高等教育供求关系的转变对薄弱高校的影响

从世界范围来看，第二次世界大战之后，尤其是1960年以后，规模扩张是各国高等教育发展的主旋律。世界上各个国家陆续迈出了高等教育大众化的步伐。今天，许多国家已经进入了马丁·特罗教授提出的高等教育大众化阶段，部分国家甚至已经迎来了高等教育普及化时期。20世纪末的金融危机，为我国高等教育大发展提供了契机。在很大程度上出于拉动内需、刺激经济发展的考虑，1999年我国开启了高等教育大扩招的进程。近20年来，我国的高等教育可以说是极速增长，高等学校在校生人数由1998年的108万增长到2017年的近3 700万。问题在于，一方面地方普通高校承担了高等教育大众化的主要任务，另一方面在政府主导的高等教育发展政策下，少数处于系统上层的高校基本上垄断了优质高等教育资源，而地方普通高校在政府分配的各类资源中均处于边缘位置。

与此同时，地方普通高校还面临着双重挑战。我国高等教育在进入大众化阶段的同时也面临着诸多转型，其中，由学校挑学生的卖方市场转向学生选学校的买方市场是最重要的转型。高等教育适龄人口减少和适龄人口中接受本土高等教育的意愿的减弱，使处于高等教育系统底层的薄弱高校面临日益严峻的招生困境。生源绝对数量减少，加上就业状况持续恶化，社会评价日益负面，使得只要办学就会有学生找上门的繁

荣景象不再，我国高等教育进入发展的拐点。当学校成为被选择的一方时，处于高等教育系统下层的学校越有可能成为被考生放弃的对象。相对于处于金字塔顶端的高校在生源市场上所占据的强势地位，位于金字塔底部的为数众多的薄弱高校，在生源市场上大多处于劣势地位。

对2009—2013年5年间河南省高职和本科三批第一志愿投档的统计充分显示了薄弱高校的招生困境。如果用每一所学校的投档总数减去计划数计算出第一志愿缺档数，再用缺档数除以计划数计算出第一志愿缺档率，可以看到一批高职院校、民办高校和中外合作办学高校的缺档率高达90%。

二、区域高等教育系统对高等学校的容量逐步趋于极限

在这一背景下，部分区域高等教育的发展已经触及系统对高等学校容量的极限，一批高校正在面临招生不断萎缩的局面，连维持现有规模都十分困难。对于绝大多数大众型高校而言，学校的在校生规模与发展状态之间有着一定的关联性，其学科专业设置和教学安排均需要一定的规模来支持。一般情况下，当一所高等学校的在校生规模在8 000—12 000人时，学校才能够勉强维持运转；而当在校生规模低于6 000人时，学校便很难生存下去了。虽然我国大多数区域仍然制定了继续扩大入学率的高等教育战略，但是，这一战略能否落实存在较大疑问。或许可以估计，很多大众型高校在大众化的初期得益于大发展政策，能够依靠扩张规模的粗放式发展过上好日子，在规模持续扩张的潜力挖掘殆尽之际，就不得不过艰难的日子了。

在生源市场的旺盛增长势头快速减缓的同时，我国高等教育市场对高等学校的容量必然同步减少。刘大椿对科学增长规律进行研究后发现，事物的发展遵循逻辑曲线规律，即事物首先是呈指数型地发展，并保持这一速率到某一点，之后发展速率放慢，直至到达增长极限，即增长的极致①。据统计，我国的全日制普通高等学校数量近几年一直呈现增长态势：2009年2 305所，2010年2 358所，2011年2 409所，2012年2 442所，2017年则接近2 700所。高校数的增加日益接近容量

① 刘大椿．科学增长的计量研究［J］．自然辩证法通讯，1985（6）：34-44.

的“天花板”，必将遭到反压。可以推断，在未来十几年的时间内，我国的全日制普通高等学校数将难以持续增加。经过连续十几年的高速发展后，也许高等学校数、在校生规模、高等教育升学率等核心指标都已达到了增长的极限，超出了我国高等教育系统的承载力，使得薄弱高校的出现具有必然性。即便如此，我们仍然需要看清：在高等教育大众化的背景下，有一批承担大众化任务的高校依然发展得如鱼得水。那么，我们就不得不追问，为何会有高校演变为薄弱高校？这批高校走向弱势的深层次原因究竟是什么？

有必要提到的是，传统管理体制下，我国高等教育的生源市场是行政干预较强的市场。当这一市场面对具有较大自主选择权的学生时，部分高校所面临的招生困难本应成为一种信号，促使学校尽快变革。但行政干预在很大程度上阻断了这一信号，使薄弱高校丧失了及时调整办学策略的机会。在这个意义上，僵化扭曲的生源市场会使薄弱高校更弱。

第二节　政府主导的倾斜性高等教育资源配置和政策安排

在特定的社会结构条件下，我国形成了高度集中统一的高等教育管理体制和行政控制的资源配置机制①。政府掌握各种高等教育资源（如法规、政策、经费等资源）和调控手段。布迪厄的资本理论认为，存在着非物质化的资本形式：经济的、文化的、社会的和象征的，这些资本形式中的一种能够转换成另一种，只不过转换时的难易程度不同②。布迪厄进一步指出，资本依赖于它在其中起作用的场域，并按照资本兑换率进行形式转换，这种转换是资本在场域中发生作用的先决条件。布迪厄的资本概念和场域理论可以用来分析制度环境对薄弱高校的影响。当我们把高等教育系统看做一种场域时，可以认为，制度环境分配给各类高校的经费、社会资源和政策（如划定高校的行政级别）等等，就成为这些

① 康宁. 中国经济转型中高等教育资源配置的制度创新［M］. 北京：教育科学出版社，2005：85.

② 宫留记. 布迪厄的社会实践理论［M］. 开封：河南大学出版社，2009：110.

高校在高等教育场域中发生作用的“实践工具”，即经济资本、社会资本和象征资本。在高等教育场域中，薄弱高校和重点大学相比，总是处于一种在绝大部分情况下最不受重视的劣势地位，因为政府部门及其相关政策给予后者要比给予前者的关注多得多，这使得薄弱高校成为经济资本的贫乏者、社会资本的旁观者和象征资本的被边缘者。

一、经济资本的贫乏者

在布迪厄的资本理论中，经济资本概念相当于一般经济学意义上的资本概念，是基础性资本[①]。大学的经济资本可具体化为经费、教学基础设施、教材与图书资料等，本书就以高校的经费作为主要分析对象，来探讨经济资本配置是如何导致薄弱高校陷入困境的。

从大学经费的主要构成来看，自 1992 年国家确立市场经济改革目标起，我国大学办学经费从单一渠道逐步走向了多元化格局。1993 年国家预算内高等教育经费为 137.14 亿元，占各类高校总经费的比重是 78.12%；预算外高等教育经费为 38.40 亿元，占各类高校总经费的比重是 21.88%，其中学费为 13.49 亿元，所占比重为 7.68%。可见，当时大学经费的来源主要是政府拨款。此后，随着高等教育财政投入体制改革的不断深入，高校办学经费来源中预算内经费的比重不断下降。到 2002 年，国家预算内高等教育经费为 754.89 亿元，占各类高校总经费的比重是 47.68%；预算外高等教育经费为 828.32 亿元，占各类高校总经费的比重是 52.32%，其中学费为 426.45 亿元，所占比重为 26.94%。表面上看来，国家划拨经费的多少对于高校发展的影响在降低，然而事实上，国家分配的经济资本在某种程度上能够决定一所大学的命运。

1. 中央所属高校拥有充裕的经济资本

20 世纪 90 年代，我国高等教育重点建设进入新的阶段：专项工程阶段。政府启动了新一轮的高等教育重点建设政策，目标是建设具有世界高水平的学科和大学，其重大政策措施是启动“211 工程”和“985

① 宫留记. 布迪厄的社会实践理论［M］. 开封：河南大学出版社，2009：116.

工程”。这两大工程的建设经费采取国家、部门、地方和高等学校共同筹集的方式。

1995—2005年，“211工程”高校获得中央专项78.42亿元，占总投资额的21.3%；部门配套资金60.49亿元，占总投资额的16.4%；地方政府配套资金85亿元，占总投资额的23.1%；学校自筹资金144.35亿元，占总投资额的39.2%。在资金的使用安排上，用于重点学科建设的经费为165.41亿元，用于公共服务体系建设的经费为71.05亿元，用于师资队伍建设的经费为24.09亿元，用于基础设施建设的经费为107.71亿元①。

2008年，我国31个省、直辖市、自治区中只有21个有中央所属高校，山西、内蒙古、江西、广西、河南、贵州、云南、西藏、青海和新疆都没有中央所属高校，因此没有这部分拨款。2008年，中央所属高校生均教育经费支出的平均值是32 903.67元，其中平均用于事业性经费支出30 197.27元，平均用于基本建设支出2 706.40元。北京、浙江、湖南三地的教育经费支出远高于全国的平均水平，其中又以浙江最高。这可能与浙江省只有浙江大学一所中央所属高校有关，浙江省财力雄厚，把所有的财力都集中于浙江大学这一所大学，使得浙大的经费获得高出北京地区高校的平均获得。2008年，浙江省中央所属高校的生均教育经费支出是46 952.94元，其中用于事业性经费支出46 871.41元，用于基本建设支出81.53元。北京市中央所属高校的生均教育经费支出是46 398.56元，其中用于事业性经费支出43 543.24元，用于基本建设支出2 855.32元；湖南省中央所属高校的生均教育经费支出是43 249.05元，其中用于事业性经费支出42 510.55元，用于基本建设支出738.50元。

2008年，每所中央所属高校生均预算内教育经费支出的全国平均值是13 634.65元，其中生均用于事业性经费支出12 425.16元，生均用于基本建设支出1 209.49元。北京和浙江两地的预算内生均教育经费在

① “211工程”部际协调小组办公室．“211工程”发展报告［M］．北京：高等教育出版社，2007：12.

全国最高。北京市中央所属高校的平均生均预算内教育经费支出是17 268.79元，其中用于事业性经费支出15 325.03元，用于基本建设支出1 943.76元；浙江省中央所属高校的平均生均预算内教育经费支出是16 919.26元，其中用于事业性经费支出16 829.25元，用于基本建设支出90.01元。

2008—2017年，教育部拨给高等学校的科技经费增量明显，由2008年的546.36亿元增加到2017年的1 537.01亿元，2017年的拨款金额是2008年的2.82倍。但比较不同规格学校获得的拨款金额不难发现，大部分的拨款给了少部分的高校。2008年，71.22%的科技经费拨给了占全国所有高校13.53%的“211工程”及省部共建高校，105所“211工程”院校及省部共建高校每校平均获得的此项拨款为36 988.39万元，是其他本科院校的11.92倍，是高等专科学校的106.62倍。

通过“211工程”和“985工程”的专项资金和各级政府的资金支持，中央所属高校获得了巨大的发展优势。国家的重点建设政策使中央所属高校的教学、科研所需要的基础设施建设得到发展，为培养和吸引优秀人才创造了必备的条件。据统计，1995—2005年，用于改善学校教学科研用房及与重点学科和公共服务体系配套的技术设施建设投资为107.71亿元。“211工程”学校仪器设备总值由1995年的92.98亿元增加到2005年的497.13亿元，是1995年的5.4倍，使重点建设高校的科学研究设备的数量与水平显著提高①。这些中央所属高校是名副其实的经济资本富裕者。

教育投入曾经长期制约我国教育的建设与发展，包括高等教育的建设与发展。20世纪90年代中期以后，随着“211工程”和“985工程”的推进，教育投入对教育建设与发展的制约逐渐减弱。今天，我国部分顶尖大学所获的经费投入已经接近世界顶尖大学。如2017年清华大学、北京大学和复旦大学的经费投入预算分别为233.35亿元、193.45亿元和150.47亿元，与哈佛大学、斯坦福大学44亿美元、45亿美元的经费

① 张应强. 精英与大众——中国高等教育60年［M］. 杭州：浙江大学出版社，2009：68.

总数已十分接近了。

2. 地方高校经济资本相对匮乏

自20世纪末以来，我国地方高校得到了迅猛发展，成为高等教育规模扩张的主要承载者。地方高校的办学规模在短期内迅猛扩张的同时，教育资源的积累并没有跟上，这与重点大学形成了强烈的反差。从经费的投入来看，一方面，相关部门对地方高校的经费投入明显低于部属高校；另一方面，不同地区对地方高校的资助又表现出显著的差异性。以2002年为例，占全国普通高校总数92%、学生人数84.4%的地方高校，获得的教育经费却只占全国普通高校经费投入的57%；地方高校获得的预算内教育经费、校办产业和社会服务收入、捐资收入的比例更低，许多地方高校的科研经费极少。地方高校的生均教育经费支出仅为中央所属高校的49%。

部分地区高校生均教育经费太低。2002年，地方高校生均教育事业费的平均值是9 791元，而贵州、青海、新疆、内蒙古等地区明显低于全国平均水平，其中贵州的生均教育事业费是3 889元，青海的生均教育事业费是6 305元，新疆的生均教育事业费是6 509元，内蒙古的生均教育事业费是6 841元。地方高校生均预算内教育事业费的平均值是6 816元，而贵州生均预算内教育事业费仅为2 125元，新疆生均预算内教育事业费为2 162元，四川生均预算内教育事业费为3 180元，湖南生均预算内教育事业费为3 214元，河南生均预算内教育事业费为3 284元，内蒙古生均预算内教育事业费为3 470元，湖北生均预算内教育事业费为3 702元，安徽生均预算内教育事业费是3 710元，江西生均预算内教育事业费为3 839元，这些地区的生均预算内教育事业费远低于全国的平均水平。生均预算内公用经费全国地方高校的平均水平是2 614元，而内蒙古只有248元，不足全国平均水平的1/10。新疆生均预算内公用经费为347元，贵州生均预算内公用经费为408元，安徽生均预算内公用经费为499元，湖南生均预算内公用经费为969元，显然也远远达不到全国的平均水准。更为严重的是，与中央所属高校每年获得的经费不断增长相比，地方高校的生均预算内事业费却持续下降。2000年普通高等学校生均预算内事业费支出为7 309.58元，2001年为6 816.23

元，比上年下降6.75%，2002年为6 177.96元，比上年下降9.36%，2003年为5 772.58元，比上年下降6.56%，2004年为5 552.50元，比上年下降3.81%①。

我国内地31个省（直辖市、自治区）地方高等学校教育经费支出和预算内教育经费支出也很拮据，以2008年为例加以说明。一方面，我国地方高等学校教育经费支出的平均值是13 925.68元，当年中央所属高校生均教育经费支出的平均值是32 903.67元，仅为中央所属高校的1/3。其中平均用于事业性经费支出13 004.04元，平均用于基本建设支出921.64元，当年中央所属高校平均用于事业性经费支出30 197.27元，平均用于基本建设支出2 706.40元。其中安徽和贵州两个地区的地方高等学校教育经费支出是全国最低的，安徽每所地方高校的平均教育经费支出是9 309.65元，其中用于事业性经费支出9 190.08元，用于基本建设支出119.57元；贵州每所地方高校的平均教育经费支出是9 610.96元，其中用于事业性经费支出9 344.76元，用于基本建设支出266.20元。另一方面，我国地方高等学校生均预算内教育经费支出的平均值是6 834.80元，当年中央所属高校生均预算内教育经费支出的平均值是13 634.65元，仅为中央所属高校的1/2。其中平均用于事业性经费支出6 325.75元，平均用于基本建设支出509.05元，当年中央所属高校平均用于事业性经费支出12 425.16元，平均用于基本建设支出1 209.49元。其中湖北和四川两个地区的地方高等学校生均预算内教育经费支出是全国最低的，湖北每所地方高校的平均生均预算内教育经费支出是3 833.44元，其中用于事业性经费支出3 617.39元，用于基本建设支出216.05元；四川每所地方高校的平均生均预算内教育经费支出是3 811.75元，其中用于事业性经费支出3 734.13元，用于基本建设支出77.62元。

随着时间的推移，不同层次高校所获得的拨款差额不降反增。2017年，113所“211”及省部共建高校共获得科技经费拨款1 036.54亿元，855所其他本科院校共获得拨款482.72亿元，792所高等专科学

① 教育部1998—2004年《全国教育经费执行情况统计公告》.

校仅获得 17.76 亿元。“211”及省部共建高校每校平均获得的此项拨款是其他本科院校的 16.25 倍，是高等专科学校的 163.64 倍。

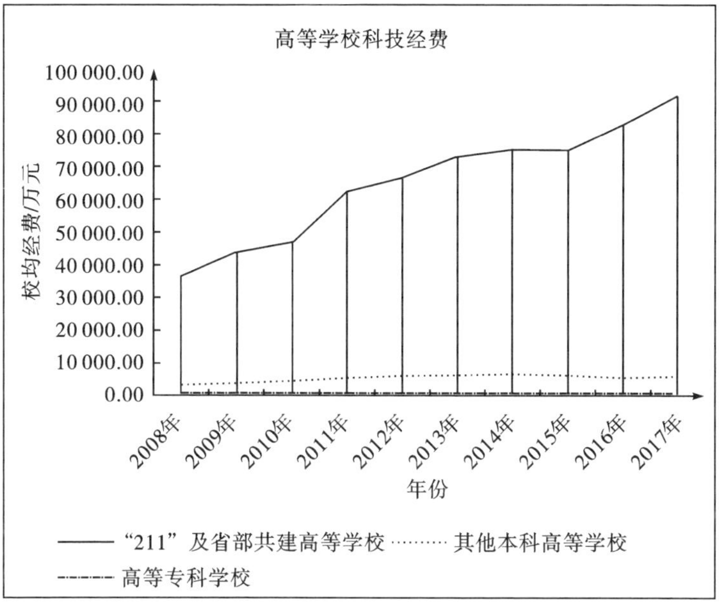

图 5-1　不同规格高校所获得的科技经费比较图

因为重点大学在经费投入倾斜等方面享有较多政策福利，所以重点高校与普通高校之间在资源配置上极不均衡，两者之间差距极大，重点高校享有巨大的优势，致使高校间的分化程度逐步加剧。由于重点建设政策下对重点高校的长期投入与政策扶持倾斜，尤其是自“211 工程”和“985 工程”实施以来，中央和地方对重点高校的巨资投入与政策倾斜，使得重点建设高校的资源优势极为明显，而非重点建设高校只能获得少量用以维持学校运转的财力资源。资源的分配其实是一个零和博弈，在资源有限的前提下，倾斜性配置必然导致非重点高校资源更大程度的短缺，轻重有别的政策则挤压了普通高校的生存和发展空间。另外，重点建设政策为这部分高校带来的不仅仅是经费，列入重点建设项目往往会带来更大的边际效应，并为争取下一个重点建设项目积累优势。所以重点建设项目往往也被称为“锦上添花”工程，正是在一次又一次的重点建设项目的基础上，高校间的差距不断扩大，呈现出显著的“马太效应”。

二、社会资本的旁观者

社会资本分配中的差异无疑在很大程度上作为一种社会性因素固化并不断地建构着院校之间的分层结构，高校之间的差距持续扩大。

与重点大学拥有的各种资源优势相比，薄弱高校则只能成为社会资源的旁观者。以各高校各专业教师队伍的配置为例，对《教育部学位中心2007—2009全国学科排名》中物理学学科的排名1至19名（含并列）、21至38名（含并列）和44至55名三个档次中各抽取6所院校，研究发现：所有院系在中科院系统和排名靠前的院系中聘任了绝大多数的博士毕业生，院系间的交往频率也随着各自排名的降低而降低，排名靠前的院系与排名靠后的院系在输送和引进博士毕业生的过程中存在着较大程度的不对等性。排名靠前的高校往往通过聘任自己的或者与其声望相近的院系的博士毕业生，使得院系间的学术交往与合作局限在一定的边界之内，同时亦将排名靠后的院系置于学术交往圈的边缘，甚或将之排除在它们的边界之外①。某薄弱高校H学院从2003年开始大规模引进人才扩充教师队伍，并先后出台了5项相关政策文件。截至2009年，学院共有73人获得硕士学位。有17人的毕业院校属于“985工程”高校，其中武汉大学5人、中南大学4人、山东大学4人、电子科技大学4人。其余的56人均毕业于非“985工程”高校，其中有不少是普通的地方高校。有学者研究发现，那些毕业于普通高校的学者即使在日后获得了杰出的学术成果，也很难得到正常的学术认可②。可见，H学院虽然努力引进高学历人才，提高已有师资的学术水平，但是在学术体系中仍然被置于边缘化的位置，难以与中心群体建立持久联系，甚至进入这个体系都很困难。

三、象征资本的被边缘者

象征资本是用以表示礼仪活动、声誉或威信的积累策略等象征性现

① 张斌．博士毕业生互聘网络中的院系分层与结构化特征［C］//“变革中的学术职业博士生论坛”论文集．2011．

② Theodore. C，R. J McGee. The Academic Marketplace［M］. 2rd ed. New Brunswick and London：Transaction Publishers，2001，p. 225.

象的重要概念。象征资本是在经济资本不被承认的情况下出现的一种资本形式，但它不像经济资本（如货币、债券、土地、牲口等）那样容易度量和计算。声誉或威信有助于加强行动者的信誉或可信度的影响力。布迪厄认为，象征资本同时具有被否认和被承认的双重性质，它是通过“不被承认”而“被承认”的，它是通过无形和看不见的方式，达到比有形和看得见的方式更有效的正当化目的的一种“魔术般”的手段和奇特的力量①。象征资本能产生符号效应。

在我国，新中国成立以来高等教育资源配置一直是在计划经济的制度环境下，实行由政府集中配置高等教育资源的一种制度安排。传统的高等教育经费配置主要有以下特征：第一，强制性。国家为了实现既定目标和这一目标授予的特定职能，通过行使国家权力，集中有限资源实现对高等教育经费的统一配置。第二，行政性。在法律制度不健全的环境下，政府部门对教育预算的确定和执行在很大程度上不仅受人为因素影响，而且受“左邻右舍”行业部门的制约。第三，约束性。在传统制度安排下，政府已成为经费的唯一提供者。第四，最大化。过去政府对高校的拨款采用“基数加发展”的方法，即根据学校规模和日常开支核定拨款基数，以后的拨款由上年度的经费基数加上本年度发展所需经费核定获得。这使得往年支出越多的部门越可能得到更多的经费②。在这种象征性资本的庇护下，重点大学的影响力是一步步扩大的。

制度环境设计了高校之间的不平等性，这种不平等性由它们在结构化的高等教育系统内各自所拥有的位置体现出来。在高校扩招以前，公办高校的身份是一个很重要的合法性指标。在那时，只要是公办高校，就不愁招不到学生，毕业生一般也能找到令人相对满意的工作。行政力量划定不同高校的级别，不管这种划定是经过认可还是指定的，实际上是在重构社会判定高校优秀与否的文化观念。

当薄弱高校群体逐渐形成，哪怕是高考成绩不好的学生也不愿意进

---

① 宫留记．布迪厄的社会实践理论［M］．开封：河南大学出版社，2009：137.

② 康宁．中国经济转型中高等教育资源配置的制度创新［M］．北京：教育科学出版社，2005：155.

入这个群体。因为当他们投资了4年的时间成本和数万元的金钱成本后，并没有获得相应的象征收益，进入薄弱高校群体会让他们自己以及父母在亲朋好友面前没有面子，他们获得的象征收益几乎为零。在这种背景下，薄弱高校的生源选择空间大幅度缩小，在与考生的博弈中占不到优势，甚至明显处于劣势地位。近些年来，一些高校在四川、山东、河南等地遭遇零投档的现象就很好地说明了这一点。以河南某高校为例，2012年计划招生文科生源1 892人，但是它的录取数却只有往年的半数，遭遇2012年的招生巨大挫折之后，2013年学校减少了文科的招生计划数，但是录取率仍达不到50%。尽管该校征集志愿降分录取已经几乎没有下限，学校也招到了部分新生，但是真正到学校去报到的有多少犹未可知，可以推测的是绝对不会很多。而且，在生源数量难以保证的情况下，生源的质量也相当糟糕。

同时，由于资本具有可传递性，象征资本的缺失会传递到经济资本、社会资本，使得这两种资本的获得受影响。比如，由于没有象征资本，政府会减少对它的财政投入，父母不会让子女来这样的高校就读，等等。而对学校最直接的影响便是教师士气的低落，对学校发展失去信心，这对薄弱高校的影响是釜底抽薪式的，因为师资是一所大学的灵魂所在，是高校生存的保障。

第三节　薄弱高校自身问题

“任何一架仪器迟早要报废。所谓制造一架仪器实际上只是用物质手段实现‘仪器原理’，而‘仪器原理’则又是一些普遍的广义因果律的复杂组合。仪器的老化意味着原先设计的仪器不再代表‘仪器原理’，仪器内的稳态遭到破坏……当仪器某些内稳态破坏的原因和仪器功能无关时，我们总可以说老化是外界作用引起的……老化是一种系统内部的过程，外界的影响可以加速它，也可以延缓它，但不能最后排除它。”[①] 这是金观涛在论述组织老化时的一段文字，大意是排除外界因素干扰

① 金观涛．系统的哲学［M］．北京：新星出版社，2005：297-299.

后，仪器自身组成其功能的结构也会慢慢使其走向老化，这一过程又是不可避免的。这段文字表明，除了客观条件、制度环境和重点大学的影响外，薄弱高校自身的策略选择也是造成其陷入困境的一大关键因素，有时甚至是决定性因素。

一、信息不对称中的机会主义

吉登斯在《社会学理论中的控制问题》一书中分析某个制度化组织的控制问题时，提出了“意外后果”（unintended consequence）这一概念。吉登斯指出，所处等级中的上级力图全面控制下级单位各种机制往往产生了不同于这种控制目标的意外后果①。与薄弱高校对制度环境高度依赖这一现象并存的是薄弱高校所具有的信息优势。这种信息优势使薄弱高校在高度依赖制度环境的同时，又在某种意义上处于等级制度的逐渐控制之外。由于这些原因，教育主管部门很难获得评估高校表现的真实信息，这就为薄弱高校的机会主义行为与“自主性”提供了条件。此处所讲的薄弱高校信息优势就是制度经济学中的“机会主义”（opportunism），威廉姆森②最早提出了这一概念。所谓机会主义指经济人为了实现自我利益，具有随机应变、投机取巧，为自己谋取更大利益不惜采取任何手段的行为倾向，在追求自身的利益过程中会采用非常隐蔽的手段和狡猾的伎俩，甚至不惜损害他人利益③。事实上在任何等级制中，由于机会主义的存在，都会出现信息不对称的现象，人们总是有意或无意地隐瞒某些信息，并且利用这种信息优势来谋求自身的利益④。在我国的高校中，由这种信息不对称诱发的机会主义现象尤其严重。薄弱高校的机会主义主要有三个来源：由于主管部门的监管盲区导致的，由于成本高的控制参数引发的和由于资源垄断引起的。正是这种机会主义

---

① Giddens. Central Problems in Social Theory [M]. Berkeley: University of California Press, 1979.

② Williamson E. Markets and Hierarchies [M]. New York: Free Press, 1975.

③ 汪伟全. 地方政府竞争中的机会主义行为之研究——基于博弈论分析的视角 [J]. 经济体制改革, 2007 (3): 141-145.

④ 谢立中. 结构—制度分析，还是过程—事件分析？[M]. 北京：社会科学文献出版社，2010：39.

使一部分普通高校演变为薄弱高校。

第一，由主管部门管理的空白地带引发的机会主义。根据组织管理的跨度原则，一个上级能有效管理下级组织的数量是有限的，而这种能够有效管理的下级组织的数量又随控制参数的增多而减少。因此尽管一个省级教育部门要管上百所高校，但实际上它只能区分重点高校与非重点高校，有选择地管理，而一般情况下重点高校无疑又会获得教育主管部门更多的注意。这样势必有一批所谓非重点高校处于“有婆婆没人管”的状况，从而使这些高校拥有一定的来自“被忽视”的行动空间。问题在于，对于很多缺乏自主能力的地方高校而言，没人管并不意味着更大的积极行动空间，而是意味着更大的随意作为，或者说随意折腾的空间。见缝就钻，稍不注意就打擦边球，甚至直接违规，在地方高校中极为常见。

第二，控制成本高引发的机会主义。对于高等学校来说，不仅控制参数多，而且控制成本很高，有许多控制参数，如教学质量、管理制度、学习风气、校园文化等，很难用简单明了的方式来获得。即使一些如就业率、录取分数这样很容易量化的控制参数，也由于不存在平等竞争市场，而难以真实地确定其意义。这便构成了高校机会主义的另一个重要源泉。薄弱高校规模扩张的同时，师资补充跟不上，缺额较大。薄弱高校只顾着学生数量激增，但教师数量并没有相应增加。一些基础课，特别是外语、高等数学，以及一些热门专业，如经济学、金融、会计、计算机、法学、工商管理等专业的教师短缺现象严重①。有些薄弱高校新开专业、热门专业的教师更是极度匮乏，生师比严重超标，几乎到了开课都困难的地步，甚至有些必修课因为缺教师而停止开课。与此同时，师资队伍在学历、学缘、知识结构等方面极不合理。从学历结构看，薄弱高校大批教师是随着高校的升格而“升格”的。队伍普遍学历层次不高，本科学历教师基本上占了半壁江山，硕士以上学位教师占专任教师的比例不高，而具有博士学位的教师则更少，很多学校在5%以

① 纪宝成. 我国高等教育大众化进程中的挑战与对策［J］. 高等教育研究，2006（7）：1-10.

下，有的院校甚至只有1%～2%。虽然，好多学校近年来逐步改善了基本办学条件，包括师资队伍状况，但总体状况很不理想。尤其是从学缘结构看，相当一部分薄弱高校“近亲繁殖”现象严重，长期以来主要从本校或本省（市、区）的某几所高校中选留教师，个别学科、专业甚至已经形成了师徒同室、三代同系、四世同堂的“家族式”人员结构体系①。这是无法吸引外部人才的无奈之举。

第三，重点大学资源垄断引发的机会主义。德姆塞茨指出，在市场机制下，高校之间的竞争本身就是高校评估的一个重要而又廉价的机制②。而在我国传统的行政逻辑占主导地位的高等教育系统中，优质资源基本上被重点大学所垄断，而大部分处于高等教育系统底层的高校运行状况又缺乏关注，这就使得薄弱高校这种制度化组织能够获得某种隐蔽的相对自主性，同时，它们必须采取一些失范措施来求得生存。主管部门或者没有充分注意到，或者即使注意到了，也可能持睁只眼闭只眼的态度。这种机会主义虽然短期内取得了成功，但是对组织的长远发展来说却产生了不利影响。最开始，组织机会主义主要体现为一种行为惯性，慢慢地，机会主义逐步演变为一种文化，并渗透到组织的方方面面。

对于一些公立高校而言，没有破产威胁的这些高校更会不断地透支公众信誉，饮鸩止渴，最终将自身置于难以扭转局势的弱势困境中。在重点大学资源垄断的现实下，薄弱高校内部显得捉襟见肘。薄弱高校也尝到了机会主义的恶果，最显著的是制度失灵和文化失灵。组织内机会主义盛行到一定程度，组织甚至会无法运行。2011年烟台某学院因为银行贷款包袱太重，学生数量越来越少不足以支付银行贷款利息从而倒闭，就是一个例子。

二、组织结构的无序化倾向

有序和无序是描述系统内部状态、客观事物内部各要素以及客观事

① 尹士峰，刘仰斌．浅议薄弱高校教师队伍建设［J］．赣南医学院学报，2006（2）：158-159.

② ［美］哈罗德·德姆塞茨．竞争的经济、法律和政治维度［M］．陈郁，译．上海：上海三联出版社，1992：39.

物之间关系的特定范畴。有序是指系统的组成元素、事物内部诸要素或事物之间的有规则的排列、组合、运动和转化，一般包括结构有序与运动有序；无序则相反，指事物内部诸要素或事物之间、系统内部组成元素之间混乱而无规则的组合、运动和转化，包括结构无序和运动无序。有序和无序是世界上存在的两种情形，二者的差异是相对的，世间没有绝对的有序和无序，在有序的事物中存在着破坏其有规则的排列或运动过程的因素，无序的事物中总是包含有有序的因素。高等教育领域中“无序”作为一个学术术语产生于伯顿·克拉克的理论中，并且是与“有序”这一概念相对的，是矛盾的两个辩证方面。伯顿·克拉克认为，高等教育系统内的活动受到了各种力量的推动和牵制，其纷繁复杂的局面使人困惑，这是因为随着体系的日益庞大和复杂，各种力量之间的矛盾也在自然地增多。他把这些矛盾看作高等教育有序和无序之间的矛盾，并指出了四种有序和无序之间的矛盾类型①。其中，第一类矛盾即基层院系（学科）与高等教育系统之间的矛盾，第三类矛盾即院系内部这些基层单位之间的矛盾。在院系这一基层组织中占主导的是无序发展的逻辑，但这种无序发展的趋势在院系也会受到制约。高等教育系统基层单位中无序和有序的矛盾关系在一定程度上表现为探究学术和传授知识之间的矛盾。前者呈无序状态，因为对未知世界的探索是不确定的。后者呈整合态势，因为所需传授的知识是人们事先已经掌握的②。这种矛盾在重点大学和普通高校之间也存在：重点大学的发展依靠学科本身的动力，而普通高校的发展则依靠消费者的推动。其实，伯顿·克拉克的无序理论指的是高等教育发展的逻辑，即探究知识的逻辑。在以探索知识本质为主的研究型大学中，在一般情况下，遵循无序发展是合理的，因为它是一种自然自由状态；在以教授知识为主的普通高校，在多数时候，遵循有序发展的逻辑是明智的，因为这种组织的知识生产需要更多的确定性。然而，薄弱高校在本该遵循有序逻辑的层面上出现无序

① ［美］伯顿·克拉克．高等教育系统——学术组织的跨国研究［M］．王承旭等，译．杭州：杭州大学出版社，1993：229.

② ［美］伯顿·克拉克．高等教育系统——学术组织的跨国研究［M］．王承旭等，译．杭州：杭州大学出版社，1993：233.

状态，问题便会出现，而无序功能也异化了，成为一股无组织力量。这种状态便普遍化于薄弱高校中。关于无组织力量及其对组织的影响，后文将专门论及。

有学者指出，与重点大学相比，地方院校在管理思想、管理文化、管理体制和管理方式等方面都有较大的差距。特别是随着学校规模不断扩大，学校开始由单科性向大规模、多科性、综合性方向发展，而内部的管理体制和运行机制并未做相应调整。组织管理完全不能适应组织内外部环境的变化。管理队伍专业化水平低、管理官僚化等现象大量存在①。某薄弱高校内部的管理模式就存在极为严重的官僚化倾向，以该校生物工程学院的行政机构设置模式为例加以说明。生物工程学院的机构设置分为学院领导和科室两个部门。其中学院领导共有 5 个职位：一个院长，一个书记，两个副院长，一个副书记，科室里设置了 6 个科长职位。院长的主要工作职责是全面主持学院工作，负责行政、人事、财务、产学研合作等工作。书记的主要工作职责是主持党总支工作，负责党务、辅导员、学生、思想政治、统战、纪检、工会、安全保卫等工作。两个副院长分别分管教学、科研、实验室建设与管理等工作和新农村科技学院工作。副书记分管学院学生工作。6 个科长分别为生物工程学院综合事务科、新农村科技学院综合事务科、教学事务科、科研与教学研究事务科、学生事务科和实验室管理与实践教学事务科，并有明确的分工。在二级学院这一基层组织中设置科长是很有意味的一件事，背后是对大学组织特性的忽视，对教师及其工作特性的一种忽视，对大学学术特性的忽视。基层组织本该遵循学科发展的逻辑，教师应该是主体，学术事务应该是核心事务，最大程度上简化行政是理所当然的。在经济学中，协调成本和激励成本是两种主要的交易成本。任何经济交往活动都需要协调，不同的经济活动、不同的协调方式有着不同的协调成本。通过激励来使对方恪守诺言，使他们愿意按照我们的意图去行为，

① 张应强. 精英与大众——中国高等教育 60 年 [M]. 杭州：浙江大学出版社，2009：184.

就出现了激励成本[①]。生物工程学院在院系这一基层组织中设置了科长，如此官僚化的机构设置凸现了行政机制，导致教师的权力被剥夺。从专职教师和行政人员的比例上也可发现问题，该学院共有38位专任教师，其中行政人员18人，专任教师20人，行政人员与专任教师的比例约为0.9∶1，行政人员比例太高，几乎与教师持平。越到地方高校，行政力量越强，大概是中国高等教育的一个基本特色。薄弱高校中行政权力严重遏制学术权力发挥作用，致使大学学术氛围式微。文化的缺失使高校自身失去内在规制力量，必然会导致整个高校的运行偏离正轨。

三、角色混沌与区域利益的分离

在外部政策环境信号冲突的背景下，相当一部分薄弱高校会过度关注某一方面的政策信号，相应地忽视了另一方面的政策信号。众所周知，20世纪90年代以来，我国高等教育重点建设进入专项工程建设阶段，建设力度进一步加强了。这一建设不止塑造了一批重点大学，也同时塑造了一种新的高等教育管理体制。高度倾斜的资源配置与政策设计实际上发出了一种信号，即学术层次越高、与所在区域关联度越低的高校，往往能够获得更多资源、更高的地位。这就形成了一种向学术型高校趋同的压力。实际上，高等教育管理体制改革的方向在引导着薄弱高校向上看，导致薄弱高校不能安于所在地区，与所在区域利益分离。薄弱高校和所在区域利益联系分离本质在于薄弱高校对自身角色的认识不清，即角色混沌。早在1994年，我国就确定了高等学校要分类发展的思想。《中国教育改革和发展纲要》中提出："要区别不同的地区、科类和学校，确定发展目标和重点。制定高等学校分类标准和相应的政策措施，使各种类型的学校合理分工，在各自的层次上办出特色。"然而，这一思想在高等教育大众化启动后并没有引起各方足够的重视，因而也就没能成为高等教育发展实践的指导思想[②]。作为规模扩张主力军的地方高校，把主要精力放在了筹措教育资源应

① 周雪光．组织社会学十讲［M］．北京：社会科学文献出版社，2009：41.

② 张应强，彭红玉．地方高校发展与高等教育政策调整［J］．高等教育研究，2008（9）：7-15.

付规模扩张上，无暇顾及分析所在区域的经济结构，不同行业对人才的需求量及需求层次，更谈不上分析区域经济的未来发展趋势，给所在区域经济提供知识与人才支持。这使得本该承担区域大众化任务的地方高校却忽视了所在区域的需求。但是，当这些学校真想模仿学术型高校的办学模式时，却发现因为内外部条件的制约，它们难以模仿后者的发展道路。

1. 高职院校与区域利益分离的行为

我国的高等职业院校基本是在传统高等教育系统中生发出来的，独立设置的高职院校是通过“三改一补”（即通过改造原有的短期职业大学、成人高校和高等专科学校发展高职，在国家级重点中专里办高职班作为补充）的形式发展起来的，同时一些普通本科院校也被允许发展高职教育①。这种规模扩张道路使得我国高职教育在发展之初就被打上了传统教育的烙印，在职业教育特色缺失的同时也迷失了自己最根本的职责：紧密结合地方经济、社会发展的需求，培养技能型人才。

2. 地方本科院校与区域利益分离的行为

在与当地经济社会的沟通联系方面，许多地方本科院校对市场反应不够灵敏，缺乏自主改革和创新的意识和能力，表现出明显的封闭式管理特征。

某薄弱高校是一所经教育部批准成立的省属普通本科院校，位于所在城市市中心。该市矿产资源丰富，全市有50多种探明矿种，543处矿床（点），已经开发利用的矿产达23种。在石油钻探和航天工业等领域有广泛用途的非金属累积石储量673万吨，居全国之首。该市正在推进“百亿工程”，打造“300亿石化，100亿磷化、建材、食品产业”，四大重点产业规模以上企业发展到516家，资产总额、实现主营业务收入均超过全市规模工业总量的三分之二。规模以上工业实现增加值172亿元，增长25%。高新技术产业也得到了大力发展，高新技术产业产值突破100亿元。可见，该市有着先天的地理资源优势，矿产资源丰富，因

① 张应强，彭红玉．地方高校发展与高等教育政策调整［J］．高等教育研究，2008（9）：7-15．

此带动了化工、水泥、复合肥等相关行业的发展。该薄弱高校为该市唯一一所本科院校，自然应当设置一批与矿产资源开发、应用相关的专业，为本地区的经济社会发展服务。然而，该学校并没有扎根于所在城市，而是向着综合性的方向发展。学院现设有12个普通教学学院、两个教学部，并设有职业与成人教育学院和国际教育学院。目前学院共开办普通本科专业23个、专科专业28个，学科专业门类涵盖理、工、医、文、教、经、管、艺等学科门类。单从学院开设的专业来看，学院无疑是向着综合性方向发展的。该校所在市矿产资源丰富，而学院最有实力的却是机械工程学院，是设置最早、最富实力的学院。自1993年开办以来，学院专业已扩大为三个本科专业（机械设计制造及自动化、材料成型与控制技术、工业设计）和三个专科专业（数控技术、模具设计与制造、焊接技术与自动化）。目前有全日制本、专科学生2 000余人。除了机械学院外，其他院（系）也都没有针对所在区域的需求开设一些与矿产资源开发相关的专业。

因为入不了学术型高校的主流，该类学校自然难以从中央或省级财政获得资源和认可；因为没有融入所在区域，无法为后者提供服务，自然也难以得到后者的支持。结果，薄弱高校在向强势高校趋同的过程中，不仅失去了资源，也失去了机会，不仅难以成为强势高校，反而失去了赖以生存和发展的本钱，路越走越窄，直至陷入绝境。

四、薄弱高校位置感缺失

“位置感”的概念来自布迪厄社会实践理论中对场域概念的解释。“我掌握观点的方式，就是把观点跟他们在行动者之结构中所占有的位置联系起来。”布迪厄认为，“观点”的字面意义就是站在特定地点的观看，它源自社会空间的某个确定位置；观看者的观点之所以不同，甚至于会出现相互敌对的观点，都因为观看者所站的观看地点不同，行动者对这个空间任何事物的看法，都是根植于他在空间的位置。布迪厄分析问题的方法就是把问题与产生问题的行动者在场域中的位置联系起来。位置指的是行动者在场域中基于其拥有的资本数量和结构的差别被分配的地位。位置感是行动者形成的一种社会趋向，它引导社会空间中特定位置的占有者走向适合其特性的社会地位，产生适合该地位之占有者的实践①。当薄弱高校的办学行为与其在高等教育场域中握有的资本数量和结构的差别被分配的地位不相符时，就出现了“位置感”缺失的问题，它不能引导薄弱高校走向适合其特性的社会地位，产生适合薄弱高校本该拥有的地位的实践。

薄弱高校应基于对学生个体及群体需求的判断，依据市场要求来设计其教学、研究与服务社会活动。学生需要什么样的教育，就创造相应的条件，提供什么样的教育②。然而长期以来在计划时代形成的办学传统导致的思维定式与制度惯性，使薄弱高校忽视了它的顾客——学生。地方本科院校多从大专升格为本科，在课程设置和教学内容上，一味模仿、照搬重点大学经验，注重理论知识的传授，忽视学生实践能力的培养。无论是在课程设置上，还是在教学内容上，理论课学时占了总学时的绝大多数；为数不多的实践学时，教师又缺乏正确的观念，认为只要让学生自己看录像、上机、做作业就可以了，没有对学生进行有效的专业指导。这样培养出来的学生容易陷入“理论比不上重点大学，实践比不上高职院校”的尴尬境地。这其实还是上面提到的角色意识和扮演问题。明明没有足够的资源，明明没有必要的基础，明明没有相应的行动能力，好多地方高校依然为自己制定了向高水平学术型大学靠拢的目标。而且，这些高校在实际办学过程中，也非常注意模仿学术型大学的话语和制度安排。但不管怎么努力模仿，邯郸学步的结果是注定失败的。

第四节　形成机理：制度环境与组织自身因素的交互影响——组织衰朽

高等教育大扩招拉大了不同高校之间的差距，有的学校秉持理性审慎地扩大规模，有的学校盲目扩展规模，前者在高等教育系统中找

① 宫留记．布迪厄的社会实践理论［M］．开封：河南大学出版社，2009：52．

② 贾永堂．试析我国薄弱高校的生源困境及出路［J］．现代大学教育，2010（5）：32-38．

到了自己的位置，后者则丢掉了在高等教育系统中立足的根基，成为薄弱高校。作为高等教育系统基础的一批地方高校深陷生存危机，这一方面是传统体制下制度环境设计的必然结果。管理体制和资源配置机制使政府掌握着绝大部分高等教育资源的配置权，政府的“扶强不扶弱”政策使得绝大多数资源被分配到重点大学，在很大程度上注定了另一部分薄弱高校的命运。另一方面，重点大学的引导、榜样作用也不可忽视，它们通过建构高等教育场域的规则固化对其有利的环境。对强势高校有利的这一环境，对薄弱高校未必有利，往往是不利。两者共同诱发薄弱高校的非理性行为，使一批高校深陷生存困境，沦为薄弱高校。当然，在特定的制度环境下，不同高校的行动策略不同，命运也不同，并非所有的地方高校都陷入困境，沦为薄弱高校了。在很多时候，薄弱高校之所以成为薄弱高校，是因为它们选择了一条通往薄弱高校之路。在现实中，选择这条道路的学校不在少数，从民办高校到公立高校，从普通本科院校到高职院校，都有大量学校陷入困境。从某种意义上说，薄弱高校从个别走向群体的过程是高等教育场域中亚场域的形成过程。

一、从事件发展的角度看，薄弱高校的出现首先是制度环境的产物

制度分析的一个关键任务是确定和描述这些场域，并揭示它们如何影响和制约运行于其中的组织的形成模式①。制度环境提供了高等教育场域的生存环境。大学组织在高等教育场域的行动能力取决于制度环境分配的资源的多寡。在高等教育场域中，薄弱高校和重点大学相比，总是处于一种在绝大部分情况下最不受重视的劣势地位，因为政府部门及其相关政策给予后者要比给予前者的关注多得多，这使得薄弱高校成为经济资本的乞求者，社会资本的旁观者和象征资本的被边缘者。

在公立高校占绝对主导的高等教育系统中，政府实际上为公立高校提供了运行所需的所有资源。公立高校一经建立，基本上得到了免死金

① ［美］沃尔特·鲍威尔，保罗·迪马吉奥．组织分析的新制度主义［M］．姚伟，译．上海：上海人民出版社，2008：370．

牌，绝无倒闭之虞，所不同的在于生存状态。决定公立高校生存状态的因素有二：一是层次，二是所在区域。这两个因素看起来有别，前者是形成的，后者是给定的，实际上相似，都无法选择。从前，高校之间的生存与发展状态更多取决于层次，现在，决定一所高校生存与发展状态的，更多是所在区域。改革开放以后，尤其是20世纪90年代中期以后，各地经济社会发展水平逐渐拉开，各地区所能塑造的高等学校发展空间本身就存在越来越大的差异。在经济发展相对滞后和高等教育适龄人口数量相对较少的地区，地方高校的生存与发展空间就会逐渐变窄。而在高等教育适龄人口正在增长和经济发展状态逐步向好的地区，地方高校的生存与发展空间就会相对开阔。资本在制度环境中分配的不公进一步拉开了地区之间高等学校生存与发展空间的差距。制度分配资本的差异，使薄弱高校首先零星地出现在西部及部分中部经济不发达的区位劣势地区，因为缺少中央政府的资源，地方政府财力又有限，再加上高等教育适龄人口少形成的需求不足，分配给薄弱高校的各种资源都会很少。地理位置的劣势又使其难以吸引到学生。这时的薄弱高校更多是由制度环境和外部条件决定的。

如果一个组织依赖其他组织，就会受到其他组织向它施加的正式与非正式的压力，以及由其所运行的社会中存在的文化期待对其所施加的压力。这种压力可能被组织感知为要求其加入共谋的某一种强制力量、一种劝诱或一种邀请①。在资本匮乏的窘境下，薄弱高校往往被迫选择了盲目提升办学层次，以讨巧政府获得更多资本。因此，诱致高校走向困境的升格行为首先是受到制度环境强力作用。在传统管理体制下，制度环境是一种高度集中的高等教育管理体制和行政控制的资源配置机制。政府是资源的主要供应者和教育事业的管理者，握有各种调控手段；而高校则是在政府提供的资源环境下受调控管理的办学者，通常表现为面向政府办学。薄弱高校通过实施它们认为会获得政府赞同的政策，努力争取政府的支持。当一个组织向另一个更有权力的组织主动表

① ［美］沃尔特·鲍威尔，保罗·迪马吉奥．组织分析的新制度主义［M］．姚伟，译．上海：上海人民出版社，2008：72．

现出这样的行为时，人们往往称之为预期从属或依附①。薄弱高校讨好政府的行为获得的利益超过了它们为学生提供优质教育的利益，甚至有时候与后者相冲突。薄弱高校所谓的研究型或教学研究型的“宏伟目标”，其实也只是吸引政府财政支持的噱头而已。

迈耶和罗恩指出，当理性化的政府和其他较大的理性组织，把它们的支配扩张到更多的社会生活领域中时，组织结构就会逐渐体现由政府将其制度化与合法化的规则。其结果是，在一个给定场域中，组织会日益同质化，并围绕着与更大的制度一致的仪式而逐渐组织起来②。随后这种趋同发展之所以能够持续下去，是重点大学与制度环境共谋，将其建构的逻辑规则内化于薄弱高校的结果。

二、重点大学进一步建构着这种生存环境，往往对现有秩序具有确认和巩固作用

弗里曼指出，较老的大型组织发展到某一点后，就可能支配其环境，而不是简单地适应其环境③。重点大学对于高等教育制度环境的控制权，比起直接影响来说要微妙得多和深刻得多。

进入 20 世纪 90 年代，面对知识经济与全球化的挑战，为提高我国综合竞争力、开发人才资源，原国家教委在制定全国教育事业十年规划和“八五”计划时，决定在“八五”期间集中力量办好重点大学。1991 年 4 月第七届全国人民代表大会第四次会议通过的《国民经济和社会发展十年规划和第八个五年计划纲要》中正式提出“211 工程”，并在国务院批转国家教委《关于加快改革和积极发展普通高等教育的意见的通知》（1993 年 1 月）和《中国教育改革和发展纲要》（1993 年 2 月）两个文件中被提高到党和国家战略的高度。1993 年 7 月 5 日出台的《关于重点建设一批高等学校和重点学科点的若干意见》，明确决定设置“211

① ［美］沃尔特·鲍威尔，保罗·迪马吉奥．组织分析的新制度主义［M］．姚伟，译．上海：上海人民出版社，2008：372．

② ［美］沃尔特·鲍威尔，保罗·迪马吉奥．组织分析的新制度主义［M］．姚伟，译．上海：上海人民出版社，2008：73．

③ ［美］沃尔特·鲍威尔，保罗·迪马吉奥．组织分析的新制度主义［M］．姚伟，译．上海：上海人民出版社，2008：71．

工程”重点建设项目。两年后，《“211工程”总体建设规划》正式出台，“211工程”的建设主要关注学校整体办学条件建设、重点学科建设以及高等教育公共服务体系建设。在“211工程”实施的同时，为贯彻落实党中央“科教兴国”战略，时任党和国家最高领导人江泽民同志1998年5月4日在北京大学校庆100周年时发表讲话，提出“为了实现现代化，我国要有若干所具有世界先进水平的一流大学”。同年12月，国务院批转教育部《面向21世纪教育振兴行动计划》，提出相对集中国家的有限财力，调动多方面的积极性，从重点学科建设入手，加大投入力度，对若干所高等学校和已接近并有条件达到国际先进水平的学科进行重点建设，在10—20年内争取若干所大学和一批重点学科进入世界一流。这项重点建设计划被称为“985工程”①。虽然，在资源有限而高等教育整体水平远远落后于发达国家的背景下，为了满足社会对优秀人才的迫切需求，这种对少数重点大学的特殊保护与重点建设有它合理化的一面，但资源分配的不均衡同时也给普通高校带来了许多不利的影响。

此外，薄弱高校从一开始还面临着一个现实：中国社会中具有更高地位和更好报酬的工作市场已被重点大学垄断了，这些大学往往有着相对悠久的办学传统和良好的口碑，以至于进入重点大学是获得这些工作的前提。因此，那些能够被重点大学接收的学生，常常会获得地位更高的工作。薄弱高校甚至普通的地方高校从一开始就是一种“附属”角色。它们招收的是学习能力较弱的学生。然而，从地方高校出现的那一天开始，这些学校的绝大多数学生都梦想进入重点大学。因为，在每个学生心目中，已经有了由重点大学所塑造的大学的形象。他们虽然不得已进入地方高校，内心却并不认同所进入的学校。大学在竞争优秀学生中是否成功，可以说是决定大学地位的最为重要的因素。与某个具有强烈需求的劳动力市场紧密联系是成为一个有声望的高校的有效保证。相反，与需求不强的劳动力市场相联系的高校，在多数情况下，都可能处于较低的地位，特别是声望地位较低。薄弱高校与那些

---

① 张应强．精英与大众——中国高等教育60年［M］．杭州：浙江大学出版社，2009：68．

较有声望的高校面对面地竞争这些就业市场，是一种没有成功希望的事情。这就造成了薄弱高校令人担忧的就业困境。毕业生没有好出路，犹如产品销路不畅，必然会从多方面制约薄弱高校的生存与发展状态。

同时，多种因素决定的这些学校的教学质量普遍低下问题，导致其社会声望低下，公众认同度不高，这又会导致其对优质生源的竞争力极弱。在现有招生计划框架下，优质生源都被重点大学网罗走了，无奈薄弱高校"以量取胜"都成为一种美好的愿景，因为现在的高等教育适龄人口正在大幅减少。

我们在注意那些会对高等学校的地位产生影响的更大社会中的权力结构与机会场域的同时，还需要关注到重点大学利用环境优势促进它们自己的利益和它们组织的利益的各种努力。在这种境况下，重点大学的影响力是如何发挥的呢？当一个组织的技术没有得到人们很好地理解时，当一个组织的环境中出现了符号象征方面的不确定性时，该组织可能以其他组织作为参照模型，来建立自己的制度结构①。也就是说，组织倾向于模仿那些在其所处领域中看上去更为成功或更具合法性的类似组织。"模仿"一词，指的是对不确定性的一种回应，被模仿的组织仅仅是模仿组织的一种可资利用的实践捷径的来源②。对于高等教育场域中少数重点大学而言，为了达成学科的交叉融合效应，向着综合性方向发展是理性的策略。实际上，少数重点大学通过综合化的确获得了可观的聚合效应，无论是综合办学实力还是在组织中的地位都得到了显著提升。这些组织的成功很快就对其他组织，包括薄弱高校，产生了同构压力，迫使它们也走上综合化道路。而这种策略一旦为场域中广大的地方高校采纳，就可能是非理性的了。很多本来特色非常鲜明的行业性高校在综合化以后，特色被稀释，社会认可度显著下降，就是证明。然而，正是该策略在规范上被认可这一事实，增加了薄弱高校采纳该策略的可能性。因此，虽然很多高校都在尝试不断地变革，以适应这

① ［美］沃尔特·鲍威尔，保罗·迪马吉奥．组织分析的新制度主义［M］．姚伟，译．上海：上海人民出版社，2008：74.

② ［美］沃尔特·鲍威尔，保罗·迪马吉奥．组织分析的新制度主义［M］．姚伟，译．上海：上海人民出版社，2008：74.

个规范，但当高等教育场域的结构化过程达到某一点之后，个体变迁的聚合影响，将会减少这个场域中的高校多样性程度。聚合影响的重要结果之一，是将薄弱高校牢牢地固定在从属地位上。这样，重点大学就建构起了高等教育场域的逻辑规则，并主导各类高校的中长期走势。

这一过程是在薄弱高校并没有强烈感知到这种从属存在的情况下发生的。重点大学在不进行直接干预的情况下建构着高等教育场域的规则，薄弱高校正渐渐进入重点大学设计的规则内，一种结构性权力①就这样产生了。这种规则是将薄弱高校牢牢捆绑在底层难以翻身的规则，也是固化重点大学垄断地位的规则。这种规则能够建立的前提正是由于重点大学在高等教育结构中占据了有利的位置，使其在根本不需要进行任何积极干预的情况下就会对其他高校的行为产生实质的影响②。用谢林（Schelling）的话来说就是，“在已经结构化的场域中的组织，会对环境做出反应，而这种环境又是由那些会对其所处环境做出反应的组织构成的”③。

然而，重点大学对高等教育场域进行直接控制，是一种反常现象而不是正常现象。薄弱高校群体的出现是制度环境和重点大学双重主导的结果。我们看到的不是制度环境与重点大学在创生高等教育系统等级结构时力量的此消彼长，而是制度环境与重点大学在共同制造高等教育等级结构分化，却缺乏一种整合的力量。传统的制度环境加上重点大学的规制与引导，趋同和攀高因而成为薄弱高校常见的选择。薄弱高校的悲剧在于，它们甚至在明知这种选择并非理性选择时，往往还是只能这样选择，因为其他选择需要更适宜的外部环境、更充分的资源条件和更强的自身能力，而薄弱高校之所以陷入弱势境地，就是因为它们缺乏这些条件。在很多时候，对处于系统底部的薄弱高校而言，非理性选择往往

---

① ［美］沃尔特·鲍威尔，保罗·迪马吉奥．组织分析的新制度主义［M］．姚伟，译．上海：上海人民出版社，2008：371．

② ［法］埃哈尔·费埃德伯格．权力与规则［M］．刘月，译．上海：人民出版社，2002：186．

③ ［美］沃尔特·鲍威尔，保罗·迪马吉奥．组织分析的新制度主义［M］．姚伟，译．上海：上海人民出版社，2008：71．

更像是当下的理性选择。

三、薄弱高校对于被锁入系统等级中较为从属位置的不满

薄弱高校由于被锁入系统等级中较为从属的位置，在这种等级中也看不到摆脱这种位置的希望，对它们在高等教育系统等级中的低地位状态很难表示满意，因而必然会产生一种地位紧张感。这种地位紧张感会促进它们努力追求更高的“身份”。这种地位剥夺感对于薄弱高校而言是很强烈的。因此一种组织实践逻辑被建构起来了，它们努力升格以摆脱被剥夺、被边缘化的尴尬地位，通过全面地发展学科，拓展领域，“积极上进”地迈向更高层次，以追求人们的认可以及创造一种政府肯定会支持和接受的意义与位置。这种受地位竞争的驱动明显地干扰了薄弱高校的理性选择，猖獗的机会主义、盲目拓展学科领域导致特色被稀释和发展的无序化，与区域利益分离失去立足根基，位置感缺失纷纷出现。

各种组织一旦被建构入一个实际存在的场域，一种使这些原本完全不同的组织彼此日益相似的强大力量就出现了。这些组织可能改变它们的目标，或者开创新的事业，并且新的组织也可能进入这个场域①。在初期，这种非理性行为只是存在于某几所高校中，而渐渐地，越来越多的地方高校认识到这种行为可能为它们带来可观的收益，因此也都纷纷按照这种方式行事。这样，薄弱高校正在由非组织化和孤立化慢慢走向结构化，高等教育场域中的亚场域出现了。

“同形”或者说“同构”，这个概念是组织社会学中用来描述组织同质化过程的。依循着迈耶和费耐尔（Fennell）的说法，存在两种同形：竞争性同形和制度性同形。阿尔德里奇（Aldrich）认为，“一个组织必须考虑的一个重要因素就是其他组织的存在”②。薄弱高校群体亚场域的形成属于制度化同形。亚场域一旦出现，那些已经存在的多样化的组织和新进入的组织也会被其同构。

---

① ［美］沃尔特·鲍威尔，保罗·迪马吉奥．组织分析的新制度主义［M］．姚伟，译．上海：上海人民出版社，2008：70.

② ［美］沃尔特·鲍威尔，保罗·迪马吉奥．组织分析的新制度主义［M］．姚伟，译．上海：上海人民出版社，2008：72.

一旦高校成为被认可的组织，政府对于它们的活动进行密切监督的情况就会大大减少。政府管理中的惰性被不少高校利用，信息不对称中的机会主义出现，这样可以为学校的不规范发展带来不少便利。因循守旧、被动应付的反应者策略可以勉强维持学校的生存，降低录取标准可以暂时缓解生源压力与经费问题，教学上的低成本投入可以使学校暂时勉强维持已有的现状，消极的控制性管理可以暂保无事，在就业数据上弄虚作假可以营造虚假繁荣状态，这些得过且过的办学行为都可能会被管理部门放过。在无法吸引外部人才的无奈下，“近亲繁殖”现象成为常态，教师主要来自本校或本省（市、区）的某几所高校，个别学科、专业甚至形成了师徒同室、三代同系、四世同堂的“家族式”人员结构体系。这其实是薄弱高校的弱势再生产过程，将它们原有的行为方式视为理所当然的，因此固有方式得以延续。由此形成薄弱高校恶性循环的轮回过程：薄弱高校最初遭遇生源危机是受大环境影响，毕业生就业质量低是重点大学垄断了地位高和报酬好的职位所致，资源少是制度环境分配不公平所致，这导致了薄弱高校的机会主义、无序发展、角色混沌与区域利益分离。这些行为如同四股无组织力量将薄弱高校进一步逼入窘境。这是薄弱高校弱势再生产的下一个起点。试问：就算生源充裕可供每一所大学自由选拔学生，有哪一位有抱负、有能力的学生愿意进入这样的高校学习？就算地位高和报酬好的岗位向薄弱高校的毕业生敞开大门，接受了四年应付式本科教育的这些毕业生又能否胜任这些工作呢？就算制度环境开始把眼光放低大力资助地方高校，相关部门又怎么可能花费大量财力资助这样一批毫无生机的高校呢？因此，可以说薄弱高校最初陷入困境是客观因素导致的，但它们一步步走向更艰难的境况却是自身的弱势再生产对弱势的固化作用所致。

这些行为都在建构薄弱高校的组织文化与组织行为。薄弱高校有着某些“便利”：国家划定的录取分数线比重点大学低很多，政府对它们的问责比重点大学宽很多，社会对它们的期待比重点大学少很多。这些都被薄弱高校变本加厉地利用了，录取分数线一降再降，以多招些学生；在响应政府的问责上，能够敷衍就敷衍过去；面对社会评价和市场变化，可以完全无视。薄弱高校的教育资源是一定的，办学规模的扩大意味着生均教育资源的减少，教学仪器设备、图书资料、生均设备值达不到办学要求。为此，薄弱高校往往倾向于沿用低成本竞争战略：大量增加兼职教师，采用大班教学，减少选修课，削减行政机构，增大管理幅度，开设传统专业和低成本专业。学生及其家长对日益降低的录取标准和提供的越来越差的教育存在抵制。而薄弱高校的领导者并未熟知应该为学生提供哪种类型的高等教育服务。在理论上，他们可以从封闭办学转向为这个市场提供服务，学生需要什么样的教育就创造条件，提供什么样的教育。即使学生刚开始不愿意来，但进来之后如果能享受到其他高校提供不了的教育服务，他们仍然会对学校有一种认可。实际上，如果薄弱高校将它们为了多招学生费尽心思地在全国各地奔走所花费的时间和金钱用在努力地提供优质教学上，那么完全有可能的一种情况是，已经成为薄弱高校的一些高校可能会在某个特定情境下抓住机会而一举成为相对优秀的地方高校。在市场作用日益增强的时代，只要能够适时转变办学思路，从被动的反应者转变为积极探索者，敏锐地捕捉市场信息，并基于市场需求调节自己的办学行为，即使是原来处于系统边缘的非主流高校，一样可以获得自己的生存与发展空间。而实际情况却是，相当一批薄弱高校并未从受地位驱动的盲目模仿中退出，并未很有策略地对自己进行重新定位。这实际上显示了薄弱高校的行为已经完全被重点大学建构的逻辑规则同构，找不到自身在高等教育系统中的位置。

四、薄弱高校的非理性行为产生无组织力量，进而诱发功能异化，使组织走向生存困境

组织的演变规律决定了任何一个组织都将会走向老化。异化是用来描述事物被其本身带来的后果所改变的一个术语。我们用功能异化来表示组织功能对结构长时间的反作用。功能异化是组织系统的自我破坏和自我否定①。在一个组织系统中，如果部分被异化了的子系统有可能形成新的组织，我们称其为新组织的潜结构。但是对于那些被异化了的子系统，当它们不能形成新的功能耦合系统时，异化的结果则是破

① 金观涛. 系统的哲学［M］. 北京：新星出版社，2005：312.

坏性的，我们称其为无组织力量[①]。这是组织系统走向混乱的根源。我们所讲的组织的老化，实际上是指无组织力量的增长。当环境对新组织维生功能的要求十分苛刻时，由异化生成新组织就十分困难，这时异化差不多都会导致无组织力量的增长，因为异化只是一种盲目的创造力量[②]。

信息不对称中的机会主义、组织结构的无序化倾向、角色混沌下与区域利益的分离以及位置感缺失，这些薄弱高校的非理性组织行为诱发普通的大学组织功能异化而又无法形成新的组织结构，因此产生了无组织力量。金观涛在论述中国历代王朝更替时讨论了无组织力量是如何破坏社会结构的。在中国传统社会中，每当新王朝开始时，必须建立一套官僚机构管理郡县、征集税收、调解民事、防止割据。整个官僚系统的结构也是根据这一功能设计的。为了形成这些功能，就要把地主阶级中的知识分子（儒生）组织起来。但儒生既是国家政策的执行者，又是封建特权的享受者，于是就有贪赃受贿、假公济私的可能性。随着时间的推移，贪官污吏利用手中的权力营私舞弊也就严重起来，土地兼并的程度也加剧了。土地兼并的积累反过来侵蚀官僚机构，使整个机构日益腐败，最后官僚机构就发生了畸变，破坏了整个社会结构[③]。同样，无组织力量的慢慢积累也会使一所普通大学组织走向生命的老化阶段，逐渐沦为薄弱高校。

大学有三大基本职能：教学、科研和为社会服务，这是大学组织区别于其他组织的根本，也是大学得以获取资源并获得认可的根本。无组织力量导致薄弱高校功能异化，具体体现为大学三大职能无法顺利实现。由于薄弱高校全部是一些地方高校，地方高校的首要职责是传授知识培养人才，因此薄弱高校的教学功能最先受到影响，而后才波及科研和社会服务。由于这三大职能是紧密关联的，其实现也是在一定程度上相互关联的，其破坏也会产生联动效应。

① 金观涛．系统的哲学［M］．北京：新星出版社，2005：322.

② 金观涛．系统的哲学［M］．北京：新星出版社，2005：323.

③ 金观涛，唐若昕．西方社会结构的演变［M］．成都：四川人民出版社，1985：120.

当我国高等教育适龄人口大幅下降，处于弱势地位的大学为了招到足够的学生不得已选择降低入学标准，将录取分数线划得很低时，就会接收一些没有能力接受高等教育的学生，或者无意接受高等教育的学生（所谓非本意学习者，他们之所以进入高校，并不是因为想接受高等教育，而是因为暂时没有更合适的选择）。当大学从制度环境外获取的资源极为有限，而制度环境分配给大学的资源过少时，大学在教学设施条件、图书文献及基本环境等方面的建设上就会大打折扣。同时，为了降低成本，大学的生师比会很高，教师们的工作量要求会很大。当教师感到工作量过大时，必然会产生厌倦乃至抵触情绪，工作态度就会受到影响，教学内容严重灌水，把教学当作任务、应付差事而已，教学效果可想而知。学校似乎还觉得行政人员不够，甚至将教师全都赶出校外，去全国各地招生；同时，由于学校财务危机，学校通过对教师罚款来增加“收入”，使教师一个月下来不仅拿不到工资还得往学校里交钱。在这种环境下，教学质量如何能够保证呢？

当教学功能受到影响时，科研和为社会服务这两大职能也会受到干扰，走向弱化。当教师把教学都当作任务时，必然不会安心从事科学研究，哪怕是一些教学研究等应用性科研。更何况繁重的工作量使他们根本没有多余的时间搞科研。另外一个现实是，薄弱高校一般很难获得大额纵向科研经费，其办学取向和研究实力又决定它很难获得横向科研项目及经费，要开展科研活动，大概只能通过内部自筹列支项目经费，但对于薄弱高校而言，通过制度环境获得的经费连维持大学正常运转活动都很拮据，哪会有多余的钱给教师进行科学研究呢！这时，科研活动既无资源支持，也无内在动力，或许也缺乏能力支持，功能自然无法顺利实现。

大学的教学过程不尽如人意，最终培养出的人才质量便可想而知。如今，大学毕业生就业已经基本市场化了，这些大学的毕业生如何跟其他大学的学生竞争呢？薄弱高校降低录取标准后，将一部分没有接受高等教育资格与能力的学生招了进来，这部分学生不要说在薄弱高校，哪怕是在重点大学接受四年学术训练，也不一定能够成为合格的高级专门人才；同时，薄弱高校较差的教学环境和质量，使一部分本身有能力接受高等教育的学生享受不到良好的培养，毕业以后也难以说是高级专门人才。因此，最不想让人看到的结果也成了现实：这些大学的毕业生只能找到一些低收入的工作，或者根本找不到工作。社会无法吸纳这部分人群，这类群体便成为社会的一大不稳定因素。在产出不能得到社会认可与接受的前提下，薄弱高校更难以得到当地企业与社会民众的赞助与捐赠。薄弱高校与区域社会和经济发展联系的断裂，使其在失去国家财政的持续投入之后，又丧失了有助于自身发展的区域社会环境和经济力量的支持，处境将会更加艰难。如上种种因素，使得这些大学的口碑越来越差，社会评价越来越低。最终，社会服务功能也无法顺利实现，相反还为社会增加了负担。在这里，薄弱高校似乎碰上了墨菲定理：一旦某方面陷入困境，其他方面会跟着出错，只要有变坏的可能，那这种可能一定会变成现实。

无组织力量在短时间内看起来是微不足道的，不会影响这个大学组织的正常运转。但经过长期的积累，就会导致大学的功能异化。政府虽然不会对薄弱高校进行大力度投入和扶植，但是也不会坐视其陷入绝境，尤其是当这些学校具有公立高校背景时，政府总会出手予以救助，结果，这些学校虽然不至于马上失血死亡，却又无力摆脱困境。我们甚至可以认为，政府在最后时刻的扶持阻断了来自生源市场和就业市场以及高等学校市场发出的信号，弱化甚至完全阻断了负反馈调节机制。负反馈调节机制的缺失导致薄弱高校无法定期清除积累起来的无组织力量，因此，薄弱高校的非理性行为使其走向老化进而演变为薄弱高校，甚至是真正意义上的僵尸型组织，将变得不可避免。其实，客观地说，薄弱高校之所以采取诸多在外界看起来不够理性甚至完全不合理的行为，还是为了在特定条件下维持大学的艰难存续，但恰恰是这些行为使其陷入了更艰难的境地。薄弱高校就像是一个要靠吸食毒品来维持精神的瘾君子，毒品就是他的非理性行为。他愈吸愈上瘾，愈来愈离不开毒品的刺激，他的身体也就日益衰弱，最终走上绝路。

第六章　美英发达国家治理薄弱高校的经验

自第二次世界大战结束以来，高等教育大众化之势汹涌澎湃，势不可挡，先是出现在发达国家，发展中国家紧随其后，不同国家采取了不同的扩张模式①。当代美国教育学家阿特巴赫指出，二战后，规模的扩张是世界各国高等教育发展的共同趋势②。

美国是大众化起步最早，发展也最为顺畅的国家。根据NESC（National Education Statistic Center，美国教育统计中心）的数据，美国高等教育在校生数1931年为115.4万，占18～24岁人口的7.4%；1956年达到291.8万，占18～24岁人口的19.5%；到1991年，毛入学率则已达到51%。可以认为，美国在1950年左右，其高等教育开始进入大众化阶段，到1990年左右，已经完成大众化，进入普及化阶段③。与美国高等教育大众化模式不同，西欧各国高等教育大众化的发展主要依靠公立高校，以政府财政为主，在大众化发展过程中较为缓慢。在英国等一些西欧国家，二战结束时高等教育毛入学率只有4%，到20世纪60年代后逐渐超过15%，到70年代毛入学率停止增长，甚至倒退到12.5%，直到1988年进入全日制高等教育的青年学生比例才

---

① 张少雄．西方高等教育大众化的困境与我们的选择［J］．高等教育研究，2006（2）：14.

② ［美］菲利普·G．阿特巴赫．21世纪美国高等教育——社会、政治、经济的挑战［M］．陈舜芬，译．台北：高等教育文化事业有限公司，2003：23-29.

③ 潘懋元主编．中国高等教育大众化的理论与政策［M］．广州：广东高等教育出版社，2008：211.

开始重新达到15%，标志着英国高等教育进入大众化阶段[①]。日本的高等教育毛入学率在1966年超过15%，由精英阶段进入大众化阶段。1999年开始实施的高等教育大扩招政策将我国高等教育由精英阶段带入大众化阶段，高等教育在学总规模由1998年的805万增加到2017年的3 700余万。20世纪末在经济危机背景以及民众对高等教育的迫切需求下，我国扩大高等教育规模，进行高等学校扩招，并于2002年初步完成了从精英型高等教育向大众化高等教育的转变，高等教育毛入学率达到15%。

但是，马丁·特罗的高等教育大众化理论更多地是一种对高等教育质量的预警理论。高等教育系统的规模扩张使高等教育系统负载加大，同时引发了高等教育发展中规模、速度与质量、效益的冲突。高等教育大幅度超常规的扩张对系统的压力超过了高等教育的生态承载阈值，使发展规模与系统的生态承载力不协调，最后必然导致高等教育系统的生态失衡[②]。随着高等教育规模的快速扩张，各国的高等教育机构也急速增加，使得政府不得不投入更多财力，造成各国政府负担沉重。更大的问题在于，高等教育量的增加不代表质的提升，高等教育品质良莠不齐，催生了一批薄弱高校，这些学校自身办学条件差，基础薄弱，经费短缺，师资队伍结构不合理，社会认可度低，面临生存危机，甚至陷入困境。在世界高等教育史上，美国、英国、日本、澳大利亚、新加坡等许多国家都出现过相对弱势甚至最后破产倒闭的高校[③]。美国作为高等教育大众化发展最早最快的国家，其薄弱高校的出现也早于其他国家，相应的治理机制也相对完善。英国等西欧福利国家，在高等教育发展上长期奉行精英主义文化，基本上不存在问题。但是经过大发展后，在市

① Charles Booth. The Use of the Case Method in Large and Diverse Undergraduate Business Programmes: Problems and Issues: A Report to The European Case Clearing House and The Foundation for Management Education [M]. Bristol: University of the West of England Press, 1999.

② 贺祖斌. 高等教育生态论 [M]. 桂林：广西师范大学出版社，2006：46.

③ 王琴. 我国弱势高校发展困境透视 [D]. 武汉：华中科技大学硕士学位论文，2014：1.

场化浪潮的冲击下，少数高校因为财政问题以及招生数量不足等问题，开始面临裁撤甚至是关停的情况。对此，英国也开始逐步采取相应措施面对这一问题。面对高等教育大发展带来的薄弱高校问题，这些国家或地区普遍倾向于建立市场化的淘汰机制，使极端薄弱高校逐步退出高等教育市场，让高等教育的质与量并进，提升高等教育的竞争力。

“退出制度”一词源于 20 世纪 70 年代美国经济学家阿尔伯特·赫希曼提出的“退出—呼吁”理论。他认为，组织绩效衰减迟早会发生，经济“松弛”也会不期而至，此时不论社会制度设计得多么完善，组织都具有不断衰退的倾向[①]。退出机制主要是凭借市场力量发挥作用，促使管理者寻找自身不足，并采取补救措施使组织恢复绩效。在完全竞争市场中，生产者有进出市场的自由，若有利可图，新的生产者可以进入市场；若经营不善也可以自由退出。退场制度是为敦促弱势组织适时退出市场，约束组织退场行为而建立的一套规则，其主要目的是保证产品能够维持一个最低的质量标准。在薄弱高校退出制度的建立和运行上，美国积累的经验最丰富，老牌资本主义的英国在市场化的影响下，也开始转变传统的“没有失败的大学”的观念，正视高校在市场化激烈竞争中的退出问题。

第一节　美国的薄弱高校退出机制

一、战后美国高等教育的大发展与薄弱高校的大面积出现

美国是最早启动高等教育大众化进程的国家，也是大众化发展最为顺畅的国家。但是，近几十年来，在自由竞争的政策环境下，美国各州因预算紧缩而相继削减高等院校的教育预算，导致部分高校陷入生存与发展困境。同时，部分高等院校性质的转变和急剧扩充，也使高等院校在发展和办学上陷入困境。美国联邦政府自 1970—2012 年有学位授予权的中等后教育机构停办数量统计情况如表 6-1 所示。

---

① 卫建国，殷亚捷，陈超．退出、呼吁机制与公司治理［J］．经济体制改革，2006（3）：52．

表 6-1　1970—2012 年美国有学位授予权的中等后教育机构停办数量统计表

年份	总数	公立学校		私立学校	
		四年制	两年制	四年制	两年制
1970—1975	108	0	23	52	33
1976—1980	45	1	1	30	13
1981—1985	27	1	0	21	5
1986—1990	71	1	1	40	29
1991—1995	120	0	4	39	77
1996—2000	85	1	6	24	54
2001—2005	56	0	0	24	32
2006—2010	83	1	0	36	46
2011—2012	30	4	0	14	12
总计	625	9	35	280	301

资料来源：https://nces.ed.gov/programs/digest/d12/tables/dt12_309.asp.

上表是联邦政府统计的高校停办数量，其中两年制私立高校是倒闭数量最多的类型，共计 301 所，公立四年制大学虽然倒闭数量较少，但是近年来也有增多的趋势。20 世纪 60 年代，许多私立学校倒闭较多是因为学费较低的短期大学急剧增加，公立大学和私立大学竞争加剧。70 年代美国高校之间的竞争更加激烈，一些规模在 1 000 人以下的私立大学纷纷倒闭。进入 80 年代，美国高等教育适龄人口逐渐减少，从 1979 年的 1 715.6 万减少到 1995 年的 1 299.5 万。很多大学因为招生困难而倒闭。从 1960 年到 1990 年的 30 年间，倒闭的学校一共有 364 所，年平均倒闭学校数是存在学校数的 1%左右。在倒闭的学校中，四年制大学 185 所，短期大学 179 所。从公立大学、私立大学倒闭的数量来看，公立高校 38 所（四年制 1 所，二年制 37 所），私立高校 326 所（四年制 184 所，二年制 142 所），私立大学占大多数①。

① 卢彩晨. 危机与转机：从民办高校倒闭看民办高等教育的发展［M］. 广州：广东高等教育出版社，2009：56-57.

每年，美国《高等教育内参》（Inside Higher Education）都联合盖洛普对大学的财务管理人员进行调查，并据此制作美国大学财务报告。《2015年美国大学财务管理人员调查》（Closure Concerns and Financial Strategies：a Survey of College Business Officers）是《高等教育内参》与盖洛普的第五次合作，该报告揭示，面对财务问题，美国大学更多地采取了扩大招生这种比削减预算更为流行的方式，但此举对苦苦挣扎的大学而言效果有限。2015 年的调查同时显示，64％的大学财务管理人员认为其财务模式不足以支撑学校未来五年的发展，意即是说约三分之二的大学财务管理人员认为本校财务模式急需改进①。

进入 21 世纪的第二个十年以来，美国高校倒闭潮再次来袭。仅 2016—2017 学年，美国就有超 5.6％的大学不再收到政府补贴甚至直接停止运营，这已是美国大学总数连续第四年减少，减速为历年之最。2015 年，约 366 所营利性大学倒闭；2015—2016 学年，则有 33％的非营利性私立大学倒闭。在 2017 年 5 月的高等教育创新研讨会上，哈佛商学院教授克里斯滕森（Clayton Christensen）也特别预测，“美国 4 000 所大学中有 50％将在 10 到 15 年内破产倒闭”②。对此，美国亦强调将继续发挥退场机制的作用，促使一些招生困难的院校关闭，并认为这样做不仅可以缓解财务困顿的问题，也可策略性调整学校内部资源配置③。

二、美国建立薄弱高校退出机制的原因

在美国，对于所有高校，无论是公立还是私立，各级政府的拨款是办学经费的重要来源之一。但是自 1965 年《初等与中等教育法》颁布以来，

① Inside Higher Eduaction. Closure Concerns and Financial Strategies：A Survey of College Business Officers［EB/OL］.（2012-03-24）［2016-10-09］. https://www.insidehighered.com/news/survey/closure-concerns-and-financial-strategies-survey-college-business-officers.

② Harvard Business School professor：Half of American colleges will be bankrupt in 10 to 15 years［EB/OL］.（2017-11-15）［2018-06-22］. https://www.cnbc.com/2017/11/15/hbs-professor-half-of-us-colleges-will-be-bankrupt-in-10-to-15-years.html.

③ Slaughter. Criteria for restructuring postsecondary education［J］. Journal for Higher Education in Management，1995，10（2）：31-44.

对基础教育而非高等教育进行补助就成了联邦政府教育财政预算的重心，结果，美国高等教育经费面临连年缩减；与此同时，日益严峻的毕业生质量问题使得美国民众对大学教育丧失信心；再者，高等教育文凭的价值呈逐渐递减势头，对于提升工资而言，拥有学位带来的优势已显著减小。这些因素都对高校维持办学形成强力冲击。在财政紧张之际，美国高校不得不走增加学费维持生存的道路。2010 年，美国公立大学的平均学费已涨到每年 15 000 美元左右，比十年前翻了一番。而学费的不断攀升在一定程度上又影响到新生注册率，使美国高校学生注册率的增长维持在较低水平，2011—2012 学年甚至出现了负增长①。大学倒闭的关键在于大学对环境变化缺乏足够的适应能力，在拨款减少、竞争加剧和生源下降的情况下，一些短期大学、小规模大学最先受到冲击，成为退出对象。

三、美国薄弱高校退出的相关法律法规

美国作为世界高等教育领域最强调市场机制的国家，一直坚持以市场方式调控高等学校数量，规定《联邦破产法》也适用于财政困难的高校。在大学破产前的清算与可能的重建中，《联邦破产法》都是唯一的法律依据。美国高校的退出分为重建型处理与清算型处理两大类型，其中重建型处理主要包括高校合并、重建以及所有权转让三种类型；清算型处理则主要包括倒闭和清算两种类型。其中高校重建适用于《联邦破产法》的第 11 章重整程序，清算类型适用于第 7 章清算程序②。在《联邦教育部管理条例》（Education Department General Administrative Regulations）（以下简称《管理条例》）中有暂停（Suspension）和禁止（Debarment）两种不同的状况。条例对于停止办学的原因、时间、行动的生效及结束时间、何时能重新开始办学、如何做出决策、做出决策过程中会考虑到的评估因素都有较为详细的规定③。美国私立大学的退出机制安排除参

---

① 李慧翔．破产狂潮下的美国大学［EB/OL］．（2017-12-04）［2018-09-29］．http://blog.sina.com.cn/s/blog_49b981b50102xd6s.html.

② 杨晓波．美国联邦政府的高等教育政策［J］．外国教育研究，2003（10）：36.

③ 美国联邦教育部．Education Department General Administrative Regulations［EB/OL］．（2015-03-15）［2016-09-11］．https://www2.ed.gov/policy/fund/reg/edgarReg/edgar.html.

照《联邦破产法》外，还依据《非营利公司法》等相关法律法规。除此之外，各州教育部门可就本州的私立大学退出问题做出相应行政程序安排。例如，华盛顿劳动力训练和教育协调委员会就颁发了《私立职业学校手册》，马萨诸塞州法律规定私立大学与公司一样采用相同的合并法律，肯塔基州也制定了《肯塔基修正法案》。当然，美国大学的退出机制的价值取向实则更强调破产重建，更鼓励大学通过合并、重建来化解学校内部困境，进而化解社会矛盾。从一定意义上说，这是一种积极的退出机制①。

四、美国薄弱高校退出的具体程序

1. 公立大学的退出

公立大学与私立大学在退出机制上都同样依据美国《联邦破产法》中的破产重整与破产清算程序。除此之外，公立大学的退出多为系所的裁撤。以美国密苏里州州立大学系统为例，其在面临教育预算削减时，首先采取的是启动教职工提早退休优惠措施。密苏里州州立大学系统启动退场机制的原因主要是教育服务的减少、低招生率、使用过高比例的州政府补助，以及与大学整体发展方向不一致。值得注意的是，学校基于整体财务考量，对于那些过于依赖学校补贴的系所或是对学校学术贡献不高的科系，即使招生没有问题，也将采取关闭措施。美国高等教育机构启动退场机制的标准主要看相关单位在教育服务、招生、师资、学生素质、核心任务、财务状况、学校独特性、成本收益、法令规定需求、系科连接、外在经济影响等方面的表现而定。

2. 私立大学的退出

美国的私立大学主要分为两种，一种是营利性私立大学，另外一种是非营利性私立大学，这两种类型的私立大学在退场程序安排上稍有不同。就非营利性私立大学而言，由于该类大学适用各州的一般法律，并无特殊的规定。就私立大学的合并而言，马萨诸塞州规定大学合并要经过2/3的职员通过，然后将新机构的地址、名称提供给政府，由政府组

---

① 卢彩晨. 危机与转机：从民办高校倒闭看民办高等教育的发展［M］. 广州：广东高等教育出版社，2009：56-57.

织审核。美国私立高校的退出方式主要有两种：一种是变更举办者，另一种是终止办学。这类私立学校属于个人或董事会，因此学校办学主体有权自主交易学校产权，但是为了维护学生权益，确保学校变更举办者后教育教学活动的正常开展，美国一些州政府出台了相关法律予以规范。终止办学主要分为完全终止和部分终止两种。美国营利性私立大学诞生于20世纪70年代，这类学校属于完全按照现代股份公司制模式建立起来的教育公司，它以巨型大学系统作为办学的载体，再通过联邦或区域认证机构的认证之后，具有颁发毕业证书和学位的资格。美国的营利性私立大学的退出机制与非营利性私立大学一样，也适用于各州的一般法律，同时也必须经过认证。由于营利性私立大学是投资办学而非捐资办学，所以它的退出机制与非营利性私立大学的退出方式不同，不同之处在于其主要采取并购方式退出。并购是企业获得生产要素、扩大生存空间的有效途径，也体现了市场经济中优胜劣汰的竞争法则①。美国营利性私立大学的并购主要采取的是横向并购，也即两个从事同类业务活动的企业之间的并购，其类型主要有三种，即成长型并购、整合上市公司并购、与境外教育机构“牵手”进入资本市场②。营利性私立大学的并购具有严格的规定，除了必须严格遵守《证券法》和《公司法》的相关规定外，还要符合教育部门的一些相关规定。比如当目标学校的所有权和控制权发生变化时，教育部将视具体变化方式对其进行重新认定，部分州的审批机构或认证机构也要对其进行重新认证。

除了上述公立或私立院校自愿退场之外，当联邦政府教育部接收到任何有关可能引起暂停或停止办学的信息时，都会针对该信息迅速开展调查并做好记录，继而迫使某教育机构暂停办学。美国联邦教育部《管理条例》首先介绍了联邦教育部的暂停及禁止办学行动是如何启动和具体实施的，包括官方何时会采取勒令教育机构暂停办学的措

① 卢彩晨. 危机与转机：从民办高校倒闭看民办高等教育发展［M］. 广州：广东高等教育出版社，2009：196.

② 高晓杰. 营利性私立高等教育机构资本市场研究［D］. 厦门：厦门大学博士学位论文，2004：176-179.

施，官方采取暂停办学行动时考虑的因素，进行事实调查，暂停办学措施何时生效，在决定继续暂停办学还是恢复办学时官方考虑的因素，暂停办学持续的时间，等等。如果确定该机构存在侵权、欺诈或犯罪行为，或者违背联邦政府有关反垄断的法令，或者存在盗用、伪造文书、行贿受贿、逃税等行为，则会被直接禁止办学①。

五、第三方认证评估制度

美国高等教育认证机构在美国高校办学与退出机制中也发挥着重要的作用。目前，美国教育认证机构主要包括六大区域认证机构，其中中北部认证机构最大。经过其中一家机构认证的学位或材料在其他区域都会得到认可。认证机构主要认证大学的教学计划和任务情况；大学的财政资源、学生和教师队伍状况及从该校毕业学生的素质、有效性以及学校的持续性。认证机构每过 10 年审查一次学校的综合情况，学校也需要每年向认证机构提交一次报告。如果大学没有达到认证标准，认证机构的审查委员会就会给该大学限期改进的警告，如没有达到改进要求，则学校的认证资格将会被取消，没有达到认证标准的，可以主动撤销认证申请并合并到其他合格的大学。

六、美国薄弱高校退出的善后工作

学校关闭，受影响最大的就是在校就读及尚未取得学位的学生，为此美国联邦政府和州政府在这方面采取了一系列积极防范措施。首先是关闭学校的信息公示和公开，使学生能够得到妥善安置，不致出现混乱无序现象。其次是学生的学业继续问题，各州的普遍做法是通过帮助学生转学或自学的方式继续学业，学生也可以选择网络教学、在线学习完成学业。除了学业问题外，学生的经济利益也是教育主管部门善后工作的重点，如果学生不愿意再继续学业，则有权向学校索要剩余学费，主要有学费返还和解除学生贷款两种方式。除了善后工作外，做好前期准备工作对于减少学校关闭时给学生造成的损失也十分必要。在学生进入

① 美国联邦教育部. Education Department General Administrative Regulations [EB/OL]. (2015-03-15) [2016-09-11]. https://www2.ed.gov/policy/fund/reg/edgarReg/edgar.htm.

私立学校前，通过一定方式加强学生的维权意识，提示学生维权渠道和应对措施①。以美国西北大学（Northwestern University）为例，在确定退出教育市场后，为确保各利益相关者的权益，已实施相关配套措施。在学生方面，校方更改原定关闭日期，直至校内学生全数毕业才正式执行退出机制；在教师方面，提出提早退休的优惠办法，同时对于提早退休的教师给予相关福利②。

第二节　英国治理薄弱高校的新思路

一、英国高等教育的发展与部分高校的办学困境

就大学的历史来看，英国是全世界最早设立现代大学的国家之一，整个英国高等教育具有浓厚的精英教育色彩。在高等教育大众化的全球发展浪潮中，英国也逐渐开启大众化进程。1963 年《罗宾斯报告》揭开了英国高等教育大发展的序幕，1972 年英国政府发表了《教育：一个扩展的框架》白皮书，提出今后 10 年将继续扩展高等教育，并在多科技术学院和其他非大学学院等类型的高等教育组织发展上保持最快的扩张速度。1983 年发表的《雷弗休姆报告》认为，扩大高等教育入学途径，不仅是基于社会公平的原则，也是由于加快培养各种高级专门人才和提高英国经济实力的需要③。

英国传统的高等教育属于典型的精英教育，学校数量相对较少，大学的设立与创办在英国较为严谨，所以英国社会也一直有着“办出来的大学都是好大学”的现象。在此精英教育文化下，英国的“no-fail culture”观念根深蒂固，似乎在任何情况下，大学总是可以得到资助，即便已经遭遇巨大的困难，大学破产倒闭都是令人难以想象、不应该被

---

① 郑丽君．美国私立高校退出问题研究［J］．黄河科技大学学报，2008（2）：15．

② 参见萧永动有关台湾地区大专院校退场机制的指标及相关配套措施之研究的博士学位论文．

③ 易红郡．战后英国高等教育政策研究［M］．长沙：湖南师范大学出版社，2012：288．

讨论的问题。2009 年，英国政府发布研究报告，指出尽管高等教育迅速扩张带来了日益加剧的竞争，但是在高等教育系统中，还没有建立起真正的市场机制。英国高等教育基金委员会在 2009 年到 2010 年分配80 亿欧元给 131 个大学，然而即便这些大学不景气，也未考虑关闭大学①。但是，HESA 统计数据显示，早在 2010 年前一些高校就因为自身办学问题寻求与其他学校合并或被迫关闭。

表 6-2　1994—2016 年英国高等教育机构数及学生数统计情况

年份	机构（个）	学生数（人）	年份	机构（个）	学生数（人）
1994/1995	182	1 567 313	2005/2006	167	2 336 110
1995/1996	180	1 523 748	2006/2007	169	2 362 815
1996/1997	177	1 756 179	2007/2008	166	2 306 105
1997/1998	174	1 800 064	2008/2009	165	2 396 050
1998/1999	168	1 845 757	2009/2010	165	2 493 415
1999/2000	169	1 856 330	2010/2011	164	2 501 295
2000/2001	166	1 990 625	2011/2012	163	2 496 645
2001/2002	169	2 086 075	2012/2013	161	2 340 275
2002/2003	170	2 175 115	2013/2014	160	2 299 355
2003/2004	169	2 247 440	2014/2015	162	2 266 075
2004/2005	168	2 287 540	2015/2016	162	2 280 830

注：表中数据为英格兰、苏格兰、威尔士三地总数。

资料来源：HESA. https://www. hesa. ac. uk/data-and-analysis/publications.

1994 年存在的 55 所高等教育机构（占总数的 30%）在 2009 年度参与了合并。在 1994 至 2009 年的 15 年间，据 HESA 统计数据，英国的高等教育机构从 182 个减少到 165 个，而入学的学生人数增加了 59%，达到 2 493 415 人。这其中，55 所高校参与合并，54 所学校更名，有两

① Anna Fazackerley，Julian Chant. Sink or swim? Facing up to failing universities [EB/OL].（2016-09-09）[2017-10-28]. https://www. policyexchange. org. uk/wp-content/uploads/2016/09/sink-or-swim-apr-09. pdf.

所学校院系关闭，1所学校改制①。北伦敦大学（前北伦敦理工学院）和伦敦市政厅大学（前伦敦理工学院）合并为伦敦城市大学，合并背后的原因是每个机构都太小而无法独立发展，特别是在竞争激烈的伦敦高等教育市场②。

2010年BBC中文网曾报道，当时英国大学适逢政府大幅削减高等教育经费，各高等院校纷纷实施应对措施，有些选择学校整并，期能改变独立大学地位，积极突破严峻的财务考验，也因此，当时尚未有高等教育机构完全倒闭。英国伯克郡顾问公司调查后认为，高等院校校长们并不因此而乐观，甚至认为即将出现首例大学被迫关闭的情况③。BBC新闻犀利指出"Weak universities 'should shut'"（薄弱高校应该关闭），政府应该允许大学关闭或者让私人机构、第三方组织接管薄弱高校。英国的政策智囊团"政策交流"（Policy Exchange）认为，办学出现严重困难维持不下去的大学也应该像公司一样有关张的可能④。英国传统的"no-fail culture"的高等教育文化观念将在高等教育市场化浪潮中得到扭转，英国大学破产退出成为现实。

二、英国治理薄弱高校问题的背景

BBC新闻报道指出，英国大学（Universities UK）主席史蒂夫·史密斯（Steve Smith）、罗素集团首席董事温蒂·佩蒂（Wendy Piatt）一致认为经费的缩减迫使英国为数不少的学术卓越的高等院校因不敌冲击而关闭。BBC英伦网曾提及，英国工会联合会（Confederation of British

---

① Grant Harman, Kay Harman. Institutional mergers in higher education: Lessons from international experience [J]. Tertairy Education & Management, 2003 (9): 29-44.

② Malcolm Tight. Institutional churn: Institutional change in United Kingdom higher education [J]. Journal of Higher Education, 2013 (35): 13.

③ 参见萧永动有关台湾地区大专院校退场机制的指标及相关配套措施之研究的博士学位论文.

④ The Guardian. Universities facing going to the wall [EB/OL]. (2010-03-16) [2016-12-09]. https://www.the guardian.com/education/2010/mar/16/universities-allowed-to-fail.

Industry，CBI）主席兰伯特（Richard Lambert）认为不仅经费短缺是一大要因，学校绩效欠佳、学校毕业生供需失衡也是不少高等院校关闭的原因。保罗·马歇尔（Paul Marshall）认为生源减少、机构职责不清、大学自主经营不力是英国薄弱高校的主要表现。

数名英国高校校长接受BBC英伦网采访时曾表示，除了受英格兰高等教育基金委员会（Higher Education Funding Council for England，以下简称HEFCE）预算紧缩的影响外，英国政府针对大学扩招的严格限制，设置招生扩招人数上限，超出者予以重罚，此举亦为一大影响要因。BBC NEWS（2013）针对一项调查研究（为数约占英国高等院校总数的三分之一接受调查）报告指出，英国大学的办学困难不仅受政府的高等教育政策及学校财源的变革所影响，英国人口老龄化趋势对于英国大学财政也具有一定的影响①。

三、英国薄弱高校的风险预警机制

英格兰高等教育基金委员会是1992年英国政府建立的非政府公共组织，在教育部框架下工作，但并非由教育部管辖，属于第三方组织机构。它的主要职责是为高等教育教学、研究和其他相关活动提供拨款，资助高等教育发展项目，监控大学与学院的财政与管理运行状况，评估高等教育教学质量等。除了英国唯一一所私立高等学校完全不受政府经费补助外，政府给予所有高等教育机构以教育经费补助，所以在英国高校的经费筹措方式中，政府拨款占较大比重。HEFCE职能之一即是合理分配教育公共经费，即有选择性地配置公共经费，以此来确保公共投入的公平与合理。经费划拨的重要依据之一就是高校的财政风险评估。

HEFCE对大学的风险评估通常有两类：一种是“较高风险”的机构，另外一种则是“较低风险”的大学。HEFCE的风险评估主要基于每所大学的发展战略规划，对大学进行可持续发展及问责制的评价。英国大多数高校都处于低风险状态，只有极少数被HEFCE视为高风险类

---

① 参见萧永动有关台湾地区大专院校退场机制的指标及相关配套措施之研究的博士学位论文.

型。对那些高风险大学，HEFCE会在每年的3月底与大学沟通①。假设一所大学被认定处于高风险状态，一般都是因为它的财政以及市场地位不能保证其长期发展的可能性；也可能是战略计划的等级、范围以及成本超过大学的资源管理能力。此时，大学自身的风险管理或者机构治理实质上是无效的②。

英格兰高等教育基金委员会的财政风险评估在一定程度上也可以作为低质量高校或者是薄弱高校退出的相应预警程序。被评为高风险的高校，会在高等教育基金委员会的协助下出台相应的改进措施，如果在相应的时间内，改进措施没有奏效或是高校财政仍然处于高风险状态，那么HEFCE将会减少该校的经费拨款甚至停拨。而对于以政府拨款为主要经费来源的英国高校来说，缺少财政经费支持，则意味着学校基本处于生存的“悬崖边缘”，面临停办可能。

当学校因经营问题进行合并或者退出高等教育市场时，也会有相应的配套措施来完善该退出机制。威尔士高等教育拨款委员会（Higher Education Funding Council for Wales）曾于BBC英伦网报道中表示，威尔士三所大学合并后会减少该地区的大学数量，因此会增加各大学的拨款金额，以此作为相关的合并配套措施。BBC曾提及一专家建议，各高等院校应密切与各行业合作，鼓励各领域研究人员善用外语能力，到海外寻求就业机会，或者增加国际合作。

通过对美国、英国两个国家的薄弱高校退场机制的考察，我们可以看出，各国或地区启动高校退出机制，多半是教育环境变化所致。导致薄弱高校退出的因素主要包括内部因素与外部环境因素，前者如学校教育质量下降、学校体制欠佳等，后者主要多为学校陷入财政危机、面临生源困境、国际市场竞争力激烈等。在薄弱高校实施退场程序之前，都

① 臧日霞．从高等教育基金委员会看英国高校治理模式的创新［J］．比较教育研究，2009（7）：80.

② Memorandum of assurance and accountability between HEFCE and institutions: Terms and conditions for payment of HEFCE grants to higher education institutions［EB/OL］．(2017-08-23)［2018-10-28］．http://www.hefce.ac.uk/pubs/year/2017/201708.

会有客观评估与提前预警机制，通过这一机制增强高校的忧患意识，同时给薄弱高校一定的时间予以改善。相关高校也会通过这一预警寻求应对之策，有些学校还会寻求国际上的合作，创造互利双赢的契机，从而扭转处境不利局面。英国主要表现为“无失败大学”传统观念的转变，美国在薄弱高校退出机制上有完备的法律法规或者政策规范，真正从法律规范层面保障薄弱高校有序退出。良好的退场善后应对措施也是薄弱高校退出中的重要环节，英美在善后措施上多着重于教职工及学生后续的安置工作，真正保障利益相关者的权益。

高等院校退场制度首先是一个淘汰制度，具有过滤器的功能。退场制度按照优胜劣汰的竞争原则，将一些存在问题的劣质高校清理出高等教育市场，为发展良好的高校拓展更大的发展空间，从而保障高等教育市场健康持续发展。高等院校退场制度也是一个事后挽救制度。退场制度往往是在高校的运作出现问题之后才开始发挥作用，一些高校通过合并、转型可以扭转学校的困境，使学校重新恢复生机①。

---

① 范高阳. 台湾私立高等院校退场制度研究［D］. 宁波：宁波大学硕士学位论文，2014：8.

第七章　我国治理薄弱高校的现行对策及其局限

第一节　我国治理薄弱高校的现行对策

一、政府直接扶持薄弱高校以维持其生存

在薄弱高校的群体性积弱积困局面呈不断扩散和加剧的背景下，我国国家和地方层面近些年来不断提高地方高等教育财政经费投入，并制定了一系列面向薄弱高校特别是专门针对地方高校发展的扶持性政策和建设援助项目。一般来说，这些政策资助和资源倾斜项目既有普惠性质的支持，也有区分使用范围或特定受惠对象的选择性支持，而不管是哪种类型，实际运行中的各种政策项目都鲜明地体现了政府的保护或扶持意图，即主要是为了帮助地方薄弱高校解决其所面临的巨大财政压力、经费投入不足、资源瓶颈约束等问题，因而可以说是政府对薄弱高校的一种直接救助。

具体而言，我国目前主要是借助政府直接干预资源配置的方式，通过增加财政投入和经费资助的手段来对地方高校进行大力扶持。这其中，首先从地方政府层面来看，随着我国高等教育财政投入体制的深化改革，在原先的中央财政统一拨款改为根据学校行政隶属关系实行中央和地方分级负担后，地方政府成为所属区域地方高等学校的财政投资主体，并在保障地方高校经费投入水平增长方面所起的作用日益突出。据相关研究统计，为提高地方高等教育质量、改善地方高校的整体办学水平以及进一步落实和保证实现教育经费的“三个增长”，即各级政府教

育财政拨款的增长应高于财政经常性收入的增长、在校学生人数平均教育费用逐步增长、教师工资和学生平均公用经费逐步增长，在2001年至2015年的3个“五年计划”期间，全国多数省（直辖市、自治区）的地方生均高等教育财政投入总体上均有大幅提升。其中，在地方生均预算内教育事业费（主要反映地方政府对高校人员经费及其教育教学日常运转经费的保障水平）的投入方面，河北、内蒙古、吉林、江西、湖北、湖南、四川、陕西、宁夏等地在3个“五年计划”期间保持了投入水平的连续上升态势①；在地方生均预算内公用经费的支出方面（用以评价地方高等教育投入是否能够满足高校教育教学活动的正常运转），安徽、贵州、陕西、甘肃、宁夏及内蒙古保持了连续上升势头，且该项指标的高低极值相差倍数在3个“五年计划”期间大幅降低，由“十五”期间的28.89倍下降到“十一五”期间的18.07倍，到“十二五”计划期间，已降到了7.13倍②。这些变动趋势均从总体上说明了地方政府对高等学校财政投入的力度在不断加大。与此同时，在地方政府成为财政投资的主体以后，中央在近些年来也非常重视和强调以增加经费拨款或财政专项资助的方式大力支持地方高校建设。

比如在2010年，为解决地方高校生均拨款标准偏低的问题，财政部、教育部出台了《关于进一步提高地方普通本科高校生均拨款水平的意见》，其中提出中央财政将建立“以奖代补”机制，对于生均拨款水平已经达到12 000元的省份，如果生均拨款水平没有出现下降的情况，中央财政每年会给予定额奖励；对于生均拨款水平尚未达到12 000元的省份，中央财政会对各省份提高生均拨款水平所需的经费按一定比例进行奖补。与此同时，从2010年开始，中央财政还在原省部共建专项经费的基础上调整设立了中央财政支持地方高校发展专项资金，并制定了

① 郭化林，谢姝莹．地方政府政治周期与高等教育财政投入支持强度指数——基于2001—2015年3个“五年计划”的省际面板数据［J］．中国高教研究，2017(9)：17-23.

② 郭化林，谢姝莹．地方政府政治周期与高等教育财政投入支持强度指数——基于2001—2015年3个“五年计划”的省际面板数据［J］．中国高教研究，2017(9)：17-23.

《中央财政支持地方高校发展专项资金管理办法》（以下简称《管理办法》）。该《管理办法》规定，专项资金将主要用于地方高校重点学科建设、教学实验平台建设、科研平台和专业能力实践基地建设、公共服务体系建设以及人才培养和创新团队建设等方面，且其支持范围除包括原省部共建经费支持的普通高校外，进一步扩大至其他符合行业和地方区域经济及社会发展需要的地方高校，这就使大部分薄弱地方高校基本上都成了中央专项财政资助的直接扶持对象。

另外，地方政府层面不断强化对薄弱民办高校的专项资助也是这种扶持性治理政策的一种重要体现。自2010年以来，我国多数省份包括一些经济发达地区的地市级政府相继出台了直接援助民办高等教育发展的专项经费资助计划。上海市2010年财政支持民办高等教育发展的资金总额达到4 073万元，累积支持民办高校约2.27亿元；陕西省2012年出台了《陕西省人民政府关于进一步支持和规范民办高等教育发展的意见》，提出每年拿出3亿元资金以进一步加大对民办高校的扶持力度；云南省从2015年起，提出每年安排8 000万元设立民办高等教育发展专项资金以支持民办高校的发展；福建省2017年为27所民办高校划拨了3 000万元财政补助；广东省在2005至2011年间，每年安排了省级民办教育发展专项资金3 000万元，到2012年该专项资金额度增加至5 000万元，从2015年起进一步增加至每年7 000万元；另外有些地方还直接对民办高校进行生均拨款支持，如上海市按照每年1 500元的标准、重庆市按每年1 400—2 200元的标准、温州市按照公立高校生均经费20%的标准对民办高校进行补助①。

总的来看，在以上这些倾斜性政策的支持下，我国地方普通高校的国家财政性教育经费收入近年来得到了显著增长（见图7-1）。从2018年财政部、教育部联合下达的支持地方高校改革发展资金预算通知来看，2018年中央财政下达的用以支持地方高校改革发展的专项资助经费高达

① 夏季亭：民办高校贡献大但生存难 政府应提供生均拨款［EB/OL］.(2016-01-29)［2018-09-05］. http://edu. dzwww. com/dzjyxw/sdjx/201601/t20160129_13778050.html.

114.6亿元，比2017年同期又增加了近26亿元。全国人大代表、中国高等教育学会会长杜玉波在2018年两会期间接受记者专访时表示，受财政压力及条件资源的限制，我国地方高校目前普遍面临一些发展困难，在社会主要矛盾已发生转换的背景下，各地应该把支持地方高校建设摆到增强当前和未来区域发展动力的高度上，以加快落实“放管服”、加大对地方高校经费支持力度、加速推动产教融合等方式帮助它们解决难题、克服瓶颈[①]。由是观之，在今后的工作定调中，进一步重视和大力扶持地方高校的建设和发展或将是我国国家及地方层面治理薄弱高校的主要政策选项。

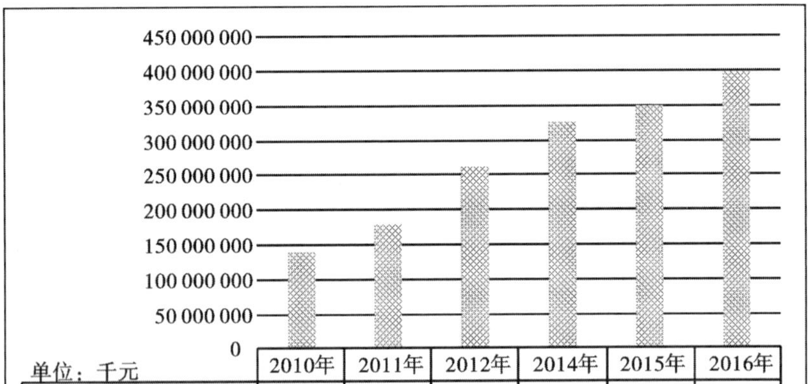

	2010年	2011年	2012年	2014年	2015年	2016年
国家财政性教育经费投入	13 975 628	17 883 772	26 191 100	32 575 478	35 065 125	39 658 239

图 7-1　地方普通高校国家财政性教育经费收入[②]

然而，值得引起注意的是，虽然从一般意义上讲，各种财政资助、经费保障投入等无疑有助于缓解我国薄弱高校的资金运转困难，但是从长远意义上看，一味地依靠政策扶持来治理薄弱高校其实未必就能收到良好的治弱效果。一方面，对于大多数薄弱高校而言，国家对每一所学校的直接输血能力毕竟是有限的，数额不小的专项拨款虽能发挥一定的

① 杜玉波：加大对地方高校经费支持力度［EB/OL］.（2018-03-22）［2018-09-08］. https://baijiahao.baidu.com/s?id=1595727946116516780&wfr=spider&for=pc.

② 数据来源：中国教育经费统计年鉴（教育部财务司、国家统计局社会科技和文化产业统计司编），2013年的数据未能查到.

作用，但对于数量庞大的地方院校来说，分摊下来也就相当于是“撒胡椒面”[①]；而地方政府虽然是薄弱高校的财政投资主体，但投入水平的增长也不是稳定的，而是受多种不确定因素的影响，比如所在地区的经济社会发展水平、教育人力资本的流动性、地方政府对高等教育的重视程度以及其财政增长的潜力和效率等。所以在这种情况下，一旦薄弱高校过度依赖政府投入，则不仅容易造成民间资本、社会资金的挤出效应，同时也很可能因经济发展环境的突然变化、自身造血能力的不足、市场渠道的窄化而招致更为严重的窒息性发展困境。另一方面，这些政府主导的扶持性政策试图直接保护和维持薄弱高校的生存与发展，尽管这对于处于落后地区、资源相对不足的薄弱高校而言，不可否认地体现了政府在促进教育均衡发展和落实教育公平理念方面所做的积极努力，但这种人为干预资源配置的治理方式容易形成一种路径依赖，从而可能扭曲了高等教育场域的市场竞争机制，不利于薄弱高校走向自主创新。

二、政府出面推动高校合并、资源整合及学科调整

在直接以财政资助和经费划拨的方式来帮助薄弱高校化解其生存困境的同时，针对很多学校都存在办学特色不明显、同质化倾向严重、学科水平低、专业重复设置等绩效危机，由地方政府出面来统一规划和推动院校合并、加强资源整合以及加快推进学校学科建设与调整的议题，近些年来也开始重新进入了各地政府部门的决策视野。

在东部地区，上海市于2015年出台了《上海高等教育布局结构与发展规划（2015—2030年）》，其战略举措明确提出，要以人才培养需求为导向，统筹全市各类高等教育资源，并将通过合并组建、调整撤并等多种形式来优化上海高等学校的布局结构。辽宁省政府在2016年发布了《关于推进高中等学校供给侧结构性改革的实施意见》，提出要建立动态调节机制，以合并、兼并的方式重组教育资源，大力调整供给结构，力

① 新浪网．国家给地方高校发钱，是“撒胡椒面”还是“及时雨”？［EB/OL］．（2018-08-07）［2018-09-07］．https://tech.sina.com.cn/d/v/2018-08-07/doc-ihhkusks9281209.shtml.

争到2020年，将省内普通高等学校调减15所；在学科调整方面，该意见指出将面向行业企业和社会需求，建立健全预警和动态调整机制，对重复设置、培养规模过剩、培养质量不高、社会需求不旺、就业质量差的学位授予点和专业点进行减招、停招直至撤销。山东省教育厅在2017年的工作要点中也提到要融合教育科研资源，深化高等教育综合改革，并将“做好泰山医学院与山东省医学科学院、山东省立医院，以及齐鲁工业大学与山东省科学院的整合工作”写入其中。在中西部地区，湖北省于2013年发布了《关于建立学科专业动态调整机制的指导意见》，其中提出各高校学科专业设置和调整应以省内产业发展规划为导向，并要依据省教育厅同有关部门和单位定期发布的高校学科专业调整指导目录来加强对本校学科专业结构优化的统筹协调。陕西省在2015年制定了《陕西高等学校学科建设发展规划（2016—2020年）》，在重点任务布局方面，该发展规划特别指出，要围绕省内科技和经济社会发展的需求，搭建“大平台”，建设“大学科”，积极推进全省高校学科资源的共建、共享与共用。山西省政府在2017年年底也出台了关于调整高等教育专业的指导意见，根据其总体设计思路，省内各高校应当按照错位发展的思路，坚决裁减繁肿、虚杂、过时专业，切实将与各自办学定位相契合的且同区域经济社会发展紧密对接的各类专业做强做精。

综合来看，以上各地出台的相关发展规划、指导意见与实施建议等在基本目标方面大多都侧重于通过推动高等学校内部结构调整以改变其办学资源匮乏、办学效益低下以及与地方经济社会发展需求相脱节的落后状态，所以相比于直接对薄弱高校进行财政经费的大力扶持而言，这些治理对策着眼于解决薄弱高校面临的具体发展困境，在一定意义上体现了更强的现实针对性和方向指导性。但问题是，在实际治理过程中，尽管目前市场化的发展导向已十分明确，然而在现行办学模式下，高校是否选择合并、怎样进行合并以及按照什么标准进行资源整合和专业调整等基本上都是先由政府部门来进行规划设计，继而再以自上而下的行政力量直接推动执行的。而在这种治理模式下，并不是所有的合并、重组、整合、调整等都能顺利达成预先设计的理想效果。就以推进薄弱高校合并重组而言，在合并高校自愿性差、主动性差、合并迫于无奈之举的背景性因素没有得到足够重视的情况下，政府自认为包办联姻可以产生联弱成强的规模效益，甚至还认为能够通过督查、裁剪、监控、考核等技术治理手段产生更强、更快的治理绩效更像"自说自话"。实际上，正如"强扭的瓜不甜"一样，政府强力推进院校合并、结构调整、资源重组等不但不能催生出一种实质意义上的协同秩序效应，反而在行政手段强力主导的单一治理局面下极有可能因利益调解不顺、文化不相容而破坏了学术自身的扩展秩序和发展逻辑，造成学校内部行政力量与学术力量之间矛盾和冲突的进一步加剧，同时在执行过程中也极易随决策领导人的更换而逐渐失去政策效力，最终浪费了资源，付出了成本却落得无休止地重复规划和重复动员的结局。

三、限制或暂停不合格高校的招生资格

从2004年起，为警示和促进教学评估不合格、招生管理不完善的普通高校改善办学条件、提高办学质量，教育部在普通高校办学资格审查中公开引入了对不合格学校进行限制招生和暂停招生的红黄牌管理制度，并颁布了《普通高等学校基本办学条件指标（试行）》。这份指标由基本办学指标和监测办学条件指标两部分组成，其中，基本办学指标用于衡量普通高校的基本办学条件和核定年度招生规模，具体包括生师比、具有研究生学位教师占专任教师的比例、生均教学行政用房、生均教学科研仪器设备值、生均图书；监测办学条件指标是基本办学条件指标的补充，包括具有高级职称教师占专任教师的比例、生均占地面积、生均宿舍面积、生均年进书量、多媒体教室和语音实验室座位数、新增教学科研仪器设备所占比例。教育部规定，在以上指标中，凡有一项基本办学条件指标低于招生规定要求的即给予限制招生黄牌警示，被亮黄牌的学校虽然允许继续招生，但其招生规模不得超过当年毕业生人数；凡有两项或两项以上基本办学条件指标低于限制招生规定要求的，或连续三年被确定为黄牌的学校即为暂停招生红牌学校，被亮红牌的学校当年将不得安排普通高等学历的教育招生计划。

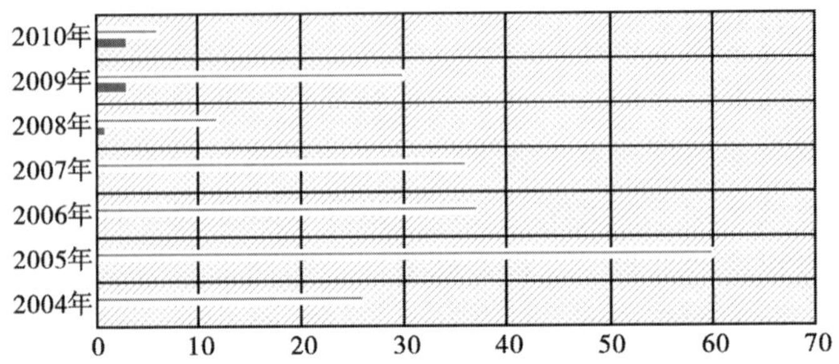

	2004年	2005年	2006年	2007年	2008年	2009年	2010年
黄牌高校总数	26	60	37	36	12	30	6
红牌高校总数	0	0	0	0	1	3	3

黄牌高校总数 ■红牌高校总数

图 7-2　2004—2010 年度暂停招生（红牌）和限制招生高等学校数量 ①

据教育部相关资料显示，在红黄牌制度实施以来，从 2004 到 2010 年间，共有 207 所高校被亮黄牌，7 所高校被亮红牌。2006 年前后是教育部执行限制招生力度最大的几年，此后，连续两年被挂牌或摘牌的学校数量不断减少，很多学校为应对上级部门的审查，在加强师资队伍建设、提高生师比、扩大藏书量、增加图书经费、购置实验仪器设备、校舍维修等方面做了不少改进。这说明通过引入红黄牌制度，限制招生或暂停招生的管理机制确实可以在促进高校改善办学条件、规范办学秩序等方面起到一定的警示和监测作用。但是，作为一项审查制度，尽管不达标学校在压力应激的作用机理下能够主动通过各种措施办法来想方设法地提高办学质量，然而进一步来看，这项制度在实际运作当中还是具有一些明显的局限性。首先是对高校办学条件的考察指标较为有限，考察内容仅限于用以维持运营状态的几项非常基本性的低配指标，难以对大部分达标学校起到一种持续提升和改进其办学质量的效果。再者，这些指标中的数据是先由学校自己填报，然后由教育部派出工作组进行专项抽查，所以其监测范围不仅有限，监测效力具有总体意义上的模糊性，而且还可能存在许多漏洞，难以遏制一些数据

① 资料来源：教育部官网.

失真现象，比如某教育部官员就坦言，“总的来说统计质量是可以的，但是也不可避免有一些水分”[①]。除此之外，对不合格高校的惩处目前主要是从限招和停招两方面来予以警示的，所以其威慑作用和惩处力度也是有限的；而符合市场规律的完全退出机制虽然能产生更强的倒逼效力，但是由于目前还缺乏相应的法律程序设计，政府一般不会选择该路径。

四、支持薄弱公立高校实行经营权改制

所谓公立高校改制（亦可称为转制），简单说，就是指为提高公立学校的办学质量和办学效益，将学校的所有权和经营权实行分离，把公立性质的高校改为“国有民办公助”性质的高校。在继续保证学校土地、房屋等资产仍归国家所有的基础上，引入民办学校自主经营的良性竞争机制，把完全依靠国家投入改为一定比例的经费补贴，从而既有利于打破教育资源全靠国家来一手包办的传统运行机制，同时也可以使高校转为面向社会办学的法人实体，以便进一步增强高校自身的办学活力。

过去一些年来，在地方层面实行公立高校改制的做法也被广泛认为是薄弱高校摆脱发展困境的一种可选出路。早在1992年9月，时任上海市高教局局长的王生洪在原国家教委召开的高等教育改革与发展研讨会上就提出，可以选择一些有条件的高校或办学困难、需要调整的高校转为民办高校，实行所有权与经营权分开。1993年，黑龙江省齐齐哈尔市第一机床厂职业大学将公办改制为民办，更名为黑龙江东亚大学，并在2001年经省政府批准，升格为具有颁发高等教育学历资格证书的普通高校——齐齐哈尔职业学院。在这之后，我国又有广州大学城建学院、浙江万里学院、大连外国语学院、上海新侨学院、苏州工业园区职业技术学院等高校进行了改制实践的积极探索。此过程中，不少高校的管理者、领导者都对改制探索寄予了很高的希望，比如前国家教委主任朱开轩当时在上海考察工作时表示，国家教委鼓励并支持这项改革实践，同时希望上海大胆探索和积累经验；全国政协委员朱永新也以提案形式多

① 刘君，张韦韦. 教育部亮出红黄牌［J］. 教育与职业，2008（19）：34-36.

次提出高校改制议案；上海师范大学原校长杨德广建议将上海师范大学奉贤校区作为改制试点，等等。此外，学界的一些专家学者也对公立高校改制的重要意义进行了充分认定，例如提出改制开辟了符合我国高等教育“教育资源扩张”和“盘活教育存量”的新路子，并且能以多元化的办学方式有效缓解教育经费不足的压力，有利于提高我国高等教育的整体办学效益；还有研究者系统提出了高校改制可采取的具体实施形式，包括部分公立高校整体转为国有民营的非营利性高校或者是适度牟利的营利性高校，参与改制的私营机构依托公立高校的品牌资源新办独立学院，部分公立高校转为办学与投资主体都呈高度多元化的混合型高校等①。

总体上讲，应该说尽管公立高校改制在实践构想和理论探讨层面不存在较大争议，并且还得到了不少专家学者及高校领导和管理者的反复论证与积极支持，但是从现实层面来看，高校改制所面临的风险、困难及条件保障等问题也是我们不得不考虑的基本成本约束。事实上，客观而言，改制本身不仅有风险，而且一般还需要非常多的保障性条件，其中很多条件目前在我国实际上是难以实现的。首先，改制必须要以科学合理的法律法规来作为保障，缺乏相应的规则制约，改制势必会陷入一种无秩序的混乱状态。高校改制要动真格，就是一项牵一发而动全身的大工程。改制高校的产权关系、法律地位、管理体制、组织特性等内容的重新定义必然需要相关部门制定相应的法律法规来加以引导和规范。但是要保障这一条件的达成，首要的一个前提和难点是先得理顺改制前后政府、大学、市场及其他利益相关者之间的复杂动态博弈关系，而在诸如国有资产保护、所有权、高校组织的公益性与营利性以及民办高等教育办学问题的讨论上，各方利益主体的相关意见和观点还很难达成一致，这些种种形式的协调困难或细节冲突等都可能会大大降低薄弱公立高校改制的实际可行性。其次，公立高校改制后未必就一定能提高办学效益。实行高校改制与提高办学效益之间其实并不必然存在人为构建的

① 吴开俊．治理理论视野下的公立高校转制［J］．高等工程教育研究，2006（5）：91-93.

因果联系。一方面是薄弱高校可能本身就很难找到既能满足自身利益诉求又能吸引合作者来投资的共生利益网络，比如不一定能找到合适的依托资源来收购学校；或者是即使实行了改制，但是在民办高等教育文化认同度低、既往依赖模式的惯性影响下，改制后的薄弱公立高校不仅很难保证能顺利摆脱发展困境，甚至还可能由于内外部管理难度的增加而引发更多问题。例如，有学者认为如果基于公益性给予改制高校以优惠政策，则营利性高校就很容易逃避应负的税收义务；如果像营利性企业一样对待转制高校，又会打击公益性转制高校的积极性①。另外，高校改制还可能会影响正常的办学秩序。改制后的高校很可能出现乱收教育费用的问题。比如在 2006 年，上海市为治理学校乱收费问题，有 10 所公办改制高校恢复为公办学校，两所撤销建制并入公办，4 所结束办学。这些情况均说明了以改制的方式来治理薄弱高校会引发很多问题，因而需要慎之又慎。

五、引导和推动地方高校实行转型发展

自 2013 年以来，在越来越多的地方高校深陷日益严重的生存和发展困境之际，国家相关部门在开展专题调研、实地考察及借鉴发达国家应用技术类高等教育发展经验的基础上，开始抓紧为大批薄弱高校谋划一条以转型促发展的新出路。2013 年 11 月，在教育部的推动下，来自全国 145 所地方新建本科院校的 400 多位代表齐聚徐州共话转型发展，时任教育部高等教育司司长张大良强调地方院校必须坚持以社会需求和学生就业为导向，紧紧抓住地方需要、应用型人才培养和办学特色这三个立足点实行转型发展。2014 年 3 月，时任教育部副部长鲁昕在中国发展高峰论坛上指出，我国解决就业结构性矛盾的核心是教育改革，为此教育部将推动 600 多所地方本科高校实行转型发展。2014 年 5 月，《国务院关于加快发展现代职业教育的决定》首次提出，“将采取试点推动、示范引领的方式，引导一批普通本科高等学校向应用技术类高等教育转型，重点举办本科职业教育”。6 月份，教育部、国家发展和改革委员

---

① 解飞厚，梅誉馨. 关于地方高校转制的思考 [J]. 高校教育管理，2011 (4)：33-37.

会、财政部等六部门印发的《现代职业教育体系建设规划（2014—2020年）》明确提出，“引导一批本科高等学校转型发展，支持定位于服务行业和地方经济社会发展的本科高等学校实行综合改革，向应用技术类高校转型发展，鼓励独立学院转设为独立设置的学校时定位为应用技术类型高校，各地采取计划、财政、评估等综合性调控政策引导地方本科高等学校转型发展”。2015年11月，教育部、国家发展和改革委员会、财政部联合发布了《关于引导部分地方普通本科高校向应用型转变的指导意见》，其中正式提出地方本科院校转型发展的主要任务是确立应用型办学定位和培养应用型技术技能型人才的职责使命，以产教融合、校企合作为突破口，加快融入区域经济社会发展等，同时该指导意见还明确了推进转型发展的配套政策措施以及工作推进机制等内容，从而进一步加快了推进地方高校转型发展的步伐。

在国家相关政策意见下发之后，很多省份也跟进出台了关于推进本省地方本科院校转型发展的具体政策和试点转型方案。比如辽宁省政府发布了关于推动本科高校向应用型转变的实施意见，确定第一期将遴选10所高校（包括民办高校）及100多个专业先期开展学校转型和专业转型，同时制定了《本科高校向应用型转变试点学校指导性评价指标体系（试行）》和《本科高校向应用型转变试点专业指导性评价指标体系（试行）》两个评价指标体系。河南省采用整体转型和专业（集群）转型的方式，共计遴选出15所试点转型院校，并明确了转型的主要任务集中在完善院校治理结构、加强专业（集群）建设、创新人才培养模式、加强实习实训基地建设和双师型教师队伍建设等方面。四川省以“专业改革”“人才培养模式改革”和“师资建设”为工作重点，组织了18所地方本科院校开展本科院校整体转型综合改革试点工作。浙江省出台了《关于积极促进更多本科高校加强应用型建设的指导意见》和《关于报送加强应用型建设试点实施方案的通知》，确定了41所试点转型高校。截至2017年，我国各地遴选的试点转型院校近三百所，其中，浙江、广西、吉林、宁夏和重庆五省市公布的试点转型院校数量均超过了其省内本科院校总数的一半。

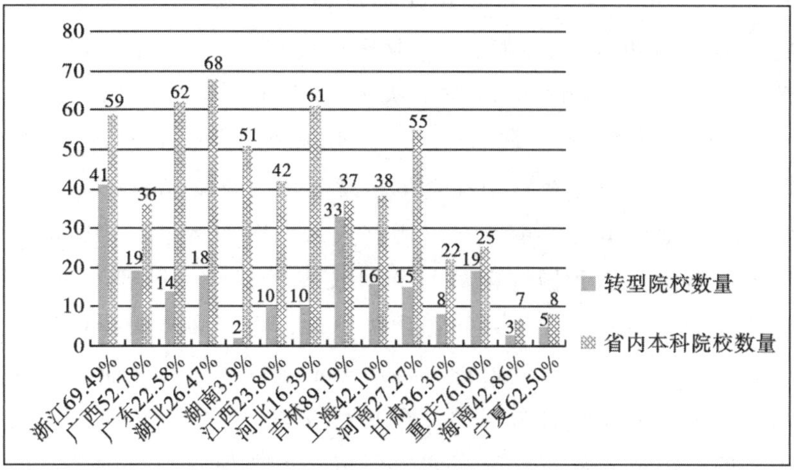

图 7-3　2015—2017 年相关省市试点转型院校数量和省内本科院校数量对比①

然而，尽管从前期的转型筹备工作来看，在相关转型政策的指导和推进下，有如此之多的地方高校在积极响应和申报转型发展，但是在顺利启动转型工程之后，大多数地方院校的实践转型进展不仅相当缓慢，而且在强化转型共识、转变办学与教育理念、加强课程资源和师资队伍建设以及在深化产教融合、深化校企合作等方面遇到了诸多问题和挑战，政策推动下的转型发展实际上并没有从根本上有效地治理好薄弱高校面临的生存和发展困境。从政策层面来看，本次转型规划带有明显的“一刀切”痕迹，国家和地方层面发布的有关推动转型发展的政策实施及指导意见等都为地方高校明确框定了应用技术型高等教育的发展路径。然而，是不是应用技术型办学定位就必然是这些薄弱高校的唯一出路呢？这些正在向应用技术转型的高校是否都具备了转型发展所需的资源条件？再或者说对于处于弱势地位的地方高校而言，应用技术大学就很容易建成吗？答案显然是不能一概而论。实际上，建设和发展应用型大学必然要以一定的经济水平条件作为依托，经济社会的发展是促进高等教育结构调整的动力之所在。以德国应用科技大学的出现为例，20 世纪 60 年代，德国在技术革命的驱动下超过英、法成为世界第三大经济

① 资料来自各省教育厅、直辖市教委官网（不完全统计）.

体；在60—70年代间，德国城镇化率已处于70%—80%的水平；在产业结构方面，1960年，德国第一产业比重只有5.5%，第二产业和第三产业分别占比53.5%和40.90%；从70年代开始，德国第一产业的比重降至5%以内，1970年，三大产业结构的比重分别为3.9%、57.6%、38.7%，正是在整个社会呈迅猛发展、产业结构不断升级、生产生活方式发生根本性变革并在应用型人才急需的背景下，德国应用科技大学才应运而生。我国当前经济和科技实力虽然也得到了显著增强，但是经济社会发展的区域化差异还比较明显，有很多薄弱高校所在地区的产业结构调整步履本身就迟缓，再加上不少以非工科专业办学为主的地方高校是由师范性质的专科学校合并而成的，它们在转向以产教融合为突破口的应用技术类高等教育的发展道路上即便是动力十足，但也很可能因为禀赋要素、资源配置以及发展条件的硬性约束而难以内生出真正的比较优势。在这种情况下，政府行政干预的实际效果某种意义上就相当于是“发了好心却办了一件坏事”，薄弱高校非但没有找准出路，还极有可能因难以摆脱的路径依赖而弱化或耽误了环境倒逼下的自主转型。更麻烦的是，在巨额政策红利的诱惑下，由政府出面来主导薄弱高校实行转型发展还极可能在工作开展层面诱发出组织机会主义行为。对于一些陷入生存困境的薄弱高校而言，参与转型发展变成了一哄而上，而为了应付绩效验收，实际转型过程中“好大喜功”“虚假浮躁”的形式主义及机会主义风险等可能就在所难免了①。

第二节　我国治理薄弱高校的政策效果评价

一、现行治弱对策总体上属于扶持性产业政策

事实上，从发展经济学的角度来看，我国治理薄弱高校的现行对策及其治理效果在深层意义上其实关乎的是高等教育产业政策模式的

---

① 赵哲，董新伟，李满红．地方本科高校转型发展的三种倾向及其规避［J］．教育发展研究，2015（7）：23-27．

优化问题。一般而言，学界认为产业政策是指国家或政府为了实现某种经济和社会目的，以全产业为直接对象，通过对全产业的保护、扶持、调整和完善，积极或消极地参与某个产业的发展，以及直接或间接地干预产业发展过程中市场的形成和市场机制运行的各种政策的总称①。

从政策构成的主体概念要素层面来看，我们认为，产业政策通常包括政策的制定者、影响者和政策媒介三个方面。通常情况下，各国经济政治体制不同，产业政策的主体构成也有所不同。我国于1994年颁发的《90年代产业政策纲要》中明确规定国家产业政策由国务院决定；国家计委是负责研究制定、协调国家产业政策的综合部门；省级地方人民政府根据本纲要的要求，结合本地区实际情况，研究制定具体实施细则。由此可知，在我国，国家及地方各级政府是产业政策的直接制定者，因而受其政策效力影响的各类选择性产业事业的改革和发展过程也就主要是由政府来主导、干预和推动。产业政策的影响者即是指产业政策发挥作用的具体影响对象。国家或地方政府在制定区域发展计划或规划纲要时，一般会针对地区经济社会发展的实际状况，一方面会选择资助一些先导产业或重点产业以让它们优先快速发展，同时也会着眼于整体产业结构的优化升级，大力扶持某些弱势产业或瓶颈产业，这也即是人们通常所说的“挑选赢家”和“保护输家”。政策媒介是政府发挥其行动力、推动力及影响力所凭借的内容措施和方式手段，具体包括各类指令或指导性的改革发展规划、各种资源倾斜类的政策优惠、财政货币补贴和资助手段、项目审批等。

再聚焦到本研究当中，如果从产业政策的角度来看待我国薄弱高校的治理现状，会发现我国当前治理薄弱高校的几种对策总体上其实就是采用了一种典型的高等教育领域的扶持性产业政策，其标志性特征的呈现大致有两点。首先是薄弱高校的整体治理格局呈现出明显的政府主导性。政府不仅是高等教育的主要举办者，掌握着建设高等学校和发展高

---

① 周叔莲，裴叔平，陈树勋．中国产业政策研究［M］．北京：经济管理出版社，1990.

等教育事业的主要资源，而且在多数情况下，政府或直接为薄弱高校出谋划策，编订一系列具体的发展规划和改革策略，或间接引导、责令、督促其制订并落实各种旨在修复绩效和提高办学质量的改革任务和目标，并会以行政治理、绩效评估、检查考核的形式对薄弱学校的具体办学行为进行干预和调控。再者，薄弱高校的政策治理工具总体上具有显著的政策扶持和保护取向。根据前文对薄弱高校治理现状的政策分析，我国当前治理薄弱高校的政策应用工具较为有限，主要有政府直接扶持薄弱高校，政府出面推动高校实行合并重组、资源整合及学科调整，政府出台相关规定限制或暂停不合格高校的招生资格，以及鼓励、支持薄弱公立高校经营权改制和推动薄弱高校实行转型发展这几种对策。其中的红黄牌制度虽然具有惩治作用，但是与美国、英国及我国台湾地区的治弱经验与成效相比，这种惩治制度没有引入更具根本性的倒闭和退出机制，其作用力度和效度极为有限。而其余几种对策，无论是直接对薄弱高校进行财政资助、推动合并调整，还是支持改制、转型等，它们在政策的治理意图上都明显地体现了政府扶植或保护薄弱高校的倾向，因此可以认定，我国治理薄弱高校的现行对策在实际上采用的就是一种高等教育领域的扶持性产业政策。

二、现行扶持性产业政策的经验得失

在国际政治经济舞台上，兴起于日本模式的产业政策不仅曾被认为是分析东亚经济奇迹的一种最具影响力和说服力的解释，并且还一度被追捧为后进国家“朝向东方”寻找的可复制模式①。但是自日本经济出现停滞不前以及在后来亚洲金融大危机爆发的背景下，关于产业政策是否有必要的各种争议和质疑已经在国际学术界掀起了一波又一波。而在展开我们从产业政策的角度对现行治理薄弱高校的政策成效及其局限性进行讨论之前，撇开这些喋喋不休的争论，有两方面的基本学术立场应当是值得我们肯定的：一是世界上不可能有绝对完美的政策，只要是政

① ［美］禹贞恩．发展型国家［M］．曹海军，译．长春：吉林出版集团有限责任公司，2008.

策就可能存在问题和漏洞，这并不能成为全然反对产业政策的理由；二是产业政策并不意味着是正确的人在做正确的事，也有可能是错误的人无心做出了错误的决策[①]。因此，在这里，我们所要做的就是通过梳理现行治理薄弱高校的相关对策，进一步总结当前的这种扶持性产业政策的经验得失，为后文要讨论的政策优化安排以及改进意见的提出等提供背景支持。

1．现行治弱对策的积极成效

顺着我国高等教育事业不断向前迈进的总体发展趋势来看，现行治理薄弱高校的这些产业政策在功能和影响方面当然也会产生一定的积极意义。不过，需要注意的是这些正面效用的发挥大体都是相对而言的，并且实际上也是有条件和范围限制的。首先是财政经费的大力投入在推动薄弱高校加强基础教学设施建设、科研实验平台建设等方面发挥了重要作用。根据前面章节的分析，我国薄弱高校大致可分为三类：一是资源极度匮乏的高校，包括相当一部分民办高校（包括独立学院）、部分新建地方本科高校和大部分中西部地区的高职高专类院校；二是生存条件和发展环境极差的高校，包括很多失去群体行业依托的院校（如地方师范学院）和区位劣势明显的地方高校；三是没能及时确定适当的竞争战略，或在战略选择上出现重大失误以致没能抓住机会而发展滞后的院校。很明显，这些薄弱高校的积弱积困局面不仅仅是相对于它们所拥有的资源而言的，也不仅仅是相对于其办学中的某些薄弱环节而言的，而是相对于其在高等教育竞争中所处的总体不利地位而言的，但最主要的还是相对于其办学中的薄弱环节而言的。就改善办学条件而言，当薄弱环节是在学校的一些基础设施领域时，以弥补这方面短缺为主要目标的扶持性产业政策相对来说就是有一定价值的。再者，对薄弱高校改革发展方向的引导和调控在一定范围和一定程度上可以帮助个别高校少走一些弯路。薄弱高校的改革和发展是一个非常复杂的过程，政府智囊团的适当引导就如同是在给薄弱高校指路，当然，在有限理性的决策视野

① 宋清辉．产业政策在经济发展中该扮演什么角色［J］．金融经济，2016（23）：5．

下，要清楚政府为薄弱高校指路也可能会引导其走上弯路。其次，政府的这种扶持性干预在一定意义上可以防止薄弱高校的办学乱象行为，弥补高等教育市场秩序的失灵。从经济学的视角看，当存在不完全竞争、信息不对称、垄断及外部性时，市场机制并不能实现办学资源的有效配置。在这种情况下，对于陷入极端困境的薄弱高校而言，政府符号的引入以及一些必要的扶持和干预力量的介入相对来说会有助于实现高等教育事业的健康合理发展。

2. 现行治弱对策的局限性总结

实际上，从产业政策应用的实践经验来看，现行治理对策的作用其实是相当有限的，我们虽然不应该否定扶持性治弱政策的价值和作用，但其根本的缺陷和不足之处应当引起我们足够的重视。

第一，扶持薄弱高校，维持其艰难存续，不利于高校创新。

美国经济学家、诺贝尔经济学奖得主保罗·克鲁格曼在1994年出刊的《亚洲经济的神话》一文中断言，所谓的依靠强势政府动员资源的亚洲模式只不过是一种仅仅具有警示意义的神话，并不构成对西方经济的挑战，原因是亚洲经济的高速增长主要源于物质资本和人力资本的巨额投入而不是技术变革和全要素生产率的提高①。尽管这只是一篇批判意味浓重的评论性文章，但其背后的道理同样警示我们极有必要再重新考虑现行治理薄弱高校的那些扶持性政策到底是不是一条根本出路。认真反思一下，答案显然是否定的。实际上，对于薄弱高校来说，扭转困局的出路纵然有千万种，但这千万种出路唯有通过创新发展才能真正求得。何为创新？经济学家熊彼特的创造性破坏理论指出，创新必须是要能创造出新的价值，是要“建立一种新的生产函数”，即“生产要素的重新组合”，创新也意味着毁灭②。回看我国治理薄弱高校的现行对策，政府出于好意不断向薄弱高校供给扶持性产业政策，这看似雪中送炭，

① 顾昕. 政府主导型发展模式的调适与转型［J］. 东岳论丛，2014（35）：5-11.

② ［美］约瑟夫·熊彼特. 经济发展理论［M］. 郭武军，吕阳，译. 北京：华夏出版社，2015.

但实际上，如果薄弱高校的生产函数、办学模式不变，政府再怎么增加财政经费投入，其本身也并不会导致创新。更糟糕的是，在现实当中，这种扶持不但不能催生出创新反而却总是“及时有效”地维持着薄弱高校的艰难存续，长此以往，薄弱高校积弱积困的局面只能是不断加剧。

第二，缺乏倒闭机制，薄弱高校缺乏转型发展的外在压力和内在动力。

学者马丁·特罗认为，在高等教育领域，决定高校等级地位的分层原则主要有两种：一是市场竞争原则，指高等学校一般会通过市场竞争机制争取到有助于提高学术名望的办学条件和办学资源，从而获得较高的等级地位，包括学术声誉、师资力量、研究经费、捐赠等；二是政府计划原则，指政府通过政策干预在院校之间分配资源等①。这两种分层原则实际上也就是治理薄弱高校的两种基本模式。近些年来，西方国家掀起了高等教育的市场化改革热潮，在薄弱高校的治理问题上主要实行的是以自由竞争为主的市场化治理模式。我国改革开放以来，特别是1992年以后，在高等教育领域也积极推进了以市场化为取向的改革②，目前我们治理薄弱高校的几种主要对策总体上均属于政府主导下的扶持性产业政策。从政策意图上讲，这种扶持性的政策模式虽然并不必然排斥市场治理，然而，在一种缺乏有效竞争、抑制破产和缺乏退出倒逼机制的人为扶持的治理环境下，没有淘汰机制的正常运行，没有一种创造性毁灭下的倒逼成长机制，也就意味着薄弱高校缺少了转型发展的外在压力和内在动力。而一旦习惯了这种温室下的扶持模式，越来越多的薄弱高校将会彻底固化为一个个失败的防御者和迟钝的反应者，如此情况下，即便是通过“输血救助”的方式救活了一所高校，但却在根本和未来两方面耽误或影响了一批高校的转型发展。

① 罗立祝．马丁·特罗的高等教育分层理论及其启示［J］．北京教育（高教版），2006（2）：62-64．

② 张应强，张浩正．从类市场化治理到准市场化治理：我国高等教育治理变革的方向［J］．高等教育研究，2018（6）：3-19．

第八章 改善薄弱高校治理的总体思路与具体路径

第一节 相关理论基础

一、组织衰退理论

国外很多学者从组织生态学（organizational ecology）的角度出发，对组织衰退的概念、过程、影响和治理等问题进行了深入的研究，为我国薄弱高校的治理提供了重要的经验与启示。

1. 组织衰退的概念

组织衰退的概念一开始是由组织成长而来的，美国学者大卫·惠顿（Whetten）指出："组织有成长阶段，逻辑上便理应存在组织衰退阶段，与组织成长相对应。"国外学者对组织衰退的概念有两种观点：一种是将衰退看作组织的内部特点，相对独立于外部环境；另一种是将衰退看作外部环境与组织内部属性相互作用的结果。在第一种观点中，惠顿实际上区分了两种类型的衰退：作为停滞的衰退和作为缩减的衰退。其中，前者是使组织变得官僚化、被动和迟钝，这种衰退可能会导致收入减少，并通常更多地发生在环境宽松时期；后者则是从规模角度来定义的，指市场份额、劳动力、资产等方面的规模缩减，通常是由于总市场规模下降或企业竞争力下降引起的。第二种观点中，组织衰退通常是由动态环境引起的，因此强调环境特点与组织衰退之间的互动作用。卡梅伦（Cameron）、萨顿（Sutton）、惠顿是这种观点的代表，他们将衰退定义为"组织对微观生态位适应程度的恶化以及随之而来的组织内部资源减少”①。格林哈尔希（Greenhalgh）也对组织衰退下过类似的定义，他将组织衰退看作组织退化后对环境的适应能力的恶化，“当组织不能保持对稳定环境的适应性反应时，或者当组织在生态位承载能力下降而不能提升自己对生态的控制时，衰退就发生了”②。组织衰退就是组织对外部环境反应不足产生的结果。本书认为组织衰退的两种观点是互为补充的，即组织衰退是内外因素共同作用，导致组织对环境适应能力下降，并表现出绩效欠佳或规模缩减。

2. 组织衰退的过程

伊查克·爱迪思在研究企业生命周期的时候，提出了企业老化五阶段论。根据企业在不同阶段表现出的灵活性与可控性将企业生命周期划分为成长阶段和老化阶段，并将老化阶段进一步划分为稳定期、贵族期、后贵族期、官僚期与死亡期五个子阶段，而把盛年期看作企业成长与老化阶段的中间阶段③。伊查克·爱迪思认为：“生命周期的概念不只是适用于生命体，而且也适用于企业这样的组织。”企业在年轻时可能充满灵活性，但控制力却可能比较差；而企业进入老化阶段时，控制力可能增加了，但灵活性却可能减少了。所以，规模和时间都不是引起成长与老化的原因，一家有传统的大公司不一定就老，一家没有传统的小公司不一定就年轻。老化阶段作为企业生命周期不可分割的一部分，是很多企业组织不可逃避的命运。

组织和自然人一样，要经历生、老、病、死的生命历程。组织和人相比，组织的存活周期相对较短，虽然相对于自然人来说，有些组织的寿命要长得多。但从理论上说，任何组织最终都必将走向死亡。荷兰的爱伦·德·鲁吉研究指出：在日本和欧洲，公司的平均寿命为12.5年。

① Kim. S. Cameron, Robert. I. Sutton, David. A. Whetten. Issues in organ zational decline[M]. Boston: Ballinger, 1988: 3-19.

② Greenhalgh, L. Organizational decline, in Sumuel B. Bacharach [J]. Research in the sociology of organizations. greenwich, CT: JAI Press, 1983 (2).

③ [美] 伊查克·爱迪思. 企业生命周期 [M]. 赵睿, 译. 北京: 华夏出版社, 2004.

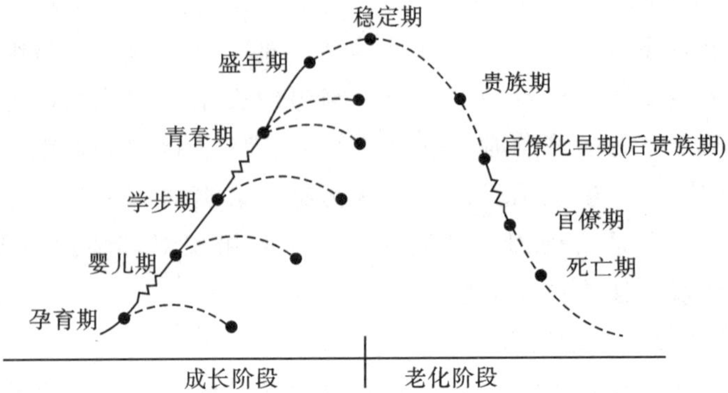

图 8-1 伊查克·爱迪思的生命周期示意图①

在美国，有62%的公司平均寿命不到5年，存活超过20年的公司只占公司总数的10%，只有2%的公司能存活50年，美国的高新技术企业只有10%能活过5年，美国1997年倒闭的公司有近10万家。就世界范围而言，组织的平均寿命都不长，组织整体上呈现高死亡、短寿命的态势。很多组织在经历了生命周期后便死亡，但并不是所有组织都这样，组织以各种方式“再生”（rebirth）。对组织来说，再生是一种现实，是组织延长寿命的根本方法②。高校也是这样的组织，因此高校也必然经历组织衰退的过程，在没有有效的措施改变自身的危境时，也应该有死亡退出的环节，没有建立这个从衰退到退出的机制，高等教育系统设计就是不完整的。相较于企业的生死进退而言，我国高校，尤其是其中的公立高校“有生无死、有进无退”的特征是明显的。

3. 组织衰退的影响与效应

一些学者从组织生态学的角度出发，探讨了组织衰退与死亡的意义。“组织生态学将个体组织的死亡视为组织种群自发调节的结果，当组织数量低于最小能生存水平时，现存的组织都将死亡。”③ 实际上，种群中

① ［美］伊查克·爱迪思．企业生命周期［M］．赵睿，译．北京：华夏出版社，2004．

② 林瑞基．企业组织发育与死亡的影响因素［J］．经济理论与经济管理，2001（8）：51-55．

③ 彭璧玉，夏申．生态学视角的组织死亡理论研究［J］．当代经济研究，2005（8）：21-26．

的个体组织死亡是组织种群的一种自我保护机制和进化机制。汉南（Hannan）和弗里曼（Freeman）提出了基于种群密度的组织死亡率模型，这是以新制度理论和组织生态学为基础的理论模型，对组织的死亡具有很强的解释力。竞争能力是影响组织存活率的重要因素，但组织死亡是组织不适应环境的结果，种内竞争的确是影响组织死亡的重要因素，但并不是所有的竞争都导致死亡。密度效应是制约组织死亡的关键因素，在密度很低的情况下产量会随着组织种群密度的增大而提高，当密度超过一定程度之后，最终产量不再随着组织种群密度的增大而变化。马文（Marvin Lieberman）在研究企业的密度效应时发现，规模大的多厂企业，倾向于比它们的竞争对手先关闭个别工厂，这表明在组织种群中存在明显的"自疏现象"（self-thinning），即如果组织种群密度进一步提高且组织个体继续成长，对资源的竞争不仅影响到组织个体生长发育的速度，而且影响到个体组织的存活率，为了组织整体的发展，从而牺牲竞争能力弱小的个体，部分组织走向死亡。

个体组织的死亡是组织种群进化的需要。弗里曼建立的规模性本地化竞争模型显示，死亡是种群生命周期的一个重要的组成部分。对于企业组织来说，企业个体正常的成长和组织数量稳态的维持，是依赖于组织种群内的企业组织新设和倒闭之间的动态平衡来实现的。从组织种群的水平上看，组织死亡具有某种程度的主动性和自发性，这样的组织死亡可称为程序性组织死亡。即当生存条件不利时，一部分组织以不影响其他组织生存的方式而死亡，一方面减少了对有限资源的争夺；另一方面死亡组织自身分解的产物为周围组织进一步提供了部分营养来源，从而为其余个体创造相对充裕的生存环境来维持本组织种群的生存。在一定的选择压力下，组织种群的个体数量与生存环境之间可以达到相对的平衡，最具生命力的组织个体能够存活下来，能够形成对应于不同环境的最佳组织数量，从而在自然选择中具有优势，具有更大程度上的适应性，有可能形成较具竞争力的组织种群。这也与达尔文优胜劣汰的生物进化规律相符合。没有竞争能力的个体死亡对整个种群的进化也是有意义的。处于逆境中的个体组织的死亡，会促进组织种群的集体学习，使存活者发展出一套成功的经验。组织发展出的"火的考验"，有利于幸存者通过吸取失败的教训而降低死亡率。

基于以上论述，学者们关于组织衰退的影响主要有以下三种观点：负面影响观、正面影响观和权变影响观，并认为组织衰退所造成的难题及影响会产生乘数效应。换言之，一个组织衰退会波及其他组织，引发连锁反应，对组织本身也会产生极大的影响。

首先是组织衰退所产生的负面影响。Greenhalgh 研究指出，组织衰退对组织的影响主要体现在五个方面：组织领导、创新、劳动力结构、利益集团的关系和其他变化。Cameron、Whetten 和 Kim 归纳了组织衰退可能带来的 12 个不良影响，认为在组织衰退条件下，冲突、保密、僵化、集权、正规化、替罪羊现象以及保守主义都会增加，而士气、创新、参与、领导影响力和长期的规划都会减少。

表 8-1　组织衰退的影响

影响	描述
集权	决策向上传递，参与度降低，控制得到重视
缺少长期规划	危机和短期需求驱动战略规划
缺少创新	缺少实验、风险厌恶、对非核心活动持怀疑态度
替罪羊	领导因组织面临困境和不确定性而遭到指责
抵制变革	保守主义导致对新选择的排斥
离职	最有能力的领导者首先离开，导致领导失血症
士气低	需求很少得到满足，内耗盛行
缺少松弛	未支配资源被用来当作运营经费
破碎的多元主义	特殊利益集团形成并且声音越来越大
可信度下降	领导对下属失去信心
没有重点的消减	消除冲突的努力导致平均分配消减数
冲突	当资源变得稀少时，对控制权的竞争和内耗盛行

注：本表引自肖红军．基于共同演化视角的中国企业衰退问题研究［M］．北京：经济管理出版社，2010：38-39.

其次是组织衰退所产生的正面影响。一些学者发现，组织衰退也可能对组织产生某些积极影响，其中最为重要的就是组织衰退对创新的激发作用。根据组织学习理论，绩效差造成实际结果与管理者期望的和外部成员期望的结果之间的差距，为了达到他们的期望水平，管理者将搜索案例去发现组织的解决办法。当传统的组织程序不能提升成效时，组织会逐渐偏离原有的方法，创新性变革就会发生。期望理论也认为，面临损失的决策者将倾向于采取冒险行为，而获得收益的决策者将倾向于采取风险厌恶的态度。

第三是组织衰退所产生的权变影响。Staw、Sandelands 和 Dutton 首先提出了威胁（组织衰退）对组织成员个体的影响模型。根据这一模型，衰退作为一种压力会导致员工心理上的压力、焦虑以及生理上的唤醒，这些心理上的变化将会导致个体出现认知和动机上的表现：信息处理的限制和控制能力的受限。个体在受威胁情境下会倾向于采取自己熟悉的或主流的反应，从而使自身的控制能力受限。个体的认知和动机表现将对行为产生影响，根据心理学相关理论，个体的心理压力、焦虑等对绩效的影响取决于环境中相关主流线索的优劣以及主流反应对于个体的优劣的影响。当威胁是由个体所熟悉的环境引起时，个体能够有效地作出应对，绩效得到提升，而面对急剧的环境变化所导致的威胁时，个体就会不适应。

此外，他们还从群体的凝聚力、群体的领导能力和控制力以及同质性压力三个方面考察了组织衰退对群体的影响，提出了组织衰退威胁对组织群体的影响模型。根据这一模型，当组织衰退被归因为外部原因，并且群体认为能够成功解决这一威胁时，群体的凝聚力将增强，并支持现有的领导，群体中对意见统一的压力增大。意见统一的压力将会限制信息的获取，同时也会限制控制能力，主导成员的意见将会成为主流，其影响也变得集中化。相反，当组织衰退被归因为内部原因，并且群体认为不可能成功应对时，群体的凝聚力将会下降，不同意见大量出现，领导的权威性与稳定性也会受到挑战，由此导致新信息的输入及控制的放松。

对于处于衰退状态中的高校而言，Staw、Sandelands 和 Dutton 的两个影响模型都很有解释力。相关资料显示，薄弱高校中的教师和行政管理人员往往缺乏集体荣誉感，在学校进行改革调整时，只关心自己的利益是否受到损害，容易不顾大局。一旦有机会可以离开这所学校，他们会毫不犹豫地选择离开。这也是薄弱高校师资力量强不起来的原因之一。因此，当薄弱高校尚在可治理范围时，政府应该给予大力支持和专业指导，让组织成员有克服困难的信心，因为群体认为能够成功解决这一威胁时，群体的凝聚力将增强，并支持现有的领导，从而增大薄弱高校战略实施的成功率。

4. 组织衰退的治理

按照组织衰退的可治理程度，将组织分为可治理组织与不可治理组织两类。不可治理组织是指组织丧失了治理的可能性或者治理成本大大超过组织重建的成本。可治理组织则是指通过一系列的救助措施，能够使处于衰退中的组织得到修复，且治理成本要小于组织重建的成本。

企业进入衰退期后，存在两种前途：一是衰亡，二是蜕变。哈里根（Harrigan）认为，由于不同的衰退产业环境特征不尽相同，企业在确定治理战略时要考虑需求和客户特点、产品特点、供应商行为、竞争者特点和退出壁垒等多方面的因素。基于这些特点的不同，处于衰退产业中的企业可以在进攻性战略——增加投资战略到减少损失战略——立即退出战略，在整个战略连续体上选择适宜的治理战略。表 8-2 简要介绍了哈里根和波特（Porter）针对衰退提出的四种治理战略，这四种战略在指导西方衰退企业的治理中发挥了重要的作用，对薄弱高校的治理也有很多可供借鉴之处。

表 8-2　哈里根和波特针对衰退的四种治理战略①

战略类型	描述
领先战略	通常适用于组织发生衰退的早期阶段，处于组织衰退中的领先企业通过充分挖掘自己在技术、规模、产品、顾客资源、市场份额等方面的优势，发挥“隔离机制”的作用，建立领先的持续性。
维持战略	维持战略的实施前提是能有效阻止其他企业进入细分的市场，指企业努力寻找一个能够保持稳定需求、具有吸引力和利润基础的细分市场，最终确立自己在该市场的主导地位。

① 资料来源于李宪庭，王永龙．企业衰退机理及其对策［J］．改革，2005（6）．

续表

战略类型	描述
清算战略	指企业从现有的投资资产收益中获取最大的现金流，同时尽可能避免进一步的投资支出，通过尽可能地提高产品价格和降低成本支出，促进现金流在数量、规模、速度等方面实现企业的长期投资回报。
退出战略	指企业依据对产业发展环境的分析和对企业衰退实际状态的判断，将企业资源从特定的衰退产业部分或全部撤出或转移出来的基本战略。这是一种积极的战略，可以推动经济社会有限资源进入更能发挥效益的领域，促进产业结构、产品结构的优化升级。

在高等教育市场化在我国不断深入的情况下，优胜劣汰机制将发挥越来越重要的作用。根据组织衰退理论，对于弱势组织的治理有多种战略，即领先战略、维持战略、清算战略和退出战略。对于薄弱高校的治理，首先应该了解清楚其弱势程度和状态，判断薄弱高校属于可治理还是不可治理组织，然后再分析采用哪种治理战略能够奏效。如果不顾具体实际，对不可治理组织仍采取救治措施，只能是浪费教育资源，徒劳无获。对不可治理高校，退出战略无疑是上上策。对于我国的薄弱高校而言，需要尽快建立和完善其退出通道，让高校能够高效率地配置有限的教育资源。实际上，退出机制不是消极的“高校死亡”方式，而是一种积极的战略，企业退出可以推动经济社会有限资源进入更能发挥效益的领域，从而促进产业结构、产品结构的优化升级；在高等教育领域，高校退出则可以充分利用高等教育资源，消除高等教育系统隐患，促进其他薄弱高校的转型发展。

二、产业组织理论

1．产业组织理论简介

产业组织理论是从经济的角度将高校组织认定为产业组织，并对此颁布相应政策实行管理的理论。根据施蒂格勒的定义，“商品或服务的生产者即为产业”，那么，提供高等教育服务的高等教育即为高教产业，各高校则是类似于企业的产业组织。关于高等教育的产业性和市场性已经有很多的研究，争议也非常大。

SCP（Structure Conduct Performance）分析是产业组织理论的传统分析范式，其核心思想是市场结构、市场行为和市场绩效之间存在着密切的因果关系，即市场结构决定企业行为，而企业行为产生市场绩效。从20世纪80年代起，国际惯例将高等教育看作第三产业中的一部分，在1992年《中共中央国务院关于加快发展第三产业的决定》中，也强调教育的第三产业属性。很多学者认为高等教育既具有产业性，又具有公益性，高等学校属于非营利的产业组织，因而产业组织理论及其SCP分析适用于高等教育行业和高等学校组织。高等学校SCP分析的核心思想在于：如果把生源持续不足、就业状况长期低迷、办学经费等基本办学条件经常性短缺、经营管理状态持续恶化、社会认同度持续降低等生存和发展危机视为高校组织的不良市场绩效，那么要改变这种不良绩效，就必须从源头入手，调整和改善不合理的高等教育市场结构，进而改善高校落后的市场战略和市场行为。因此，我们必须分析高等教育市场结构及其对高校组织行为和绩效的影响，并探索通过改变高校组织的行为反过来改善高等教育市场结构的可行性。

2. 产业组织理论的高等教育治理意蕴

根据产业组织理论，市场结构通常以市场集中度、产品的差异化程度以及进入壁垒等指标来表示，而市场行为通常包括进入与退出、竞争与协调等行为。根据高等教育产业的具体情况，市场集中度就是指买卖双方的数量与规模。如果将生源市场视为高等教育服务的交易市场，那么可以用高校的数量和招生规模等指标来表示卖方的市场集中度，以应届高中毕业生的规模来表示高等教育服务潜在顾客的市场集中度（由于我国高等教育要求就读者具有高中毕业文凭，所以本书采用高中毕业生而不是适龄人口的规模这一指标来表示高等教育服务的潜在顾客）。基于SCP分析可以发现，我国高等教育市场结构在1999年扩招前后发生了重大变化：扩招不仅带来现有高校规模的扩张，也导致进入壁垒降低，新的高校组织不断进入。2000年左右虽然高校合并力度仍然较大，仅2000年一年就有48所部委所属高校合并组建了19所巨型大学，以至于该年被人们称为“合并年”，但由于地方新建本科院校等新的高校组织不断进入，从统计数字上仍然可看到高校数量的明显增长。高校数量从1998年的1 984所，5年后的2002年增加至2 003所，而到了2012年则增加至2 790所，15年间共增加了806所，其中，普通高等学校从

1998 年的 1 022 所，到 2002 年增加至 1 396 所，到 2012 年则增加到了 2 442 所，15 年间共增加了 1 420 所。普通高校的生均规模（本、专科全日制学生）也从 1998 年的 3 335 人增加至 2002 年的 6 471 人，到 2012 年进一步增加至 9 675 人，15 年间增长了 1.9 倍，在中国高校群体中，万人大学已属常见。高校规模与其效益紧密相关，它既促进了效益的提高，又制约了效益的提高。有学者对 1995—2000 年间我国高校的生均规模进行了实证考察，认为我国高校已从扩招前的规模过小而导致的规模不经济变成了扩招后的因规模过大而产生的规模不经济①。高校规模的扩大对其管理水平提出了更高的要求，如果管理人员不能采取有效的管理措施，就会造成组织效率的下降，即组织失灵。同时，随着高校规模的急剧扩大，学生培养所需的成本也在不断上涨，普通高校生均教育经费支出从 1998 年的 13 990.8 元，上涨至 2002 年的 15 119.56 元，到 2013 年则进一步上涨至 26 086.47 元，16 年间增长了 86.45%，扣除通胀因素后，16 年间增长了 41%。

我们还需注意，高校招生规模从 1998 年的 108.36 万人，增加至 2002 年的 542.82 万人，到 2012 年进一步增加至 688.83 万人，15 年间增长了 5.36 倍。而与此同时，高中毕业生的规模从 1998 年的 251.78 万人，增加至 2002 年的 383.76 万人，到 2012 年进一步增加至 791.5 万人，15 年间增长了 2.14 倍。可以看出，高中毕业生规模增长的幅度远远小于普通高校招生规模增长幅度，并且，随着高中毕业生出国留学等机会的增加，国内高等教育服务的潜在顾客群体在规模上还在缩小。而国家教育与人力资源问题报告课题组指出，我国高等教育适龄人口基数还将呈长期下降趋势②。随着高等教育正式迈入后大众化时代，高等教育的供求关系已经发生了根本性转变，高等教育的买方市场时代已经全面来临。这意味着高等教育服务的提供者已经出现过剩，高等学校的市场空间不再宽阔了。而各种因素导致的高等教育适龄人口的持续减少，

---

① 徐建培. 论高等学校的规模经济与知识联盟［J］. 高等教育研究，2004（3）：42-45.

② 教育与人力资源问题报告课题组. 从人口大国迈向人力资源强国［M］. 北京：高等教育出版社，2003：107.

将使高等学校的市场空间被进一步压缩。虽然一定限度内的过剩也可能促进高校组织行为的改进，但如果长期不对高等教育服务提供者的数量进行限制，如果高校只进入不退出，超过合理的限度时必然会加剧高等教育的产能过剩，恶化高等教育的生态环境，逐步成为顽疾。这一点可以从经济领域的教训中得到证明：我国钢铁行业沦为全面亏损行业的案例已经表明，产能过剩如果得不到有效治理，会不断放大直到毁掉整个行业。

高等教育市场不是一个同质产品市场，各高校所提供的高等教育服务在质量和种类上千差万别。如上所述，学生规模的快速扩张与培养成本的不断上涨，使得大多数高校都开始承受一定的财政压力。尤其是一些依靠银行贷款进行扩招的高校，高昂的贷款利息成为学校沉重的财务负担。而在学费价格水平由国家统一控制的条件下，高校学费上涨的幅度是有限的，这就意味着高校不能通过涨价来缓解财政压力。重点院校等高校组织还能够获得教育部或地方政府等其他来源的财政支持，而大多数普通院校没有这样的优惠待遇。在这些普通的地方高校中有两类错误典型：第一类是市场竞争中的消极分子，即这些院校仍然保留着计划经济体制下大锅饭式的办学心态和由政府包办的不自主也不负责的组织行为模式，在行为模式上仍以“等”“靠”“要”为主，缺乏面向市场自负盈亏的自主性；第二类是市场竞争中的投机者，即这些院校出于投机心理而完全依靠降低学生培养成本的手段来应付财政危机，这些手段包括“大量增加兼职教师，采用大班教学，减少选修课程，开设传统专业和低成本专业”等[①]。这两类错误典型都会导致高等教育服务质量的降低，从而有损其市场声望，降低其社会认同度，带来报考人数的锐减，而生源的减少又加重了财政困境，最终使其步入发展的恶性循环。也就是说，在过剩的高等教育产能中有很大一部分属于上述这种低质低效的产能，这部分过剩的低质低效的产能会降低整个高等教育产业的绩效表现。大学生就业难问题可以说是高等教育产业绩效降低的表现之一，甚至，我国经济转型的困难或许也与高等教育支持不力密切相关。

---

① 贾永堂．试析我国弱势高校的生源困境及出路［J］．现代大学教育，2010(5)：37-38.

在这种情况下，需要通过一部分高校的退出来改善高等教育市场结构和供求关系，以提高产业绩效。随着普通高校数量的不断增长，成人高校的数量不断下降，从1998年的962所，到2002年减少至607所，到2012年减少至348所，15年间共减少了614所。类似的情况也发生在民办高校中。2010年3月底，时任武汉大学校长顾海良强调，未来10年某些民办学校和独立学院离破产可能不再遥远。这说明，高等教育市场的退出态势已经出现，只是这些成人高校和民办高校作为相对弱势的一方，处于最先退出的位置，被高等教育市场最先排挤出去而已。那么，普通高校庞大群体中已陷入生存与发展危境的极端薄弱高校，包括公立高校，即上述过剩的低质低效的产能部分退出高等教育市场，不仅是高等教育市场空间被压缩而导致的必然趋势，同时对于高等教育市场结构的优化也是必要的。根据市场需求的数量和质量来调整高等教育市场的供给，本就是高等教育结构调整的要义，其实也是接下来要涉及的供给侧改革的应有之义。

根据产业组织理论，要改进市场效率，首先就要进行产业组织内部的改革和转型，以提高资源配置效率。而当组织决策发生失误导致组织失灵、效率低下时，就要由市场机制对这些低质低效的组织进行淘汰。为什么会产生组织决策失误呢？诺贝尔经济学奖获得者西蒙在50多年前提出，现实中的经济主体由于信息加工能力有限，无法按照充分理性的模式同时考虑各种选择方案，因而仅具有有限理性。有限理性理论还指出，在组织决策中，利益团体的博弈、组织的权力结构、组织既有的经验和组织文化等都会对决策产生一定的影响。在这些约束下，组织的错误决策导致组织无法通过行动达到原定的发展目标，即产生组织失灵。前面所列举的高等学校组织在市场竞争中存在的两种错误典型——消极分子和投机者，它们正是高等教育组织有限理性的表现。

三、供给侧改革理论

1. 供给侧改革理论及其基本内涵

如果说产业组织理论主要侧重于从高校组织所处的系统与绩效的角度来考察最优制度环境，那么供给侧改革理论则侧重于从高等教育市场中的供给与需求关系来分析评价制度和组织环境。改革开放以来，中国经济快速发展，GDP年均增长率接近10％，创造了世界经济史上的中国奇迹。但是，2008年国际金融危机以来，全球经济呈现出总量需求增长缓慢、经济结构深度调整的特征，支撑中国经济高速增长的外需环境发生了巨大变化：一方面，美英等西方发达国家相继提出“再工业化”“2020战略”“重生战略”等，并积极开发新能源、新材料、新技术以振兴实体经济；另一方面，发展中国家都在努力发展具有比较优势的产业，国际市场范围内的竞争更加激烈。我国改革开放以来形成的以低成本比较优势为基础的外向型经济模式遭到了巨大挑战，甚至越来越难以为继，在此影响下，中国经济的增长速度由高速向中高速转换成为经济新常态的基本特征。供给侧结构性改革就是在国际经济环境发生重大变化的背景下，针对我国经济发展新阶段出现的新情况，为解决现实问题而提出的重大理论创新。后大众化时代高等教育所面临的发展困境，正是需要从供给侧改革着手，以更好地满足高等教育市场需求，并促进高校的可持续健康发展。

作为调控宏观经济的两种基本手段，供给侧和需求侧管理本无优劣之分，只有依时势而选。习近平总书记明确指出，当前和今后一个时期，我国经济发展面临的问题，虽然供给和需求两侧都有，但矛盾的主要方面在供给侧。因而必须把供给侧结构性改革作为宏观经济管理的重要内容，着力解决供给侧结构性矛盾和制度障碍，而供给侧结构性改革，就是通过提高供给体系质量和效率来满足需求。根据学者们的研究，供给侧包括生产要素、生产者和产业三个逐次递进的层次，供给体系就是由生产要素、企业和产品、产业所构成的相互影响及共同发展的系统。其中，劳动力、资金和技术等是生产要素投入，企业是生产要素的组织者，产业是供给体系的最终承载者。一个国家和地区的供给水平（产出）取决于多种因素的影响，主要包括生产要素，企业和产品的数量、质量和结构，以及整个供给体系的运行效率等。而从这些因素出发，推进供给侧结构性改革，就要正确处理政府与市场、供给与需求等关系。高等教育供给侧改革的关键也在于政府与市场、供给与需求关系的调整。

2．高等教育供给侧改革的要义

第一，处理好政府与市场的关系。

我国社会主义市场经济制度的顶层设计为高等教育制度提供了基本框架。中国高等教育在新中国成立初期采取了以苏联为师的制度模式，在国家统一管理下推行高等教育的计划发展，并进行了高校的院系调整和课程改革，虽然当时有利于恢复大学秩序和推动新中国的经济建设，但是过于集权化的制度模式抑制了高校办学的主动性，并挫伤了地方政府办学的积极性。改革开放后，随着社会主义市场经济体制的建立和完善，以及市场作为社会资源配置手段的基础性乃至决定性作用的不断强化，高等教育作为市场经济系统中的一个子系统，理应进行与市场经济体制相适应的制度设计与制度调整。同时，20 世纪下半叶世界高等教育也经历了前所未有的规模扩张与迅速发展，在新公共管理运动的推动下，各国高等教育治理模式均发生了深刻变化。著名高等教育专家伯顿·克拉克在对一些发达国家的高等教育系统做了比较分析后认为，不论这些高等教育系统规模如何，是集权化的还是分权式的，市场调节的作用都在加强。我国许多学者对计划经济体制下中央集权式的高等教育制度模式进行了反思，先后开展了高校办学自主权研究，高等教育市场化研究，市场经济体制下大学、政府与社会的关系研究，高等教育宏观管理体制改革研究，中国特色社会主义高等教育理论体系研究，现代大学制度研究，高等教育法研究和高等教育外部治理研究等。这些研究都从多角度、多层面出发，探讨了适应于市场经济体制的高等教育制度模式，政府与高等学校之间的治理结构，以及各级政府之间高等教育的权力分配等内容。其中，杨德广①认为高等教育应借鉴经济体制改革中的“政企分开”“市场引导企业”等经验。学术界已经达成一种共识，即有必要在高等教育管理中建立一种新的运行机制，即国家调控学校，学校自主办学，市场引导培养。国家主要依靠路线、方针、政策等宏观调控制约高校。在新的运行机制下，大学应成为自主办学的相对独立的实体和主体。高校也要从政治、经济、文化等方面设置专业，培养人才，按照教育规律办教育，以市场需求为出发点，而不要光依靠国家的

① 杨德广. 国家调控学校，学校自主办学，市场引导培养——试论建立高等教育新的运行机制 [J]. 江苏高教，1989 (3)：7-10.

行政手段办教育，大学不要与政府部门捆得太紧，而要与社会的大市场与商品经济市场捆得紧一些，主动适应社会需要，主动为社会服务。另一些学者则认为不能过于否定计划管理、宏观控制，重点在于合理划定政府管理的范围。汪永铨①对政府究竟是否应当管高等教育，管理的内容、方法及原则等问题进行了讨论，认为政府应该管宏观而把微观放活，国家应对高等教育进行一部分计划控制，其余部分放开不做直接干预，在市场经济体制不断完善的将来，可以“少管”和在某些方面“不管”。政府对高等教育应尽量避免采取行政管理的方式，而应采取财政的、间接的、协商的、说服的、引导的方式进行管理。王善迈②认为社会主义市场经济体制的基本内涵是在坚持社会主义基本经济制度的前提下和政府宏观调控下，以市场为资源配置的基本方式。我国的经济体制已经并将持续发生变化，从传统的计划经济体制到市场取向改革过程中的双重体制，最终形成社会主义市场经济体制。现代市场经济的基本框架为：产权关系明晰、自主经营、自负盈亏的企业制度，包括商品市场和投入要素市场的完善的市场体系及市场机制，以间接调控为主的政府的宏观调控体系。在此框架下，市场经济体制改革目标的确立和市场经济对专门人才迅速增长的需求，必然会冲击原有的、同计划经济相适应的高等教育体制，必然要求高等教育体制进行变革，例如大学毕业生的就业体制、高校的规模与专业设置、人才培养体制、办学主体的多元化、投资的多元化和高校内部管理体制等方面均须作相应调整。

1993年“高等教育与社会主义市场经济问题理论讨论会”在北京举行，此次会议对全面、深刻认识社会主义市场经济给高等教育改革与发展带来的影响，高等教育主动适应社会主义市场经济新体制等方面进行了热烈的探讨和理论上的总结。与会代表认为，社会主义市场经济体制的建立与完善，将对高等教育的数量、结构、质量、效益等方面的协调

① 汪永铨．关于政府对高等教育的管理［J］．教育发展研究，1988（4）：18-24．

② 王善迈．市场经济・人才需求・高教体制［J］．北京师范大学学报（社会科学版），1993（2）：1-7．

发展提出新的要求，并推动高等教育体制进行根本改革。市场竞争机制的引入，有利于高等学校扩大办学自主权，根据自身条件和社会需求办出自身的特色，形成多样化的高等教育办学格局，推动高等教育多种类型、多种形式的发展。市场经济引出管理权限向地方政府转移，能发挥省市一级对高等教育发展的作用，有利于国家对高等教育的统筹调控，有利于高等教育为地方经济的协调发展服务。市场经济的发展对人的素质提出了更高要求，促进高等教育面向社会、面向经济、按社会需求办学，有利于社会参与办学和人才素质的提高。市场经济将更大程度地发挥人才的潜能及其在经济与社会活动中的作用，会刺激社会对人才的需求，有利于促进高等教育的更大发展。但市场经济也对高等教育带来了消极影响，如市场经济的固有缺陷在高等教育发展中难以避免，高等教育规律和市场经济规律不同、运作方式不同、追求目标不同而带来的两者之间的矛盾冲突，高等教育要同时服务于经济和社会各方面，容易产生价值矛盾，我国当前市场经济体制的不完善使高校管理方面的许多问题不好解决，等等。高等教育在市场经济中要发挥主体判断和选择的作用，不能消极适应，高等教育自身规律和市场经济规律不同，高等教育在接受市场调节的同时，国家的支持和调控作用同样十分重要。有学者提出“高等教育市场”的观点，但对高等教育是“全市场化”的说法予以否定。会议还就社会主义市场经济下高等教育的体制改革和新的运行机制作了一般性的探讨，指出其框架将是学校自主办学、市场调节、社会参与、政府宏观调控的四者的结合。政府要转变职能，实施宏观调控，弥补市场调节的不足，发挥地方促进高等教育发展的作用。高等教育运行不能全靠市场机制，不能用市场调节决定高等学校的全部活动，高校还有其他社会功能，还有文化价值的一面①。

原国家教委教育体制专题调研组从 1993 年 6 月开始，先后会同部分省、市和中央部委教育部门进行了专题调研，在此基础上，召开了两次有二十多个省、市、自治区和中央教育部门以及经济、科技部门的领导

① 李志仁. 高等教育与社会主义市场经济问题理论讨论会综述 [J]. 高等教育研究，1993 (2)：30-34.

和专家参加的座谈会①。调研和座谈会所达成的共识为：教育优先发展的战略地位未真正落实，教育体制改革滞后于经济体制改革，教育经费困难加剧，教师队伍不稳和流失现象较严重。这些问题从几个侧面反映了市场经济体制的建立过程对教育产生影响的广度和深度，说明教育体制与经济体制的配套改革势在必行。深化教育体制改革，应加快办学体制改革，建立以政府为主体、社会各界共同参与的办学体制，积极推进高校招生、收费和毕业生就业制度的改革，促进学校建立自主办学、自我发展、自我约束的机制；明确政府和学校在办学与管理上的权利和义务、利益和责任。进一步改革中央高度集中的管理体制，合理划分中央和地方的管理职能，实行中央统一领导和地方分级管理相结合，分层决策、分级和分工管理的体制；加强和完善政府宏观调控，政府管理由直接管理转变为综合运用立法、经济以及必要的行政手段的宏观管理；建立与经济体制改革相适应的教育经费管理和分配体制，充分发挥拨款机制的宏观调控作用。建立健全社会中介组织，发挥社会各界广泛参与教育决策、管理的作用，使政府对教育的决策和管理科学化、民主化。

教育经济学界的一些著名学者对市场经济条件下高等教育运行机制进行了比较深入的研究。例如魏新②从经济学角度分析政府、用人单位、高校和学生等高等教育运行中有关的主要行为者的行为，认为政府对高等教育的调控比对义务教育的调控复杂得多，其调控重点不但在于平等，还在于效率和稳定。市场经济条件下，政府在高等教育运行过程中的行为应由直接的指令性为主的行政管理向间接的指导性为主的宏观调控转变。政府应从总体上把握社会经济发展对高等教育的需求，综合考虑资源的限制和人民群众对高等教育需求之间的矛盾。闵维方③指出计

① 国家教委教育体制专题调研组．社会主义市场经济与教育体制改革［J］．教育研究，1994（1）：3-12．

② 魏新．市场经济条件下高等教育运行机制与政府的调控［J］．教育研究，1998（3）：55-60．

③ 闵维方．社会主义市场经济条件下高等教育运行机制的基本框架［J］．高等教育研究，2001（4）：28-34．

划经济条件下高等教育系统作为整个计划体制的一部分，高等院校隶属于政府计划部门和管理部门，按照政府有关部门的指令性计划设置专业、招收学生和分配学生就业。由于这种运行机制本质上是一种自上而下的行政控制与管理，政府机构、高等院校、学生、用人单位都是严格地按指令性计划办事，极大地限制了高等院校的自主发展。政府及其有关管理部门集办学权和管理权于一身，造成了全国高等教育系统的“条块分割”“部门分割”“重复建设”和“效益低下”等一系列问题。学者们通过对劳动力市场人才的需求与供给、预期收益与对高等教育的需求、高等教育的供给与产出、政府的宏观调控四个方面的分析，认为在社会主义市场经济条件下，政府对高等教育系统运行过程的宏观调控是必不可少的，是这一运行机制的重要组成部分。但是，这种调控不同于计划经济条件下的那种通过行政命令和直接行政管理手段进行的调控，应该是在承认市场供求规律的基础性作用的前提下，通过政策、投资、质量监控、信息服务和立法等手段来调节高等教育的发展，使之更好地促进经济发展和社会公平。政府可以通过调整社会经济发展目标、宏观经济政策和产业政策，增加或减少总需求，从而在客观上间接地影响到劳动力市场对有关人才的需求，进而对整个高等教育系统的运行产生影响；政府可以通过财政杠杆和税收政策调节高等教育系统的运行，特别是调整高等教育的投资强度和拨款政策，对来自低收入家庭的学生实行财政资助和助学贷款，等等；政府可以通过制定适当的劳动、教育、就业、人事、工资等方面的政策，影响人们对接受高等教育的预期收益，也对居民个人和家庭的经济收入产生直接影响，从而通过影响居民对高等教育的有支付能力的需求来调节高等教育系统的运行；政府可以通过信息服务，包括对高等教育毕业生的供求信息和就业信息，高等院校的专业信息、质量信息、收费信息和毕业生收入情况的信息等，对高等教育系统的运行进行调节；还可以通过立法明确高等院校具有面向社会经济发展需要，明确高等学校对社会应尽的责任，明确高等教育系统与各相关社会经济部门各自的权利和义务，并通过法律来调节高等院校与社会的关系、行政机关与学校的关系、行政机关与教职工的关系以及学校与师生员工的关系，等等，确保高等教育系统在一个规范有序的制度化轨道上运行。李文利①比较分析了计划经济和市场经济条件下高等教育系统的运行机制和政府行为，指出在市场经济条件下，政府、高等学校、教师、学生、用人单位、需要科技服务的单位和提供资金的某些单位成为高等教育系统运行机制中的行为者，这些行为者之间的相互作用构成四个主要市场：一是教育市场，其形成基础是求学者要求接受高等教育的需求；二是高等学校毕业生形成的劳动力市场，其形成基础是社会上各行业、各单位对接受过高等教育的人才的需求；三是科技服务市场，其形成基础是社会上某些部门、单位对某些科技成果的需求；四是办学要素市场，其形成基础是高等学校对办学所必需的人、财、物等条件的需求。随着市场机制的逐步完善，高等教育系统中的市场将逐渐显露出来，并渗透高等教育的各个角落。

学者们进一步对教育市场和教育产权等新概念进行了深入的探讨，并在教育市场化和教育产业化等问题上进行了激烈的争论。胡建华②对大学市场化行为及其表现、形成原因、条件、影响等问题进行了探讨，认为大学市场化行为的出现是大学对市场经济社会发展的一种主动适应，也是经费来源多样化过程中大学谋求发展的一种选择。大学市场化行为改变了传统的大学观念，使大学更加贴近社会和市场，并促进大学之间进一步分层、分化，使大学体系形式更加多样化，但市场化行为的增多容易导致大学办学过程中的功利主义倾向。要处理好适应市场与遵循学术传统、现实利益与长远发展之间的关系，政府也有责任把握好政策导向。

这场争论一直延续到现在。张应强等学者认为，为了实现高等教育治理体系和治理能力现代化的目标，我国高等教育治理模式需要实现从“类市场化治理模式”向“准市场化治理模式”的转变，应该让市场竞争机制发挥决定性作用，逐步建立多元主体基于信任的高等教育合作治

① 李文利．社会主义市场经济与计划经济下高等教育系统运行机制的本质区别［J］．清华大学教育研究，2002（1）：102-108．

② 胡建华．大学市场化行为的发展趋势及影响分析［M］//戴晓霞，莫家豪，谢安邦．高等教育市场化．北京：北京大学出版社，2004．

理机制，推进和实现高等教育治理法治化①。因而在当前的供给侧改革中，既要研究高等教育市场规律，遵循高等教育市场规律，善用市场机制解决高等教育领域的各种问题，使市场在高等教育资源配置中起决定性作用；又要更好地发挥政府作用，在尊重市场规律的基础上，用改革激发高等教育市场的活力，用政策引导人们对高等教育的预期，用法治规范高等教育市场主体的行为。

第二，处理好高等教育供给和高等教育需求的关系。

供给与需求是教育经济学长期研究的主题。从供给的角度出发，陈良焜②认为高等教育具有准公共产品特性，如果政府提供的高等教育服务不能满足需求，人们就可以从高等教育市场获取这种服务，因而高教市场起着补充调节公立学校供给不足的作用。他进一步认为，不能由市场机制调节使高等教育达到优化资源配置的目的，因为劳动力市场供求对高等教育供求影响有滞后性，经济转型期劳动力市场并不规范，各种行业的工资报酬有扭曲，不能成为人才供求的准确信号，并且教育还具有公平性和福利性。高校作为自身利益的个体，在办学过程中有可能根据非理性的预期和各种扭曲信号，在学校层次定位和专业设置等实际的选择方面，从宏观效果上与政府供给的目标拉开距离，这就需要政府加以干预调控。从需求的角度出发，丁小浩③认为高等教育的个人需求导致高等教育规模的迅速扩张，政府有必要采取各种措施宏观调控高等教育的规模和结构，例如使用限制性的入学政策等，以保证高等教育的供需总量平衡。同时她还指出，政府对高等教育总体规模和结构的直接控制也存在着失灵的问题，其主要原因在于高等教育与社会需求之间的关系是错综复杂的，计划机关难以准确把握社会经济发展对高等教育毕业

① 张应强，张浩正．从类市场化治理到准市场化治理：我国高等教育治理变革的方向［J］．高等教育研究，2018（6）．

② 陈良焜．在向市场经济体制过渡条件下高等教育规模结构的宏观调控［J］．高等教育论坛，1996（4）．转引自陈学飞主编．中国高等教育研究50年［M］．北京：教育科学出版社，1999：1167-1171．

③ 丁小浩．高等教育的个人需求和政府的宏观调控［J］．高等教育研究，1998（4）：39-42．

生千变万化的需要类型和数量，因而很难推算、计划出最佳的总体规模和所需资源，从而容易导致供求脱节及教育需求结构比例的重大失调等问题。因此要准确预测未来，特别是中长期内经济社会发展和就业岗位对高等教育毕业生的需求总量及需求结构是很困难的。如果决策部门制定的政策与高等教育的最佳规模结构之间的差距过大，就会造成资源的浪费或短缺。另外考虑到高等教育所具有的非经济的外部性，例如对社会精神文明的积极贡献等，单纯根据劳动力市场需求所计划出来的最佳规模，对社会的全面发展也不一定是最适宜的。

由此可见，供给侧和需求侧的结构调整都是政府调控的基本手段。由于供给侧结构性改革的目的就是通过扩大有效供给，更好地满足人民群众的需要，所以高等教育供给侧结构性改革就是主动调配教育产品的种类和数量，增加有效供给，形成结构合理的教育产品，促进所培养人才自身能力的发展，满足社会经济需求和人民生活需求。在高等教育管理中需要将供给侧改革和需求侧改革结合起来，相互配合、协调推进，既要大力推进高等教育供给创新，适应和引领高等教育需求的变化，也要采取必要的财政拨款等措施，发挥需求侧对拉动高等教育产业增长的作用。

四、政府规制理论

1．政府规制理论概述

政府规制（regulation），也称政府管制，是具有法律地位的、相对独立的政府规制者（机构），依照一定法规对被规制者采取的一系列行政管理与监督行为[①]，其主要目的是弥补市场缺陷，有效配置资源，维护公平交易，提高经济效率，增进公共利益。小贾尔斯·伯吉斯认为政府规制就是政府采取的干预行为，即政府通过修正或控制生产者或消费者的行为来达到某个特定的目的，是衡量政府和市场之间相互作用的一个尺度[②]。然而，规制不是指一般的政府干预，而是必须具有明确的法律

① 张乾峰，蒋其发．产业政策与产业规制：相互关系及研究趋势［J］．湖北社会科学，2009（9）：91-94.

② 徐飞．日本政府规制政策演进研究［D］．沈阳：辽宁大学博士学位论文，2013：3.

依据，不能是随意的、自由裁量的行为。发达国家的政府规制行为植根于深厚的法治土壤，规制行为的出台一般都必须具有法律依据，受规制的企业和个人可对规制行为提出法律诉讼①。

2. 政府规制与薄弱高校治理

政府对高校退出的规制包括以下内容：政府究竟要不要干预高校退出？如果干预，是选择促进还是限制的政策？如何进行具体的规制？近年来英国政府对于高校组织的退出采取了积极态度。2009年英国自由市场政策智库发布报告②，认为应当结束高等教育中所谓的“无失败文化”，即建立高校的退出机制，允许高校破产关闭，以提高公共资金的使用效率。政府还积极提供经费，推动面临财政危机的薄弱高校与强势高校合并，以重整高等教育资源，提高高等教育质量。例如，曼彻斯特理工大学和曼彻斯特维多利亚大学在2004年的合并，不仅得到了当时英国首相的大力支持和积极推动，并且获得了政府80万英镑的资助。对于一些基础性学科就学人数减少的现象，英格兰高等教育基金委员会（HEFCE）认为这是大学生的就业需求变化所致，是市场力量决定的结果，不能强行干涉，也不能任意增加经费而导致经费分配的混乱。因此，HEFCE采取“低调”的介入方式，一方面鼓励更多学生来选择这些学科，另一方面对严重受威胁的科系采取措施，促使研究人员与学生集中到少数大型的系所中去。与英国相比，美国对高校退出的规制早已上升到法律层面：无论是私立非营利大学还是公立大学都适用于美国的《破产法》。2009年，奥巴马总统签署的《2009美国复苏与再投资法案》中还专门列出了扭转、转型、重办和关闭四种薄弱学校改造模式，明确规定“当学校达到关闭的标准，如改进难度过大且所在学区有绩效更优的学校时，学区征得利益相关者的同意后则可选择关闭模式”③。从这些法律规定中可以看出，政府规制既充分尊重了学校组织的自主性，又具

① 杨宏山．政府规制的理论发展述评［J］．学术界，2009（4）：248-253.

② Anna Fazackerley，Julian Chant. Sink or swim? Facing up to failing universities [EB/OL].（2009-04-28）[2016-06-06]. http://www.policyexchange.org.uk/ 2009_4.

③ 吕敏霞．《2009美国复苏与再投资法案》背景下薄弱学校改造的新动向：四种模式［J］．外国教育研究，2011（5）：10-14.

备了法律的严格规范性。

我国政府对高校退出的规制具有以下特征：

第一，我国政府对于公立高校的退出一直持十分谨慎的态度，在公立高校退出机制方面仍属空白。政府更关注的是高等教育结构性问题和质量问题，因此在《国家教育事业发展第十二个五年规划》中提出要“推进高等学校有特色、高水平发展。坚持稳定规模、优化结构、强化特色，走以质量提升为核心的内涵式发展道路”。而一些地方政府出于地方利益和政绩需要，倾向于对薄弱高校采取扶持和输血政策，以大量投入来维持其艰难存续，从而造成一些薄弱高校“等”“靠”“要”的大锅饭心态。

在高校退出的法律规制方面，民办高校和公立高校有极大的差异：虽然同属于非营利机构，但民办高校类似企业组织，建有明确的退出机制，而公立高校属于事业单位，在法律规定方面没有建立退出机制的相关依据。与1993年《民办高等学校设置暂行规定》、1997年《中华人民共和国社会力量办学条例》、2003年开始实行并于2013年修订的《中华人民共和国民办教育促进法》等文件中对民办高校的调整和财产清算等清晰的规定相比，公立高校退出和相应的财产、人员等退出方面没有明确的制度规定。

第二，政府对高校内部改革和专业调整存在某种程度上的过度规制现象，不利于落实办学自主权。政府针对高等教育结构调整和质量治理出台了多项政策文件，其中与高校退出有关的主要有红黄牌约束制度、招生计划削减、专业调整与取消、高校合并等，这些政策措施都是由各级行政部门制定和具体实施的，带有较浓重的行政管制和行政配置色彩，不利于落实高校的办学自主权。

第三，1995年《中华人民共和国教育法》规定：“国家鼓励运用金融、信贷手段支持教育事业发展”。此后，《关于深化教育改革全面推进素质教育的决定》（1999年）、《全国教育事业第十个五年计划》（2001年）等一系列文件的出台，为以金融手段支持高等教育的持续扩张提供了合法性。高校与国有商业银行之间也突破了以往的基本存储和简单信贷关系，以银校合作的方式开始了全面的互动合作。据一位全国政协委员提供的一份 2009 年的调查材料显示，当时我国高校贷款规模超过 2 500亿元，其中，近 2 000 亿元是地方高校的贷款。仅陕西省属31 所高校 2009 年银行贷款就达 96.24 亿元，校均负债 3.1 亿元，2009 年实际支付利息 7.12 亿元。由于利息高昂，陕西省多数高校 1/3 以上的学费收入要用于支付贷款利息①。而在这种合作中，一些薄弱高校依靠银行贷款继续维持其在高等教育市场中的艰难存续。

1990 年以来，针对经济高速增长过程中的产能过剩问题，政府曾先后进行了多轮宏观调控，然而不仅未能解决产能过剩难题，反倒逆向催化了钢铁、水泥、电解铝等行业产能的扩张和跃进，陷入诸多产业普遍过剩的困境②。

政府对高校退出的规制缺位和规制过度也与此相类似：

第一，规制缺位成为市场优胜劣汰机制发挥应有作用的障碍。

由于市场失灵的存在，政府的主要功能就在于运用各种政策手段进行宏观调控和监管，为市场机制实现效率提供一系列制度条件和保障。例如，公立高校大都属于固定成本较大、人员庞大的机构。在公立高校退出和相应的财产、人员退出方面的规制缺位，将导致高校人员和财产由于无法可依而难以退出，从而令市场机制无法发挥优胜劣汰的应有作用。一般情况下，公立高校的教职员工具有类似于公务员的身份，福利待遇较高，工作压力由于很少被辞退而较小。一旦高校退出高教市场，尚具有一定教学能力的教师由于缺乏相应规定而难以顺利到其他高校相近专业就业，而不具备教学能力的教职员工不仅难以享受以往的工资待遇，而且还面临基本生活费用难以保障的生存危机。同样，公立高校的财产如无政府相关法律法规的允许和依据，退出时就会有国有资产流失的风险。基于人员和财产方面的高退出成本，一些已失去创新活力、不可治理的高校组织也不得不停留在高等教育市场中继续挣

① 常歆. 依靠“政府买单”，化解债务危机——以高校债务危机为例 [J]. 中国集体经济，2011 (22)：36-38.

② 陈剩勇. 中国政府的宏观调控为什么失灵——以 1996 年以来中国钢铁产业的宏观调控为例 [J]. 学术界，2013 (4)：5-24.

扎。因此，政府需要填补在公立高校退出机制方面的制度空白，真正履行市场监管职责，才能令市场机制得到制度保障，从根本上解决高教产能过剩的问题。

第二，过度的政府规制容易引发高校的寻租行为。

对寻租行为的一般理解是直接非生产性的寻利活动，也有观点认为借助于政府力量而取得收益的行为就是寻租，在早期寻租理论中所讨论的“租金”就是由于政府对市场进行干预和管制，抑制了市场的公平竞争，人为地导致某些资源的稀缺而形成的超额利润①。根据寻租理论，过度的政府规制容易引发高校的寻租行为。例如，在政府对高校专业设置、招生计划等的审批中，专业或招生指标成为稀缺资源，高校将精力都集中在能让所申报的专业和招生计划顺利通过审批上面，而不是如何提高教学科研质量上面，从而不利于政府和公众了解真实的教育质量信息，不利于低效低质的过剩产能被挤出高等教育系统，并且不能激励高校从根本上转变发展模式，在教学和科研等方面实施真正的创新行为。类似情况也发生在政府对银校合作的推动中。一些高校本身业小底薄，在沉重的债务负担下，仍片面追求形象工程、政绩工程，动辄圈地上千亩，“在办公楼建设上讲排场，求品位，装修极尽奢华，更有甚者仅仅校门建设也斥资几百万元上千万元”②，从而导致财务状况的恶性循环。

第三，过度的政府规制还容易引发政府组织的寻租行为。

在鼓励银校合作及通过红黄牌约束制度和招生计划调整等手段进行规制的过程中，政府如果在缺乏约束和监督的情况下掌握大量的审批权，容易滋生官员的腐败行为。同时，政府以规制形式参与了市场配置资源的过程，寻租空间被拓展，例如，某些地方政府官员出于政绩等方面的考虑，推动一些优势高校合并一些劣势学校，出现了所谓的“拉郎配”，导致一些参与合并的高校“凑合”“假合”“面合心不合”，新的高

---

① 周云波，寻租理论与我国体制转轨过程中的非法寻租问题 [J]. 南开经济研究，2004 (3)：70-74.

② 常歆. 依靠“政府买单”，化解债务危机——以高校债务危机为例 [J]. 中国集体经济，2011 (22)：36-38.

校组织因各种摩擦而出现结构失衡、功能下降，造成整体水平下降。

五、协同治理理论

“协同学”（Synergetics）一词源于希腊语，意为“协调合作之学”，是一门研究普遍规律支配下的有序的、自组织的集体行为的科学。协同学与现代治理理论的交叉即协同治理理论，应该具有这样几个特征：

1. 治理主体的多元化

高等教育协同治理是政府、高校与市场三方主体共同参与的多元治理，或许还包括行业治理，因而治理主体的多元化是这一治理模型的首要特征。而治理主体的多元化是以多中心治理理论为基础的。“多中心”一词可以追溯到英国社会学家波兰尼关于社会秩序的界定上，他在《自由的逻辑》一书中区分了社会的两种秩序，一是指挥的秩序，一是多中心的秩序。波兰尼称指挥秩序为一元化的单中心秩序，在指挥秩序中，在下级服从上级的单一链条中，其背后隐含着这种秩序的深刻危机以及理论上的重大缺失。多中心秩序是与指挥秩序相对而言的，在这种秩序中，许多行为单位既相互独立，自由地追求自己的利益，但又能相互调适，受特定规则的制约，并在社会的一般规则体系中找到各自的定位以实现相互关系的整合①。

高等教育协同治理的前提就是高等教育治理主体的多元化。这些治理主体不仅包括政府组织，而且包括参与办学的民间组织、企业，以及高等教育的消费者——家庭以及公民个人在内的社会组织和行为体，等等。这些组织和行为体由于具有不同的价值判断和利益需求，因而在满足高等教育需求之时不仅相互竞争，也必须相互合作以提高有效供给。同时，高等教育协同治理需要打破以政府为单一核心的高等教育管理权威，其他社会主体在一定范围内都可以在高等教育公共事务治理中发挥和体现其权威性。在传统管理体制下，政府不仅几乎完全掌握着高等教育政策的制定权，还运用行政手段对高等教育政策及高校办学进行直接

① ［英］波兰尼．自由的逻辑［M］．冯银江，译．长春：吉林人民出版社，2002．

而全面的领导和管理①。在新的历史时期，我国高等教育的发展环境发生了根本性变化。一方面，随着政府职能与理念的不断转变，政府对高校的管理逐步从单一的直接的行政管理转变为综合运用经济、法律、政策与行政措施的宏观管理，高校的办学自主权不断扩大；另一方面，随着社会主义市场经济体制的建立与不断完善，市场在高等教育领域的强势渗透愈发明显，高校在学科建设、专业设置、人才培养模式等方面都需要根据市场需要做出相应调整。在此背景下，我国高等教育要提升管理效能，就必须从片面依附政府的教育行政管理模式向政府、高校、市场多方参与的治理模式转变。同时，在政府、高校、行业与市场四方主体内部，也同样存在多元化的特点。就政府这一方主体来说，中央政府、省级政府、市级政府及其教育行政管理部门均在高等教育协同治理中发挥着一定作用；就高校这一方主体来说，以党委书记为首的党务系统、以校长为首的行政系统、以学术委员会为核心的学术治理体系、以教职工代表大会和学生代表大会为核心的民主管理体系共同参与高校内部治理；就市场这一方主体来说，用人单位、学生家长、第三方评价机构等市场力量均对高等教育治理产生影响。

2. 共同规则的制定

依据美国著名学者伯顿·克拉克教授提出的协调三角形模型，考虑我国高等教育发展的国情，高等教育协同治理就是政府、高校、行业（这里的行业指的是由高等学校所构成的高等教育事业）、市场这四方面的最重要的利益相关者之间权力关系的相互协调、相互制约。换句话说，协同治理过程也就是各种行为体都认可的行动规则的制定过程，协同治理的共同规则主要指协调机制与合作机制的建立。

高等教育协同治理的协调机制即为解决治理主体之间的矛盾与冲突，促使治理模型良性运行所采取的手段与方法的总和以及相关的制度安排。在传统的高等教育治理模式下，政府直接对高校的办学行使管理权

① 别敦荣，易梦春. 中国高等教育发展的现实与政策应对［J］. 清华大学教育研究，2014（1）：15.

力，高校的自主权很小[①]。而行业企业等更多的也只是高校毕业生的被动接收方，对高等教育管理的参与非常有限。在市场经济模式下进行高等教育多元协同治理，就要求将高等教育治理权在四方主体之间按照一定的规则进行重新分配。而四方主体所处的地位不同，对治理权的主张各异，治理权的重新分配必然是一个艰难的协调过程。同时，不仅政府、高校、行业和市场四方治理主体之间存在着各不相同的利益诉求，而且在四方主体内部的各个主体之间也有着不同的利益诉求。这些不同的利益诉求之间也必然会存在相互冲突的地方，而且某些冲突还会带来破坏性，这就需要进行协调以缓和乃至化解冲突。可见，一个科学、严密、合理、有效的协调机制，对于高等教育多元协同治理的良性运行来说是必不可少的。

要构建一个有效的协调机制，首先需要明确协调的主体与客体，即治理模型运行过程中存在矛盾与冲突的双方及其协调者。在高等教育协同治理过程中，不同的治理主体之间均有可能产生矛盾及冲突，也均有可能充当矛盾与冲突的协调者。因此，各治理主体均有可能成为协调的主体和客体。其中，协调主体可以是矛盾与冲突的双方中充当协调者的一方，也可以是第三方，协调客体则是被协调的双方或一方。而且，在一定条件下，协调的主体与客体可以互相转换[②]。同时，有效协调机制的构建还需要明确协调的对象与内容，即治理模型运行过程中引起不同的治理主体产生矛盾与冲突的事项及内容。其中，协调对象主要有各种类型与层次的治理关系、治理模型的结构与功能、治理模型运行的各环节、治理模型运行的目标与结果等；协调内容主要包括利益、价值、权力、责任等。此外，协调机制还应有清晰的协调目标。在高等教育治理过程中，协调机制的目标是要缓和乃至化解矛盾与冲突，并促成矛盾与冲突的双方达成满意的协议，进而推动省级公办高等教育多元协同治理模型的良性运行。

---

① 别敦荣，易梦春．中国高等教育发展的现实与政策应对［J］．清华大学教育研究，2014（1）：14．

② 郑伦仁．大学学术权力运行机制研究［D］．重庆：西南大学博士学位论文，2012．

要构建一个有效的协调机制，采用的协调手段与方法必须科学、合理。其中，协调手段与方法是指用来达成协调目的的途径、措施、方式等。在高等教育协同治理过程中，常用的协调手段主要有立法、拨款、政策指导、信息服务以及直接的行政管理等，常用的协调方法有组织协调、会议协调、权威协调、沟通协调等。在具体的治理过程中，针对不同的矛盾与冲突，应采用不同的协调手段与方法。同时，要构建一个有效的协调机制，还必须有科学的协调过程和程序。协调过程与程序则是指协调工作所需经历的具体阶段、步骤。一般来说，一个完整的协调过程需要经历对矛盾与冲突的识别与分析，对潜在一致性利益的发现与挖掘，矛盾与冲突双方的沟通与磋商，矛盾与冲突处理协议的达成四个步骤。

协调机制的主要功能包括三类。（1）矛盾与冲突的防范及化解。在省级公办高等教育多元协同治理过程中，不同治理主体之间的矛盾与冲突会妨碍治理模型的良性运行。一方面，有效的协调机制可以通过对潜在矛盾与冲突的识别，事先采取一定的应对措施，进而对矛盾与冲突的产生起到一定的防范作用；另一方面，在矛盾与冲突爆发之后，有效的协调机制可以帮助矛盾与冲突的双方进行积极的沟通与磋商，进而尽可能地缓和乃至化解矛盾与冲突。（2）利益关系的平衡。在省级公办高等教育多元协同治理过程中，不同的治理主体之间有着不同的利益诉求。但是，若是每个治理主体都片面追求单方利益的最大化，则必然会导致争权、越权和侵权的现象。这种本位主义倾向会加剧各方的矛盾与冲突，影响各方利益的实现，最终形成共败的局面。而协调机制的存在可以更好地平衡各方的利益，协调各方的矛盾与冲突，最终通过促成各方的合作而形成共赢的局面。（3）优势互补的实现。多元协同治理各方在促进高等教育发展方面各有优势和局限，单独依靠任何一方均难以实现高等教育全面、协调、可持续发展的目标，而通过协调机制，可以取长补短，实现优势互补，进而促进高等教育的发展。

3．治理工具的多样化

在高等教育协同治理中，政府、高校与市场三方主体要综合运用多种治理工具参与治理，因而治理工具的多样化是协同治理的第三大特征。在传统的高等教育管理体制下，政府部门主要通过行政手段和行政命令对高等教育进行管理。2013 年 11 月，党的十八届三中全会明确提出要推进国家治理体系和治理能力现代化。2014 年 1 月，时任教育部部长袁贵仁在 2014 年全国教育工作会议上的讲话中指出，落实中央决策部署，适应教育形势变化，破解热点难点问题，都必须加快推进教育治理体系和治理能力现代化。在此背景下，本研究构建省级公办高等教育多元协同治理模型，也必然要求各治理主体运用现代化的治理工具来参与省级公办高等教育治理。这就要求政府必须改变运用行政命令直接管理高校的单一方式，综合运用立法、拨款、规划、评估和信息服务等工具进行高等教育治理。同时，在高校内部治理中，高校也要创新治理工具，要综合运用管理制度、经费分配、绩效评估、职称评聘等多种工具以充分调动各部门和全体师生员工参与高校内部治理的积极性。此外，对市场主体而言，行业企业等用人单位可以通过与学校共建行业二级学院、共建实习基地、共建协调创新中心等多种方式参与地方高等院校治理，与高校签订联合培养人才的协议从而参与治理，学生及家长可以高考志愿填报、评教等方式迫使高校完善育人机制以参与治理，中介机构则可以通过发布高校评估信息以影响高校管理决策从而参与治理，等等。

第二节　总体思路：政府治理高等教育需要“B 计划”

一、增加政策选项

首先，在最终决策前，需要不同的政策之间的竞争。

长期以来，在中央高度集权的计划体制下，我国省级政府缺乏省级高等教育管理自主权，导致高等教育管理体制僵化。在中央集权的行政体制下，省级政府只是中央政府决策的执行机构，其本身并没有独立的高等教育决策权，行使的高等教育管理权是中央政府通过权力下放“委托”给其行使的。从高等院校的具体管理过程来看，中央政府计划部门、教育部门、财政部门、组织人事部门等多个部门都对高等院校（包含省属高等院校）在某一方面有管辖权，省级政府对省属高等院校的管理其实是在执行这些部门下达的指令和任务，并没有权力根据本省（自治区、直辖市）经济社会发展实际需要对省属高等院校重大事项进行决策管理，不能充分调动各方面的办学积极性，政策和任务脱离实际，最终导致管理体制僵化，办学资源不能得到合理分配和利用，办学效率效益低下。随着高等教育管理体制的改革，各级政府与利益集团围绕高等教育政策存在深刻的偏好分歧，由中央政府各部门对高等教育政策进行垄断的局面不利于高教市场的运行，需要在协商治理视野下，加大高等教育多元治理主体的政策供给，形成公共政策体系，凸显公共政策的公共性、合法性和民主性。周光礼指出，从“管理”走向“治理”不仅是治国方略的重大转型，也是高等教育政策的根本转变，中国高等教育治理现代化必须简政放权，激发大学办学和社会参与制度创新的积极性。要坚持“最低层次决策原则”，坚持省级政府统筹和大学自主①。

加大高等教育多元治理主体的政策供给的一个预期结果就是形成地区间高等教育政策的差异与竞争。各地实行高等教育管理政策的竞争性评估，对高等教育政策进行成本收益分析、政策效度分析以及风险分析，从竞争性政策体系中筛选出合理的高等教育政策，并通过政策的实施和反馈，不断优化高等教育政策体系。

二、规范政府行为

其次，减少政府干预，对规制者进行规制。

对规制者进行规制，就是对政府的行为加以规范，以改善规制质量，实现规制治理，最终目的是实现高等教育的健康而可持续的发展。要解决这个关键问题，就必须确立政府、市场、社会和高校的边界，不仅需要建立和完善市场机制，让各种高校组织公平竞争，充分发挥市场竞争的优胜劣汰作用，更需要转变政府治理方式，摒弃对公立高校单方面保护的行政干预性治理方式，弱化扶持型产业政策，强化市场机制，坚持市场化导向的同时大力推进法治建设，加强相应的政策法律建设，要特别注意把握和营造构筑高校退出通道的观念环境、政策环境、法律环境、经济环境和社会环境。

---

① 周光礼．中国高等教育治理现代化：现状、问题与对策［J］．中国高教研究，2014（9）：16-25.

具体而言，政府在薄弱高校治理方面应遵循两个要点：（1）通过立法制定高校退出的可操作规则，并加强政府的信息公开披露和市场监管等相关职能。在治理现代化思想下，政府既要尊重市场规律，对薄弱高校要减少盲目输血、强制合并等粗暴干预，并做好对教师和学生基本权利的制度保障，又要尊重学术规律，认识到人才培养工作是一个长期的循序渐进的工作，给予高校充分的自主权。因此，政府的职责主要在于为高校的退出行为提供良性的制度环境，通过立法来制定高校退出的可操作规则，建立合理合法的预警与退出机制，并加强信息的公开披露和市场监管。（2）完善由学术专业机构主导运行的多种退出形式。完善由学术专业机构主导运行的高校完全退出、合并重组、专业退出等多种形式的退出机制，在建立产权清晰、权责明确、政企分开、管理科学的现代大学制度的前提下，推动不可治理的薄弱高校组织有序退出，在淘汰落后产能、保证学术质量的同时，实现高等教育产业升级；各级政府要积极配合学术专业机构来协调解决高校退出所遇到的各种遗留问题，使高等教育系统回归正常的新陈代谢状态。

三、强化市场机制

改进治理的另一重要内容是强化市场机制，创造高等教育可竞争市场，解决市场失灵。具体而言，主要包括三方面内容：

1. 建立合理的高校教职员工退出机制

首先，建立和完善学术劳动力市场，消除人员流动的障碍，促使富余而仍具有一定教育教学资格和经验的教师和教育管理人员由退出高校流动到需要教师和管理人员的高校中去；其次，对退出高校的教职员工，尤其是再就业困难的教职员工，提供一定的经济补偿，与退出高校解除劳动聘用关系；再次，健全社会保障体系，将高校逐步纳入社会保障体系，解除高校退出的后顾之忧，保持社会稳定。

2. 建立合理的资产清算退出机制

对于退出高校的有效资产，如教学用地、教室、实验室及相关仪器设施等，要建立合理的退出通道，坚持公开、公平、公正的处置原则，在尊重市场规律和遵守国家相关法律的前提下尽可能充分加以利用，并注意防止国有资产流失。

3．建立高等教育产权市场和交易平台

建立高等教育统一的产权市场和交易平台，对于公立高校，要改国家统一所有、分级管理为分级所有、分级管理，并积极发展高等教育产权评估与交易的中介服务机构，这样既有助于高校明晰产权，也有利于外部投资者的进入，形成多元投资体制。

四、加强相应的政策法律建设

我国法律在国有企业破产方面初步开始完善，民办高校退出也有相应规定，唯独对于公立高校的市场退出机制缺乏直接的规定，仅在高教评估中略有涉及，而如果走向发展性评估，则对于高校预警与退出更是缺少判断标准和退出的具体方法。这种缺失使得高等教育系统缺乏正常的新陈代谢机制，有进无退、有生无死，缺少正常的竞争，导致系统封闭，缺乏活力，不能对市场信号做出及时而有效的调整。

要改进对薄弱高校的治理，政府需要在治理现代化思想下进行底线管理，既要尊重市场规律，做好对教师和学生基本权利的制度保障，又要尊重学术规律，给予高校充分的自主权。完善相关政策法律，加快现代大学制度建设，对于某些阻碍创新的既得利益，要坚决改革，建立合理合法的预警与退出机制，真正建立起产权清晰、权责明确、政企分开、管理科学的现代大学制度。

第三节　建立预警与退出机制

一、加强对极端薄弱高校的甄别

组织衰退理论指出，按照组织衰退的可治理程度，将组织分为不可治理组织与可治理组织两类。不可治理组织是指组织丧失了治理的可能性或者治理成本大大超过组织重建的成本。可治理组织则是指通过一系列的救助措施，能够使处于衰退中的组织得到修复，且治理成本要小于组织重建的成本。对无继续存在的价值或者合法性丧失，对其他组织的发展起着阻碍作用的个别组织，应当建立适当的退出机制。在退出时要把握时机，如果该退出的没能及时退出，就会给社会造成重大经济损失，甚至造成社会压力。

根据组织衰退理论，对于薄弱组织的治理有多种治理战略，即领先战略、维持战略、清算战略和退出战略。对于薄弱高校的治理，首先应该了解清楚其薄弱程度和状态，判断薄弱高校属于可治理还是不可治理的，然后再决定采用哪种治理战略能够奏效，如果不顾具体实际，对不可治理组织仍采取救治措施，只能是浪费教育资源，徒劳无获。薄弱高校的判定关系到薄弱高校研究对象的明确和研究范围的确定，关系到实践中对薄弱高校特征和问题的准确把握。这既是理论研究的基础，也是实践中有效解决薄弱高校问题的前提。有学者依循若雷和谢尔曼制定的美国大学发展状态判定模型，参考企业管理中关于企业活力的评价指标，结合高校办学的特点，从内部资源、外部环境和发展状态三个维度入手，对高校发展状态进行判定①。而动态发展指标的选择与测量是薄弱高校判定的难点所在，需要进一步展开深入研究。有关高校发展状态及薄弱高校的界定与判定，本书前面有所涉及。

对不可治理高校，退出战略无疑是上上策。对于我国的薄弱高校而言，需要尽快建立和完善其退出通道，让高校能够高效率地配置有限的教育资源，使教育成本收益最大化。实际上，如前所述，退出机制不是消极的“高校死亡”方式，而是一种积极的战略，对企业而言退出可以推动经济社会有限资源进入更能发挥效益的领域，促进产业结构、产品结构的优化升级；在高等教育领域，则可以充分利用高等教育资源，消除高等教育系统隐患，促进其他薄弱高校的转型发展。

二、充分认识薄弱高校退出的必要性

在高校竞争机制和市场化影响下，不能适应环境的变化，或经营不善，或先天不足，或组织老化等导致大批量的薄弱高校产生，薄弱高校的产生弱化了高等教育系统的基础。薄弱高校问题的化解要借鉴其他国家的经验和本国其他组织的经验，妥善解决此类问题。阿尔弗雷德·马

---

① 张晓涵. 弱势高校的判定及成因分析［D］. 武汉：华中科技大学硕士学位论文，2009.

歇尔对企业系统的深邃洞察及其巧妙比喻，被称为“企业森林原理”，说的是：“一国企业群体构成一个巨大的系统，犹如一片巨大的森林系统，大大小小的企业则如森林中参差不齐的树木，都有生存与成长的机会。与森林中的树木生态竞争系统一样，在一个竞争环境中，各个企业都有凋零、枯萎乃至死亡的风险。与森林中新生的树木面临原有树木浓荫的遮挡一样，新生树木要长大，就得不断在竞争中获得空间。然而随着其生长壮大，也会逐渐失去生命力，竞争力下降，面临被淘汰的危险。与森林一样，整个企业系统则正是在其内部企业间的竞争中得以不断更新，并保持勃勃生机的。”同理，在高校这个“大森林”里，也会存在失去生命力和竞争力的组织，它的继续存在需要不断消耗有限的资源，也不利于其他组织获取生存空间和资源。

薄弱高校生存在高等教育系统环境之中，它的发展和变化既受到宏观的社会制度环境以及高等教育系统环境的影响和制约，反过来也会对其生存的环境产生不可忽视的影响。根据组织衰退理论，组织衰退所造成的难题及影响，会产生乘数效应，即一个组织衰退会波及其他组织引发连锁反应，对组织本身也会产生极大的影响。

高等教育系统环境的变化会触发高校个体的适应性行为，高校的发展或衰退也会对生存系统的环境产生各种影响。从生态学角度来看，衡量高等教育系统是否处于平衡状态，需要考虑三点：一是结构是否平衡；二是功能是否平衡；三是物质和能量输入与输出数量是否平衡。倘若生态系统结构与功能失调，就会导致教育系统的失衡，势必影响和阻碍高等教育的发展。事实上，当前薄弱高校无论结构还是功能都不同程度地存在着问题①。大量薄弱高校的存在也必然会影响高等教育系统的生态平衡。组织生态理论不仅能够解释弱势群体的形成及其影响，也能够为我们提供对待衰退组织的态度和方法，即让部分没有生命力的组织退出有利于整个群体的生存和进化。按组织生态学解释，高等教育系统也是一个集群，存在集群密度问题，然而我国高等教育系统对公立高校

① 董云川．非主流高校生存策略：亟待关注的高教研究视界［J］．中国高等教育，2007（10）．

还没有一个组织死亡的机制，不利于高等教育系统的生态平衡。薄弱高校的大批量存在是客观的事实，薄弱高校作为一个群体，它对高等教育系统环境的影响是巨大的，应当建立起健全的死亡退出机制。徐娟博士从我国高等教育系统对高等学校的容量和地方高校的发展空间分析中得出，我国的高等学校数严重饱和，地方高校成为薄弱高校是一种必然现象①。组织个体的死亡不一定就是一件糟糕的事情，它的死亡是种群生命周期的一个重要的组成部分，对于组织种群来说，组织个体正常的成长和组织数量稳态的维持是依赖于种群内个体组织成长和死亡之间的动态平衡来实现的。当生存条件不利时，一部分组织以不影响其他组织生存的方式而死亡，一方面减少了对有限资源的争夺，另一方面死亡组织自身分解的产物可以为周围组织提供进一步的营养来源，从而为其余个体创造相对充裕的生存环境来维持本组织种群的生存，同时给其他组织个体带来经验和教训，也有利于其他组织的存活和整个组织生态环境的改善。

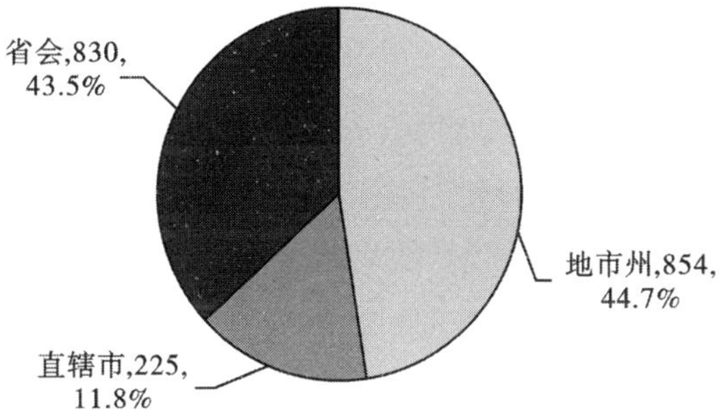

图 8-2　2007 年普通高校在省会城市、直辖市和地市州的分布情况

数据来源：郑利霞. 我国高等教育布局结构及其逻辑研究［D］. 武汉：华中科技大学博士学位论文，2009.

在我国高等教育系统的金字塔型结构中，处于顶层的是受政府重点资助的“985 工程”大学，下一层是“211 工程”大学，其次是省（自治区、直辖市）重点高校，然后是普通本科高校（独立学院），最后是

① 徐娟. 我国弱势高校的发生机制研究［D］. 武汉：华中科技大学博士学位论文，2013.

高职高专。在市场化程度越来越开放的环境下，高职高专的地位有所提高，在生源危机影响下，各种问题迅速涌上普通本科高校。本科高校主要是地市州的高校，通过图 8-2 可以发现，地市州高校在我国的高等教育系统中占据了近一半的数量，一旦这一部分高校集体滑向困境，我国高等教育系统的整体功能必然缺失，造成系统崩溃危机。未雨绸缪地建立让极端薄弱的公立高校退出通道，是防范系统崩溃的明智之举。

综上，不管是考虑到高教系统的平衡、高教系统的发展还是高教系统的稳定，对薄弱公立高校建立和完善退出机制都是必要的。

三、完善极端薄弱高校的预警与退出机制

尽管当前在高校退出机制方面留下来很多制度空白，但高等教育市场竞争是现实存在的，薄弱高校面临的困境是现实存在的。对于薄弱高校问题，政府一般首先采取扶持政策以维护其生存，在财政拨款等方面给予不同程度的倾斜。如果扶持政策没有起到应有的效果，高校面临的困境依旧存在，甚至加深之时，政府和高校在不同时期通过以下几种相当于退出机制的现实途径来解决或缓解存在的问题。

1. 高校完全退出路径

由于我国高等教育的进入或者说高校的设置是由教育部审批的，其退出或者是高校办学资格的取消也是由教育部来审批。但在现实运行中，我国尚未有因高校办学状态极端困难且难以转型，而被教育部取消办学资格和学校建制的，仅有类似于退出机制的红黄牌制度。

该制度出台的背景是 20 世纪 80 年代地方高校数量的不断增长。从 1980 年到 1989 年，我国新增建的 404 所高等院校中，有 300 多所是各个省、自治区和直辖市用地方财力举办的，占新增高等院校总数的 70％以上①。其中一些地方高校的办学条件尚未完全具备，运行状态并不乐观。针对这种情况，原国家教委一方面于 1996 年发布了《核定普通高等学校招生规模办学条件标准》和《红黄牌高等学校办学条件标准》，于 2004 年发布了《普通高等学校基本办学条件指标（试行）》；另一方

① 张谋贵. 中国会出现教育过度与人才过剩吗？——兼论我国高等教育发展存在的问题与对策 [J]. 高等工程教育研究，2003 (5)：14-24.

面从1990年以来陆续实际运行了对普通高等学校、成人高等学校的基本办学条件状况的监测制度和在每年高考报名前向社会公布具有高等学历教育招生资格的高等学校名单（包括暂停和限制招生学校名单）的公布制度。其中，暂停和限制招生学校名单也被称为红黄牌高等学校名单，红牌即暂停招生，黄牌即限制招生。这项制度对促进我国高等教育事业的健康发展曾起到了显著的成效，力度较大的如1991年，1 075所普通高校中有30所红牌高校被暂停招生，114所黄牌学校被要求限制招生，之后红黄牌学校的数量呈现逐年减少的趋势。虽然自其实施以来，红黄牌高校中以高职高专和民办高校居多，但也有极少数公立本科高校被列入其中。

2. 高校合并路径

合并是我国高等教育变革所习惯采用的工具之一，无论是打破条块分割的高等教育管理体制改革，还是创建高水平大学和综合性大学，以及高校升格，高校合并都是实现政策目标的重要途径。其中，除强强合并外，也不乏高校间的强弱合并（亦称为主辅型）或弱弱合并（亦称为并列型）。而强弱合并和弱弱合并在某种意义上就代表了某所薄弱高校的退出和新的高校组织的诞生。强弱合并的典型案例如1991年郑州大学与黄河大学的合并。弱的一方——黄河大学原为中国第一所中外联办综合性高校，虽然创办人孙穗芳和首任校长秦元勋比较知名，但在秦元勋校长离校后，由于内部种种原因，学校办学困难，人才流失严重，于1991年整体合并到郑州大学，合并后的郑州大学1996年被列入国家“211工程”项目院校进行重点建设。强弱合并型的还有云南大学与云南政法高等专科学校之间的合并，等等。弱弱合并的案例也很多，有学者认为从1993年至2010年云南省60余所各类学校合并为21所新高校，其中弱弱合并型占绝大多数①。在高等教育不发达的中西部地区，很多地方本科院校、专科学校、中等职业学校等通过合并与调整，撤销了原

① 王顶明. 云南省高校合并的总体情况、问题及对策建议 [J]. 红河学院学报，2012 (5).

有学校的法人地位，合并组建为新的高校法人组织，以达到“优化教育资源配置，发挥学科优势互补，提高办学规模和效益，促进高校教学和科研事业快速发展”的目的①。观其成效，许多学校合并后的确在整体实力方面得到增强，尤其是一些规模小、层次低、水平差，面临招生困难和培养成本不断增加的薄弱高校通过与相对更强的高校的合并，重整了教育资源，增加了办学收益。

但是，通过高校合并促使薄弱高校退出的做法也存在很多问题。首先，有部分学者认为，我国的高校合并不是严格意义上的合并，理由是发生在公立高等学校之间的合并行为并没有引起最终意义上的产权交易和流动。持这种观点的学者认为公立高等学校之间由于所有权同属于国家而不会发生财产所有权主体的转换，但发生了学校产权（即在学校的经营管理活动中对学校各种资源及生产要素的组合支配权力）的转让，在同一所有者主体的高校之间（主要指公立高等学校之间）发生的这种合并行为可称为“准合并”②。其次，绝大多数的高校合并是由政府有关部门牵线搭桥和具体组织实施的，有“以行政命令来全面推动”③之嫌。政府作为公立高等学校的所有者，可以对高校合并这类学校重大决策问题行使权力，但问题在于过多的、盲目的政府干预行为给这种合并行为带来负面效应，如某些地方政府部门出于政绩等方面的考虑，推动一些优势高校合并那些劣势学校，出现了所谓的“拉郎配”。一些参与合并的高校“凑合”“假合”“面合心不合”，其合并只是一种简单相加，而不一定能带来积极的乘数效应，尤其是原来的薄弱高校所形成的相对落后、缺乏效率的文化会对参与合并的其他高校造成负面影响。在这种情况下，新的高校组织会因各种摩擦而出现结构失衡、功能下降，其结果是整体水平下降。这就是人们常常说的“好的学校被差的学校拖垮”的

① 秦浩．西部地方高校合并后财务管理中若干问题探析［J］．河西学院学报，2009（1）．

② 张万朋，王千红．试论我国高校合并与高等教育产权流动的深层矛盾［J］．教育与经济，2004（3）．

③ 王建华．高校大合并的历史关照［J］．教育与现代化，2006（3）．

情况。2003 年教育部明确宣布不再进行大规模的高校合并，之后合并组建新高校呈逐年递减的趋势①。

3. 公立高校转制路径

公立高校转制通常包括公立高校转为彻底民有民营的民办高校，公立高校转为国有民营的高校，公立高校转为国有和民营混合的股份制高校三种模式。这里主要指第一种和第三种模式，即公立高校转为民办高校或股份制高校，产权发生改变，这就意味着国有资本从相应高等教育领域的退出。受全球高等教育民营化的影响，我国很多学者都较为赞同公立高校的转制，并开展了深入的研究。有学者提出了针对不同类型高校实施不同转制模式的思路，如“对于规模较小、水平一般的普通高校采用全民营转制方式；而对于水平较高、办学确有成效的高校则采用国有与民营混合所有制转制方式”②。朱永新提出“公办高校创办的大量二级学院是一种‘假民办’，利用公办学校的优势，与民办高校进行不公平竞争”，认为“二级学院要实行全面转制”③。他甚至提出：“国家办好 10～20 所一流国立高校，每省办好 1～2 所省属高校，有条件的地市办好一所市属大学。其余的大学逐步进行各种形式的转制。”杨德广则认为“应将现有 30％的大学转制”，并且“转制高校一般是专科学校、普通本科学校”④。在高等教育实践中，黑龙江省齐齐哈尔市第一机床厂职业大学于 1993 年成建制地由公办转制为民办，更名为黑龙江东亚大学；2001 年经省政府批准，升格为具有颁发高等教育学历资格证书的普通高校——齐齐哈尔职业学院。此后又有广州大学城建学院、浙江万里学院、大连外国语学院、上海新侨学院、苏州工业园区职业技术学院等高校以各种方式进行了转制⑤。

---

① 秦艳丽．高校“合并热”的三大机制分析 [J]．黑龙江教育学院学报，2011 (2).

② 孙崇文．公立高校也可转制 [J]．探索与争鸣，1999 (11).

③ 朱永新．声音：大学能否转制？[EB/OL]．(2003-03-10) [2015-11-30]．http://news. gzhu. edu. cn/newscenter/index. jsp?lm.

④ 杨德广．改制是高等教育走出困境的出路 [J]．高等教育研究，1998 (6).

⑤ 吴开俊．公立高校“转制”：路径选择与制度安排 [J]．高等教育研究，2005 (10).

我国国有经济比重偏高，而且分布过于分散，遍及几乎所有的工商领域，部分国有经济运营水平低下，亏损面广，存在相当数量资不抵债、长期停产的企业。因此，国有企业的市场退出既是国有经济布局战略性调整中“有所不为”方针的具体实施，也有利于推动国有企业的现代企业制度取向的体制改革。借鉴国有企业改制的经验，公立高校转制是我国高等教育通过民营化和市场治理，实现国有资本退出和高等教育产权结构调整的一种有益的探索，其目的是提高公立高校的办学效率和质量，形成公立高校与民办高校良性竞争的格局①。但与国企转制相比，公立高校转制的情况更为复杂。由于缺乏相关法律依据、高等教育竞争市场的不完善，以及政府定位不准确等因素，转制过程中出现了多种问题，如国有资产流失、教育公益性缺失、办学投机行为出现等。同时，由于公立高校转制在产权变革上的不自由和不彻底，民间资本一方可能缺乏参与的积极性。

4．高校内部院系合并路径

分化与综合是我国高校内部院系调整的两种基本途径，也是两种主要的变革趋势。虽然总体来看，我国高校由于学科和专业的不断分化而有院系数量增多的趋势②，但由于扩招过程中，高校为适应市场需求，也经常对部分创收少而困难多、以基础学科为主的薄弱院系进行综合重组。因此，高校内部院系的合并也是实现部分院系市场退出的重要途径。

为适应市场经济的需要，我国高等农业院校曾不同程度地进行了内部院系调整。20世纪90年代末至21世纪初，北京林业大学在进行内部管理体制改革中，将资源与环境学院、生态工程学院、生物学院三院合并，重组为林业科学与水土保持学院、生命科学与生物技术学院。原来的资源与环境学院、生态工程学院、生物学院均为基础学科和公益性学科，经济效益暂时难以显现③。河南科技学院也在扩招过程中热衷于兴

① 杨晓霞，吴开俊．公立高校转制：产权的视角［J］．当代教育论坛，2009（4）．

② 付梦芸．组织学视角下我国高校院系数量扩张的原因探析［J］．清华大学教育研究，2015（3）．

③ 郑晓清．对北京林业大学院系合并重组改革中若干问题的思考［J］．中国林业教育，2001（2）．

办社会热门的院系、专业，向非农化方向发展，因此曾计划将几个农科院系合并重组并缩小规模，但因基层干部和教师的反对而作罢。

高校通过内部院系合并来实现薄弱院系退出和资源整合，有利于通过内部结构调整来带动外部结构调整，通过学科结构调整来促进市场结构优化，同时也是高校组织在市场压力下主动改变自身行为模式的努力。但是高校内部院系的合并往往是高校行政领导推动、行政权力主导的，容易产生学术权力与行政权力之间的矛盾和冲突，且容易随着高校领导的更换而降低效力。

5. 高校削减招生计划与专业退出路径

削减招生计划和专业退出路径，对于高校而言存在被动与主动两种情况。

被动情况就是指高校被地方教育管理部门削减一定数额的招生计划（与黄牌学校被限制招生类似，但决策机构不是教育部），部分专业停止招生。这种做法的依据是：1989 年 4 月 4 日国家教育委员会发布的《普通高等学校本科专业设置暂行规定》、1998 年教育部发布的《普通高等学校本科专业设置规定》和 2011 年教育部发布的《（普通高等学校本科专业设置管理规定）征求意见稿》。这些规定中都有对办学条件达不到专业设置标准、教学质量差、就业率长期较低的惩罚措施，即限期整改、调减招生计划直至停招。例如教学质量不高、专业设置不合理而导致就业率低于全省平均就业率，安徽省教育厅 2004 年要求省属高校停招了 63 个专业，2005 年又宣布削减 9 所省属院校的招生计划共计 6 730 人。2009 年左右，陕西省教育厅建立与就业挂钩的专业设置和招生预警机制，并下发了《关于做好我省普通高等学校专业结构调整与建设的若干意见》，同时对全省本科院校专业设置情况进行了全面检查，对检查中发现的那些就业率低、师资队伍严重不足、专业建设投入少、教学水平低、学生意见大的专业，采取了削减招生计划、撤销建制、合并等措施。

主动情况是指高校主动削减招生计划，或者某些院系主动调整自身的专业结构，对一些招生困难的专业停止招生或撤销建制。一般来说，高校不会主动削减招生计划来缩小自身的招生规模，但是有根据需求，在不同地区间或者不同专业间调整招生计划的做法，这就意味着高校从区域市场和专业市场上暂时和部分的退出。以河南科技学院为例，其园林学院在经历了由于原有对口职业中学招生的老专业面临生源减少的困难后，主动调整专业结构，减招或停招部分对口招生专业，并陆续新增城市规划、风景园林等专业。根据教育部专业审批文件，出于种种原因，撤销专业的案例还有：2006年上海应用技术学院撤销冶金工程专业，2008年绥化学院撤销思想政治教育和历史学专业，2010年运城学院撤销人力资源管理专业，2011年重庆文理学院撤销科学教育专业，曲靖师范学院撤销财务会计教育专业，等等①。

从上述情况的效果而言，从学术组织和市场主体的角度出发，高校主动采取削减招生计划，调整专业结构，促进招生困难，不具有可持续发展能力的专业退出等措施，无疑更符合市场经济原则和学术自由原则，也更有效。但由于学科差异，新设专业还需时间和学术积淀来进行培育，而减招、停招和撤销的专业在人力和物力等退出机制方面还未完善，退出成本（也称沉没成本）较高，这也是专业退出壁垒较高、院系改革动力不足的原因所在。

第四节　促进多数薄弱高校转型发展

一、薄弱高校组织试验与组织知识的积累

经济学家杨小凯曾明确提出“组织试验”的概念②。他认为人们对组织的信息总是有限的，在这种情况下人们不应过于迷信经济理性，而应对看似无理性的组织试验解放思想，开放头脑。他认为一种组织结构在市场竞争中自发地出现，必有其生存的理由，无论组织试验的结果是成功还是失败，都是宝贵的经验积累，都比人为设计要有效。薄弱高校也是如此，只有进行充分的自主性的组织试验，不断培育或提高薄弱高

① 彭旭．试析新建本科院校专业退出机制的建立［J］．黑龙江高教研究，2012（6）．

② 杨小凯，黄有光．专业化与经济组织：一种新兴古典微观经济学框架［M］．张玉纲，译．北京：经济科学出版社，1999：340-364．

校的自主性和自我发展能力，才能实现制度与文化的成功转型。当然，我们也要看到组织试验发生的前提是具有清晰的价格信号和制度创新空间的市场经济体制。政府也要给薄弱高校这样的具有清晰的价格信号和充分的创新空间的制度环境，尊重薄弱高校的自主试验，以此来推动地方本科院校的转型。

在教育部等三部委发布的转型发展指导意见下，部分薄弱高校坚定转型发展的信心，根据本校实际，积极探索转型发展之路。一是转型发展的目标定位一般为“地方性”“应用型”，有助于薄弱高校根据自身学科专业优势和周边产业基础，合理确定办学定位，推动特色发展。二是转型发展有助于薄弱高校摆脱经费困境。转型发展不仅有助于推动薄弱高校面向企业需求开展科研活动，有助于增加学校横向经费，还有助于薄弱高校得到政府部门的专项支持资金，如河南省教育厅设置1亿元的高校转型发展专项引导资金，市（县）政府也都给予本地高校转型发展资金支持，如许昌市政府给予许昌学院3亿元资金支持。按照《河南省人民政府办公厅转发省教育厅关于促进普通高等学校分类发展指导意见的通知》（豫政办〔2015〕148号），要建立以办学绩效评价因素为核心的财政资金分配激励约束机制，毕业生质量好、服务经济社会发展能力强的应用型高校有望获得更多资金支持，转型发展成功的薄弱高校财务困境有望得到逐步缓解。三是转型发展有助于推动薄弱高校根据市场需求进行人才培养，强化实践性教学，提高人才培养质量，提升毕业生的就业率和就业质量，强化学校的品牌和影响力，最终有利于提升生源的整体质量，逐步摆脱所面对的生源危机和毕业生就业危机。

从薄弱高校的实际行动来看，在转型过程中薄弱高校不断积累有关转型发展的组织知识，即对危境的感知和应对构成了其转型和发展的目标，以及围绕目标进行的种种具体转型发展策略。而在政府等外力的推动下，薄弱高校对各种合法性资源的强大追求动力使得高校更偏好于能够见效快且显著的转型发展策略和宣传策略，而忽视内部文化建设的策略。一些薄弱高校虽然有为促进校企合作或实现人才培养新理念而进行的组织创新措施，例如设置校地合作办公室、大学生创业园等，并且在学科专业设置和人才培养模式方面进行了一系列变革，但是在其内部管理体制上并未进行显著的改革，行政化色彩仍然浓厚。而如果改革只停留在院系等二级单位人才培养工作的具体环节上，或者只停留在增设机构等增量措施上，不从根本上改变组织的行政化管理方式和固有的利益分配格局，加上对内部文化建设策略的忽视，激励就只能来自上而不能来自下，来自外而不能来自内，激励的效果只能局限于短期，转型过程中在行政管理人员和教师、学生之间产生的大量认知分歧和利益分歧不能从根本上消除，而难以形成新的共识，人才培养等方面的创新举措就缺乏可持续性，基于利益追求而产生的短期功利主义行为也得不到纠正，最终必然导致转型发展的行动效果不能达到预期。换句话说，薄弱高校的策略偏好，决定了其转型发展的空心化，使得这些薄弱高校在由上而下的行政化领导管理体制下，学术规范与学术文化发育极不成熟，学术逻辑被市场逻辑主宰，办学理念受实用主义和短期功利主义严重影响，危机根源得不到消解。

我们还要注意到，在传统的管理模式没有得到根本改变，学术规范与学术文化方面存在缺陷的前提下，薄弱高校的人才培养模式具有较强的路径依赖特征，人们虽都已感受到了危境的存在和指向，但新的教学改革或重建合法性的实践行动就是难以落实或难以持久，“我是谁?”和“要到哪里去?”等问题仍然不能得到清晰的解答，薄弱高校的自我认同危机仍然存在，甚至继续加强。

二、促进转型发展的具体思路与实施方案

促进薄弱高校转型发展，其具体思路如下：

1. 调整优化学科专业结构，建立紧密对接产业链、创新链的学科专业体系

薄弱高校转型发展的目标是应用技术类型高等院校，面向学校周边地区行业企业对于应用型人才和科研需求调整优化学科专业结构是转型发展的重要任务。从一些薄弱高校转型发展的实践来看，转型院校积极设置面向学校所在地区支柱产业、高新技术产业和服务业的应用型、复合型新专业，紧紧围绕产业链、创新链调整专业体系，并将服务同一产业链的相关专业组织为专业集群统筹管理；建立健全行业和用人单位参与的专业设置评议制度，依据社会需求及高考录取率、新生报到率和毕

业生就业率及时调整优化专业结构，形成根据社会需求、办学能力和行业指导依法设置新专业的机制。

2. 创新应用型人才培养模式，着力提升应用型人才培养质量

第一，根据行业企业对应用型人才素质结构的需求，着力推动人才培养模式改革。从学校转型实践来看，转型院校积极建立健全以提高实践能力为引领的人才培养流程，根据学生来源、知识技能基础和培养方向的多样性，制定多样化人才培养方案，推进模块化教学和学分制；工科专业把课堂搬到工地上，文科专业推行案例教学、项目教学，积极探索启发式、讨论式、参与式、探究式、翻转课堂等多样化教学方法的运用；将企业技术革新项目作为人才培养的重要载体，把行业企业的一线需要作为毕业设计选题来源；支持用人单位直接参与课程设计、开发，健全产教融合、协同育人的人才培养模式；把行业企业一线岗位对毕业生知识结构和能力结构的需求转化为应用型课程设计的基本依据，实现专业链与产业链、课程内容与职业标准、教学过程与生产过程对接。第二，深化创新创业教育改革，将创新创业教育融入人才培养全过程。转型院校大都把学生创新创业教育作为推动学校转型发展的重要举措，开设了形式多样的创新创业辅导课程，建设了专兼职相结合的创业指导教师队伍，建立创新创业教育产业园，整合校内外资源打造创新创业服务平台，为广大师生创新创业提供一站式服务，全面提升学生科技创业、科技推广能力。第三，加强实验实训实习基地建设，强化实践性教学。转型院校按照所服务行业先进技术水平，采取企业投资或捐赠、政府购买、学校自筹、融资租赁等多种方式进行实验实训实习基地建设，根据生产、服务的真实技术和流程构建知识教育体系、技术技能训练体系和实验实训实习环境，建立健全学生实训实习质量保障机制。

3. 加强双师型教师队伍建设

双师型教师队伍建设是应用型人才培养的关键，也是新建本科院校转型的重点所在。所谓双师型教师，是指既具有扎实的基础理论知识、能进行理论教学，又具有丰富的行业实践经验、能够胜任对学生的实践性教学的教师类型。成为双师型教师的关键在于能否胜任对应用型人才的培养。从实践中来看，转型发展试点院校大都把双师型教师队伍建设

作为转型发展的一项重要工作来抓，采取多项措施着力调整教师结构，改革教师聘任制度和评价办法，逐步使专业课教师既具有较高的理论水平，又具有较强的实践能力；教学评价、绩效考核、职务（职称）评聘、薪酬激励、校企交流等制度改革向双师型教师倾斜，增强教师提高实践能力的主动性、积极性；采取多种形式聘请企业优秀专业技术人才、管理人才和高技能人才作为专业建设带头人或担任兼职教师，并有计划地选送教师到企业接受培训、挂职锻炼和岗位实践。

4. 建立行业企业参与的治理结构

高等教育治理能力和治理体系现代化是高等教育现代化的重要组成部分。加快现代大学制度建设，将产教融合、校企合作作为学校改革的重要内容，推动形成多元主体合作办学、合作治理的格局，是新建本科院校转型发展的重要任务。从实践中来看，多数薄弱高校在转型过程中根据所在地区优势产业需求和自身学科优势特色，联合行业部门、行业组织、大型企业实行共建共管二级学院或共同组建教育集团。

第五节　薄弱高校协同治理的基本框架

对薄弱高校进行协同治理，就是指政府、高校与市场三方主体共同参与到对薄弱高校的多元治理中。目前政府对高等教育的管理还存在越位、缺位、错位的现象，高校自主发展、自我约束机制尚不健全，市场参与高等教育治理还不充分。因此，在对薄弱高校进行协同治理的过程中，要真正厘清政府、高校、市场之间的权责关系，实现政府、高校、市场的良性互动，通过一系列有力的举措推动薄弱高校转变。

一、推动政府进一步转变职能，构建薄弱高校协同治理模型

长期以来，我国实行的是以政府为主体的高等教育办学体制，这使得高校对政府有着严重的依赖性，政府主要通过行政手段和行政命令对高校进行管理，政府与高校之间存在着一种控制与被控制、命令与服从的关系。近年来，高等教育内外部环境变化带来的双重压力使得高校传

统管理模式日渐式微，由管理向治理的转型成为一种必然①。政府是推动转型的主导力量，如若政府的职能不转变，高等教育治理体系建设就无法实现②。这就要求政府必须正确认识管理与治理的这种本质差异，并切实转变职能，从而在薄弱高校的治理中既履行自身的公共责任，又充分利用市场竞争机制，真正做到有所为和有所不为。

一方面，有所为要求政府注重治理的顶层政策设计，积极构建多元主体协同治理模型。政府作为公共机构，代表着公共利益，通过制度设计、法律规约等在内的公共行政维护公共利益是其基本职责③。而高等教育具有公共性，发展高等教育是政府维护公共利益的具体表现。通过改革开放以来的高等教育管理体制改革，中央政府逐步向省级政府放权，授予省级政府统筹发展辖区内高等教育的权力。要实现治理模型的良性运行，中央政府须加强薄弱高校治理的顶层政策设计，进一步向地方简政放权，巩固和强化省级政府高等教育统筹权，切实扩大高校办学自主权；同时，省市两级政府作为省级公办高等教育的投资者和主办者，对薄弱高校的转变有着直接责任，要进一步转变职能，大力推动服务型政府建设，将主要职能定位于为公办高校安排和筹措资金；制定必要的、宏观的、框架性的制度；建立和维护基本的学术秩序等事项④。同时，虽然高等教育治理强调要引入多元主体，但这些主体间的地位并不是完全平等的，政府依然占据着绝对优势，在权利的维护与秩序的供给上起着不可替代的作用，其他主体仍要接受政府的管理⑤。因此，在薄弱高校多元协同治理过程中，构建多元主体协同治理模型这一宏观的、框

---

① 许长青．高等教育管理的新常态：现代大学治理的动力、特征与体系构建［J］．教育学术月刊，2016（4）：3.

② 瞿振元．建设中国特色高等教育治理体系推进治理能力现代化［J］．中国高教研究，2014（1）：2.

③ 金久仁，龚怡祖．促进教育公平的政府规约性责任研究［J］．江海学刊，2015（3）：109.

④ 李维安，王世权．大学治理［M］．北京：机械工业出版社，2013：206-207.

⑤ 龙献忠，胡颖．论高等教育多中心治理视野下的政府责任［J］．现代大学教育，2007（1）：38.

架性的制度设计自然成为政府的责任。省级政府要通过进行责任型政府建设来强化自身的责任意识，并真正将薄弱高校协同治理模型的构建作为自身的责任与使命，从而启动责任驱动机制，推动省级政府及其相关职能部门真正履行好这一责任。同时，省级政府要通过支持第三方监测评估机构的发展来强化第三方检测评估机构对薄弱高校的监督作用，从而激发高校自我发展与自我完善的内在动力；要通过加强宣传和发挥示范效应，让市场主体看到自身参与薄弱高校多元协同治理所能获得的利益，从而发挥利益对市场主体的驱动力量。总之，省级政府要激发高校和市场参与薄弱高校协同治理的内在动力，从而充分发挥薄弱高校协同治理模型运行动力机制的作用，以推动治理模型良性运行。

另一方面，有所不为要求各级政府注重治理的民主性，主动与高校和市场分享治理权。治理的民主性体现在高等教育领域，就是要求秉承多元协同的治理秩序观，其基本模式是基于治理权分享的治理主体多元化①。省级政府构建薄弱高校协同治理模型后，要对薄弱高校治理中的权力体系进行系统梳理，列出权力清单，自身除了保留相关的宏观管理权之外，其他的权力要主动下放给高校和市场，从而使得高校自身和市场也成为薄弱高校的重要治理主体，使其具有利益表达与利益获取的通道，获得追求正当利益的权利与空间。只有这样，才能有效推动相关主体真正参与到薄弱高校治理中来，从而发挥薄弱高校协同治理模型运行决策机制的作用，进而促使薄弱高校协同治理成为一个事实上的利益相关者合作体，以推动治理模型良性运行。

二、搭建薄弱高校信息共享平台，提高多元主体协同治理效率

在信息技术已渗透到人类生活各个方面的当今社会，以教育信息化带动教育现代化是破解制约我国教育发展难题的重要选择。具体而言，随着信息技术的迅猛发展，高等教育各利益相关者积累了海量的信息资

① 李维安，王世权．大学治理［M］．北京：机械工业出版社，2013：168.

源。但是，这些由不同利益相关者所掌握的信息资源彼此独立、相互封闭、难以互通，从而造成信息资源利用效率不高、浪费现象严重的信息孤岛问题，等等。在薄弱高校多元协同治理过程中，解决这一信息孤岛问题的有效方法便是搭建薄弱高校信息资源共享平台，实现信息资源在不同治理主体之间的互通，从而发挥信息共享机制的作用，以提高多元主体协同治理的效率。

一方面，省级政府要委托第三方机构搭建省级公办高等教育信息资源共享平台。目前，省域高等教育信息资源共享主要存在于校际，共享内容以图书文献、精品课程为主。此类共享平台虽然在一定程度上实现了高等教育资源的共享，但在共享主体、共享内容方面都无法满足薄弱高校多元协同治理的需要。因此，省级政府要委托第三方教育信息机构搭建一个以地方政府、省域公办高校、区域市场为共享主体的薄弱高校信息资源共享平台，将政府出台的政策法规，高校的教学科研设备、师资、学生、开设专业、课程设置等信息，用人单位的人才需求信息等在该共享平台共享。

另一方面，各治理主体要积极利用信息共享平台以提高多元主体协同治理效率。随着大数据技术的不断成熟，我们已经具备了让数据说话的能力①。信息共享平台汇集的大数据，可以帮助各治理主体超越个体与局部的相对静态视野，从全局的相对动态视野来审视问题，从而增强决策的科学性。因此，一旦信息共享平台搭建起来，地方政府就要鼓励薄弱高校和市场各主体不仅将自身的高等教育相关信息资源在该平台共享，还应积极利用该平台的信息资源为自身服务。比如，通过对省域内用人单位人才需求信息的汇总分析，地方政府可以更有针对性地调整省域内高校的布局及学科专业设置，高校也可以更有针对性地制定人才培养方案；通过对高校的教学科研设备、师资等信息的分析，企业可以更便利地为员工的继续教育和培训以及生产技术的合作研发找到合适的合

---

① 尚俊杰，曹培杰. “互联网＋”与高等教育变革——我国高等教育信息化发展战略初探 [J]. 北京大学教育评论，2017 (1)：180.

作高校；通过对高校教师的科研成果、毕业生的就业状况、用人单位的毕业生使用情况等信息的综合分析，第三方机构可以更好地实现对高校的监测评估，等等。总之，各治理主体要积极有效地利用信息共享平台的大数据，从而发挥薄弱高校协同治理信息共享机制的作用，进而大幅提高多元主体协同治理的效率。

三、完善相关法律制度体系，保障薄弱高校协同治理的规范运行

改革开放以来特别是党的十八大以来，我国高等教育体制改革不断深化，中国特色社会主义高等教育制度体系不断完善。但是，由于《教育法》《教师法》《高等教育法》等属于上位法，与之配套的行政法规、部门规章以及规范性文件等下位法尚不完善，从而导致一些法律要求难以贯彻落实，不能有效地转化为有效的正式制度和运行机制①。同时，目前大多数高校的大学章程由高校行政组织制定，普遍缺乏最大范围内的、有效的协商，这不仅违背了《高等学校章程制定暂行办法》的有关规定，也限制了相关利益主体的权利，难以对高校行政权力产生约束力②。协商的缺乏也导致大学章程与上位法、下位法的兼容与衔接不佳，法治化程度较低③。此外，总体上看，在高校管理方面，目前高校师生的参与极为有限，这种师生话语权缺失的状况折射出高校管理制度的不健全④。因此，面对新形势、新任务、新要求，要实现高等教育治理现代化的目标，薄弱高校治理各方主体需要不断完善高等教育法律法规和管理制度，以保障多元主体协商的规范运行。

国家要通过立法来制定高校退出的可操作规则，建立合法合理的预

---

① 李明磊，王战军．高等教育质量治理：从基本概念到体系组成［J］．天津大学学报（社会科学版），2013（2）：176.

② 董柏林．协商民主视阈中的大学章程合法性建构——基于大学章程制定与实施的理性反思［J］．高教探索，2017（4）：25.

③ 李威，熊庆年．大学章程实施中的权力惯性［J］．复旦教育论坛，2016（6）：80.

④ 左崇良，潘懋元．高等教育治理的平衡法则与路径探索——基于我国高教权责失衡的思考［J］．现代教育管理，2016（5）：4.

警与退出机制。多元主体参与薄弱高校治理有其时代需求和优势，但目前缺乏制度性安排和法律框架的构建。因此，国家要在委托有关研究机构进行充分调研的基础上，通过立法来制定高校退出的可操作规则，建立合理合法的预警与退出机制。要广泛征求高校、市场各主体的意见，出台目标具体、操作性强的多元主体参与薄弱高校治理的政策法规，以对多元主体的权责边界和治理行为作出明确的法律规制。明确政府、高校以及市场的职责权限，实现权责统一、相互配合、依法治学。要进一步完善包括法律法规、部门规章与地方性法规的协调衔接，以建立系统完备的薄弱高校治理法律法规体系。此外，要健全高等教育法律法规实施机制，加大执法和执法监督力度，以有利于薄弱高校治理法律法规体系的有效实施。

四、构建薄弱高校治理的权力监督体系，实现多元主体权力的相互制约

目前，虽然我国高等教育法律体系已初步形成，但有法不依、执法不严、违法不究的情况仍时有发生。同时，政府在高等教育治理领域的权力过于集中，而相应的权力监督与制约机制尚不健全。此外，高校内部的权力监督体系也不够到位，从而导致各种治理问题屡屡出现。权力与责任是相伴而生的，拥有权力的同时必须承担相应的责任。在薄弱高校协同治理过程中，多元主体在共同分享治理权力的同时，也必须接受对参与效能的评估、对参与行为的监督。也就是说，除了不断完善高等教育法律法规和管理制度，还必须构建科学的高等教育权力监督体系，以监督多元主体对薄弱高校治理权的使用，并评估其参与效能，对其不当行为与重要失误进行问责和追责，从而实现多元主体权力的相互制约，以保障治理参与的规范性、科学性和有效性。

首先，对各级政府来说，必须设定与其权力相对应的义务与责任，并完善执法监督机制、问责机制，以提高其教育行政执法行为的实效。建立并完善高等教育行政规范性文件的合法性审查机制，以及薄弱高校治理重大决策合法性审查及责任追究制度，对管理越位、缺位、错位行为进行责任追究。其次，对薄弱高校来说，要通过政府部门监督、社会舆论监督等形式，及时督促薄弱高校纠正不合法行为，确保薄弱高校工

作在法律法规体系内运行，同时要完善教育申诉、行政复议、法律支持和服务机制，以维护薄弱高校和师生的合法权益。第三，对市场力量来说，要完善制度建设，积极探索行业企业、学生及家长等市场力量监督薄弱高校治理的体制机制，尤其要发挥好第三方独立评估机构对政府、薄弱高校治理行为的监督和制约作用。第三方评估机构作为高校自主性治理权力与政府调控性治理权力的协调中介，其在高等教育治理领域拥有的权力，主要源自政府的权力下放以及人民大众的权力赋予。而责任是与权力相伴而生的，政府在给第三方评估机构下放权力的同时，会使其产生一种与政府调控性治理相对应的责任，此责任要求第三方评估机构在保证其相对独立地位与运作质量的基础上，运用专业的评估手段对真实数据进行评估，进而为政府提供政策建议，协助政府作出科学的治理决策①。第三方评估机构要更好地履行上述责任，应注意在薄弱高校治理过程中体现出客观可行性和广泛参与性。具体来说，第三方评估机构必须采用具有实施可能性的薄弱高校评估方案和方法，并依据客观、真实、全面的信息对薄弱高校的教育教学质量作出客观、公正的价值判断。同时，第三方评估机构要通过问卷、访谈、现场测评、电话调查、网上评议等多种方式，广泛吸收各方面的代表参与评估活动②。

① 朱德全，徐小容．高等教育质量治理主体的权责：明晰与协调［J］．教育研究，2016（7）：78.

② 唐立军．创新体制机制 有效实施第三方教育评估监测［J］．北京教育（普教版），2016（7）：2.

后　记

本书是笔者主持完成的教育部人文社会科学研究项目“建立高校预警与退出机制的研究”的后续成果。说实话，这是一项极富现实性却很难实际开展的研究，无论是调查访谈，还是数据获得，无不充满艰辛磨难。从最初的选题酝酿，到项目获批立项，到连续多年的思考研讨，到断断续续的发表，到项目结题，到今天成书出版，与众多师友与弟子的付出和支持密不可分。

感谢我的老师董泽芳教授。三十七年前，我刚刚踏上桂子山，走进大学校园时，最先认识的老师就是董老师。可以说，我是在董老师的亲切关怀下开始大学生涯的。多年后，我从上海硕士毕业回到武汉，进入华中科技大学（原华中理工大学）工作，又成了董老师的同行，从此得到经常与董老师切磋论道的机会，并因此得到董老师更多的关心和帮助。后来，董老师也成了我的工作单位——华中科技大学教科院的常客。有好长一段时间，我们每年都会邀请董老师前来主持博士学位论文答辩，董老师往往都愉快地接受了邀请。董老师学问渊博，语言幽默，平易近人，特别擅长把控答辩会场的大局，让每次答辩会都非常庄重而又不失活泼，给大家留下了难忘的学术回忆。这一次，董老师又拉了我一把，让我进入丛书作者群。我知道，董老师主编的这套国家出版基金丛书规格高，入选难度大，多数作者都有较好的基础，董老师能让我参加进来，让我认识了那么多优秀同行，并给了我更宽裕的时间，让我非常感动。只是最后的书稿还是存在好多不足，使我觉得很有点愧对老师。

特别感谢杨红旻、熊进和徐娟三位已经毕业的博士弟子。他们作为项目组成员在项目研究中克服了重重困难，做了大量工作，发挥了重要作用，也为本书贡献了许多材料和观点。也感谢张瑜珊和李娜两位在读博士生，她们积极参与了本书相关内容的讨论，帮我查找了大量资料，同时贡献了许多观点。几个已经毕业的硕士生王琴、毛献凯和胡小娟也参与过课题研究，对本书亦有所贡献，在此一并向他们致以谢意。

最后要感谢华中师范大学出版社的支持，感谢出版社领导刘从德总编和冯会平主任的关心、宽容和指导，感谢本书责任编辑刘满元老师辛勤、细致、敏锐的工作。

在本书正式面世之前，我又回看了一遍书稿，感觉既欣慰又惭愧。欣慰的是，书稿中总还有些内容让自己读来觉得多少有点味道；惭愧的是，好多地方存在观点和材料的交叉重复，有些论述也不够严谨，远远谈不上精致，只能说瑕不掩瑜，瑜不掩瑕了。

贾永堂

2019 年 3 月